修訂二版

國際貿易
原理 與 政策

黃仁德 博士　著

International Trade
Principle and Policy

三民書局

國家圖書館出版品預行編目資料

國際貿易原理與政策 / 黃仁德著.－－修訂二版二
刷.－－臺北市：三民，2011
　　面；　　公分
　　含索引
　　ISBN 978–957–14–4645–5　（平裝）
　　1.貿易

558　　　　　　　　　　　　　　　　　95023045

© 　國際貿易原理與政策

著 作 人	黃仁德
發 行 人	劉振強
著作財產權人	三民書局股份有限公司
發 行 所	三民書局股份有限公司
	地址　臺北市復興北路386號
	電話　(02)25006600
	郵撥帳號　0009998–5
門 市 部	(復北店) 臺北市復興北路386號
	(重南店) 臺北市重慶南路一段61號
出版日期	初版一刷　1994年8月
	修訂二版一刷　2007年1月
	修訂二版二刷　2011年10月
編　　號	S 551760

行政院新聞局登記證局版臺業字第○二○○號

有著作權‧不准侵害

ISBN　978–957–14–4645–5　（平裝）

http://www.sanmin.com.tw　三民網路書店

▶▶ 修訂二版序 ———————————

　　本書自出版以來，承讀者諸君的熱烈厚愛採用，謹此致謝。為使本書迎合國際經濟理論與貿易情勢的變化，特進行此次的修訂、改版。全書重新排版，內容再次詳加審訂，將一些次要、過時的內容予以節刪，增加國際貿易一些新的重要理論與時事發展，對於統計資料也予以更新。希望本書的修訂能夠更加符合教學參考的需要，敬祈學界先進與讀者諸君繼續不吝予以批評指教。

黃仁德　謹識

民國九十五年十二月

▶▶ 序

國際貿易理論與政策的研究，在經濟學的領域裡不只是較高深、繁複而多變的部分，也是適應國際經濟發展需要最切合實用的部分。在第二次世界大戰之後的國際社會裡，經濟發展成為首要的中心課題，貿易的開拓則為其主要的動力，於是國際經濟學的研究遂成一時的趨向，蔚為近年的顯學。

本書編著人黃教授仁德博士與筆者有見及此，早於十幾年前合力編著《國際貿易理論與政策》一書，供大學與研究所教科參考之用，發行後頗受讀者稱讚。其後，國際貿易的型態與情勢大有改變，貿易理論與政策的研究重心隨之轉移，且國內大學與研究所的水準普遍提高，為配合新情況的發展，該書經數次大加修改增訂，更適合於研究所水準的參考。

惟自新版發行以來，不少商工專科學校亦採作教科參考用書。由於其編寫的主旨不同，專科學生每苦於其內容過於繁重，析理過於艱深，希望能予改編另成一書，俾能符合其進修需要。黃教授深體其願，就商於我，我以年邁體衰，無力執筆，當即懇請黃教授以個人名義獨力改編，用前書為藍本，刪其繁衍，存其精要，敘述儘量口語化，力求簡明淺顯俾易瞭解。經其一年之努力，改寫成本書十五章，包含貿易理論與政策之最新發展，不但符合商工專科教學參考之需，亦且適合大學非財經商學各系輔修一學年四至六學分教科之用。茲當其付印之始，特為之簡敘改編過程如上。

黃教授勤於教學，精於研究，積學所及，已發表財經學術論文二十餘篇，專著數集，獲得學界好評。本書改寫，章節之間亦呈現其取拾尺度之精審，解析能力之深厚，筆者於序介之餘，不禁擊節三致意焉。

歐陽勛　謹識

民國八十三年七月十五日

國際貿易原理與政策

目　次

修訂二版序

序

索　引

第一章　導　論

▶▶▶▶

❖ 第一節　國際經濟學的內容 ❖

　　國際經濟學 (international economics) 是一門理論兼應用的經濟學，主要是以個體經濟學 (microeconomics) 與總體經濟學 (macroeconomics) 作為分析的工具，剖析國際間的經濟事象與活動。國際經濟學的內容可以分為兩大部分，一是國際貿易理論與政策 (international trade theory and policy)，一是國際金融理論與制度 (international finance theory and system)。前者主要從實質面 (real side) ——即由長期的觀點，不考慮貨幣因素，或如同古典學派一般，把貨幣當成是障眼的面紗，來探討國際貿易發生的實體原因與後果，並分析促進國際間分工合作、貨暢其流的適當政策；後者主要從貨幣面 (monetary side)，分析貨幣因素對實質國際經濟活動的影響，並探討如何建立適當的國際金融制度及確保適宜的金融運作，俾能提供良好的貨幣環境，以利國內外經濟活動的順利運行。

　　國際貿易理論實際上是一種多地域的交易理論 (exchange theory)，其分析過程中普遍應用到個體經濟學中之生產、交換、分配、消費、及福利經濟理論，故事實上可稱其為開放的個體經濟學 (open microeconomics)。全部國際貿易理論與政策又可分為兩部分，前半部主要是一種純國際貿易理論的探討，只就理論本身的架構與內容進行討論而不涉及個人主觀的價值判斷，是屬實證經濟學 (positive economics) 的範疇，其內容主要包括國際貿易型態 (trade pattern) 的決定、貿易利得 (gains from trade) 的分配、及國際貿易對一國之所得

分配與資源派用的影響；後半部主要是以前半部之理論為基礎，對貿易政策之採行及其利弊得失進行探討，其論點和結果與個人主觀的價值判斷有密切的關係，是屬規範經濟學 (normative economics) 的範疇。

◆ 第二節　為何要學習國際貿易理論 ◆

　　國際經濟學的研習不限於理論求知的滿足，更希望借助它來深入瞭解各種不同的國際經濟政策對個人、國家、及國際經濟福利的影響。國際貿易 (international trade) 不同於國內貿易，它關涉到不同主權的國家，使用不同的貨幣，採行不同的經濟政策，國際間生產要素 (production factors) 的移動性 (mobility) 遠低於國內生產要素的移動性，國際間更昂貴的運輸成本、更大的交易風險 (risk)，加上不同的文化背景與風俗習慣所產生的偏好差異等因素，在在都使吾人需對國際貿易作特別的分析與研究。

　　當今之世，每個國家均無法與世隔絕，運輸、傳播與資訊工業的快速便捷，縮短了本國與外國之間時空的距離。作為一位世界公民，經濟活動不再限於本國一隅，具備有國際經濟學的基本知識，不僅可以瞭解每日所發生的國際經濟情事，建立起對國際貿易與金融政策的正確認識，更可將其應用於實際經濟活動之中，小之可使個人致富，大之足以為國謀利。目前我國在世界貿易中佔有相當重要的地位，例如，在 2005 年我國出口與進口分別名列世界的第 17 位及第 16 位，貿易總量為世界的第 16 位，國際貿易的學習對於我國國民因此顯得特別重要與有意義。

❖ 第三節　國際貿易的重要性 ❖

　　國際貿易對各個國家的重要性可由貿易量的大小，或進口 (import)、出口 (export) 佔國內生產毛額 (gross domestic product, GDP) 的比例來衡量。一般而言，幅員遼闊、資源豐富、人口眾多的大國，即使不進行國際貿易，其國內廣大的市場亦可提供適度足夠的有效需求 (effective demand)，國內資源足以供應生產所需的投入要素，故其對國際貿易依賴的程度較低；反之，幅員狹小、資源貧乏、人口不多的小國，國內市場狹小，不足以提供本國生產所需的有效需求，國內資源不足以供應生產所需的投入要素，國際貿易對它就顯得相當重要，其對國際貿易依賴的程度也就較大。因此，國際貿易的重要性對小國遠高於對大國。以我國與美國為例，在 2005 年，進出口總值、出口值、及進口值對國內生產毛額的比率，我國分別為 110.16%、57.37%、及 52.80%，美國則只分別為 21.13%、7.26%、及 13.87%，這足以顯示我國對外經濟關係的密切與對外貿易依賴程度之深切❶。

　　另就長期趨勢觀察，1982 至 2005 年之間，以當年幣值計算，全世界之出口值由 17,772 億美元增加至 102,351 億美元；全世界之進口值由 18,648 億美元增加至 105,935 億美元，在這期間，以當年幣值計算，我國的出口值由 222 億美元增加至 1,984 億美元，進口值由 199 億美元增加至 1,826 億美元（表 1–1 及表 1–2）。此外，在 1965 至 2004 年之間，世界各國對國際貿易依賴的程度大幅提高（表 1–3）。這種貿易量逐年不斷增加的事實，進一步證實了國際貿易對全世界及我國的必要性與重要性。

---

❶　以上數據係根據行政院主計處，《國民經濟動向統計季報》，計算而得。

◀ 表 1-1　全世界主要貿易國的出口值 ▶　　單位：10 億美元

年別	中華民國	世界	美國	日本	德國	法國	英國	義大利	韓國	新加坡	香港	中國大陸
1982	22.2	1,777.2	216.4	138.4	176.4	96.7	97.0	73.8	21.9	20.8	21.0	22.3
1983	25.1	1,735.9	205.6	147.0	169.4	94.9	91.9	72.9	24.5	21.8	22.0	22.2
1984	30.5	1,841.3	224.0	169.7	171.7	97.6	93.8	74.6	29.3	24.1	28.3	26.1
1985	30.7	1,890.8	218.9	177.2	183.9	101.7	101.4	76.7	30.3	22.8	30.2	27.4
1986	39.9	2,060.0	227.2	210.8	243.3	124.8	107.0	97.2	34.7	22.5	35.4	30.9
1987	53.7	2,433.9	254.1	231.3	294.4	148.4	131.2	116.7	47.3	28.7	48.5	39.4
1988	60.7	2,782.5	322.4	264.9	323.3	167.8	145.5	127.9	60.7	39.3	63.2	47.5
1989	66.3	3,027.4	363.8	273.9	341.2	179.4	153.3	140.6	62.4	44.7	73.1	52.5
1990	67.2	3,443.9	393.6	287.6	410.1	216.6	185.3	170.5	65.0	52.7	82.2	62.1
1991	76.2	3,534.2	421.7	314.8	402.8	217.1	185.3	169.5	71.9	59.0	98.6	71.9
1992	81.5	3,763.8	448.2	339.9	422.3	235.9	190.4	178.2	76.6	63.5	119.5	84.9
1993	85.1	3,768.1	464.8	362.2	382.5	210.4	181.4	169.2	82.2	74.0	135.2	91.7
1994	93.1	4,287.5	512.6	397.0	429.7	234.0	204.0	191.4	96.0	96.8	151.4	121.0
1995	111.7	5,130.8	584.7	443.1	523.8	284.9	242.0	234.0	125.1	118.3	173.8	148.8
1996	115.9	5,352.0	625.1	410.9	524.2	287.7	262.1	252.0	129.7	125.0	180.8	151.1
1997	124.2	5,538.1	689.2	421.0	512.4	289.7	281.1	240.4	136.2	125.0	188.1	182.8
1998	112.6	5,450.7	682.1	387.9	543.4	305.6	271.8	245.7	132.3	110.0	174.0	183.7
1999	123.7	5,644.7	695.8	419.4	542.9	302.5	268.2	235.2	143.7	114.7	173.9	194.9
2000	152.0	6,376.7	781.9	479.3	550.1	300.0	281.6	239.9	172.3	137.8	201.9	249.2
2001	126.3	6,129.5	729.1	403.5	571.4	297.1	267.4	244.2	150.4	121.8	189.9	266.1
2002	135.3	6,426.8	693.1	416.7	615.5	311.9	276.3	254.1	162.5	125.2	200.1	325.6
2003	150.6	7,462.3	724.8	471.8	751.7	362.0	304.2	299.4	193.8	144.2	223.8	437.9
2004	182.4	9,083.7	818.5	565.7	911.6	416.8	341.6	355.2	253.8	179.6	259.2	593.4
2005	198.4	10,235.1	907.2	589.9	977.8	435.5	371.4	385.5	284.4	211.3	289.4	762.1

資料來源：行政院主計處，《國民經濟動向統計季報》，各期。

◀■ 表 1–2　全世界主要貿易國的進口值 ■▶　單位：10 億美元

年別	中華民國	世界	美國	日本	德國	法國	英國	義大利	韓國	新加坡	香港	中國大陸
1982	19.9	1,864.8	254.9	131.5	155.3	116.5	99.7	87.3	24.3	28.2	23.6	19.3
1983	20.3	1,803.6	269.9	126.4	152.9	106.3	100.1	79.8	26.2	28.2	24.0	21.4
1984	22.0	1,924.0	346.4	136.2	153.0	104.4	104.7	85.2	30.6	28.7	28.6	27.4
1985	20.1	1,970.7	352.5	130.5	158.5	108.3	109.5	87.7	31.1	26.3	29.7	42.3
1986	24.2	2,149.6	382.3	127.6	190.9	129.4	126.3	100.7	31.6	25.5	35.4	42.9
1987	35.0	2,518.5	424.4	151.0	228.4	158.5	154.4	125.7	41.0	32.6	48.5	43.2
1988	49.7	2,884.4	459.5	187.4	250.5	178.8	189.7	138.6	51.8	43.9	63.9	55.3
1989	52.3	3,121.8	492.9	209.7	269.7	193.0	199.2	153.0	64.5	49.7	72.2	59.1
1990	54.7	3,540.7	517.0	235.4	346.2	234.5	224.4	182.0	69.8	60.8	82.5	53.4
1991	62.9	3,651.0	508.4	237.0	389.9	231.8	209.8	182.7	81.5	66.1	100.2	63.8
1992	72.0	3,880.4	553.9	233.3	402.4	239.6	221.5	188.3	81.8	72.2	123.4	80.6
1993	77.1	3,830.4	603.4	241.6	346.0	203.2	206.1	148.3	83.8	85.2	138.7	104.0
1994	85.4	4,352.8	689.2	275.2	385.4	234.6	226.2	169.2	102.4	102.7	161.8	115.6
1995	103.6	5,204.3	770.9	335.9	464.3	281.4	265.3	206.0	135.1	124.5	192.5	132.1
1996	102.4	5,457.0	822.0	349.2	458.8	281.8	287.4	208.1	150.3	131.3	198.6	138.8
1997	115.0	5,644.7	899.0	338.8	445.6	271.9	306.6	210.3	144.6	132.4	208.6	142.4
1998	105.2	5,578.4	944.4	280.5	471.4	290.2	314.0	218.5	93.3	104.7	184.5	140.2
1999	111.2	5,803.2	1,059.4	311.3	473.5	295.2	318.0	220.3	119.8	111.1	179.5	165.7
2000	140.7	6,571.9	1,259.3	379.5	495.4	310.9	334.4	238.0	160.5	134.6	212.8	225.1
2001	108.0	6,329.6	1,179.2	349.1	486.0	302.0	321.0	236.1	141.1	116.0	201.1	243.6
2002	113.2	6,568.3	1,200.2	337.2	490.0	312.0	335.4	246.5	152.1	116.4	207.6	295.2
2003	128.0	7,648.0	1,303.1	382.9	604.6	369.4	380.7	297.4	178.8	127.9	231.9	413.1
2004	168.8	9,294.3	1,525.7	454.5	718.0	439.8	451.7	354.7	224.5	163.9	271.1	560.7
2005	182.6	10,593.5	1,732.4	514.9	777.5	478.4	483.0	–	261.2	191.3	299.6	660.2

資料來源：同表 1–1。

◀ 表 1-3　各國對國際貿易的依賴程度 * ▶

國家／地區	1965 年	2004 年
工業國家		
比利時	36%	88%
法　國	13	23
德　國	19	34
義大利	13	21
日　本	11	12
荷　蘭	43	62
挪　威	41	33
瑞　典	22	35
瑞　士	29	33
英　國	18	16
美　國	6	7
開發中國家		
阿根廷	8	23
巴　西	8	16
香　港	71	163
韓　國	9	37
墨西哥	8	28
新加坡	123	168
低所得國家	7	17
中所得國家	17	32
高所得國家	12	20

資料來源: World Bank, *World Development Report 2006*。
*依賴程度係以財貨與勞務出口對國內生產毛額的比率衡量。

　　在目前世界各國大量相互貿易的情況下，任何一個國家若想要降低對外經濟關係、減少對外貿易，甚或回復到閉關自守的狀態，顯然是不可能的；即使可能，其所付出的經濟福利的犧牲與代價必然是不可計量的。目前在全世界商品貿易及商業勞務貿易中居於前20名的國家分別如表 1-4 及表 1-5 所示。

◆ 表 1–4　世界商品貿易主要出口及進口國家──2004 年 ▶

	出　口				進　口		
排名	國家／地區	出口值（10 億美元）	佔全球出口比重 (%)	排名	國家／地區	進口值（10 億美元）	佔全球進口比重 (%)
1	德國	912.3	10.0	1	美國	1525.5	16.1
2	美國	818.8	8.9	2	德國	716.9	7.6
3	中國大陸	593.3	6.5	3	中國大陸	561.2	5.9
4	日本	565.8	6.2	4	法國	465.5	4.9
5	法國	448.7	4.9	5	英國	463.5	4.9
6	荷蘭	358.2	3.9	6	日本	454.5	4.8
7	義大利	349.2	3.8	7	義大利	351.0	3.7
8	英國	346.9	3.8	8	荷蘭	319.3	3.4
9	加拿大	316.5	3.5	9	比利時	285.5	3.0
10	比利時	306.5	3.3	10	加拿大	279.8	2.9
11	香港	265.5	2.9	11	香港	272.9	2.9
12	南韓	253.8	2.8	12	西班牙	249.3	2.6
13	墨西哥	189.1	2.1	13	南韓	224.5	2.4
14	俄羅斯聯邦	183.5	2.0	14	墨西哥	206.4	2.2
15	臺灣	182.4	2.0	15	臺灣	168.4	1.8
16	新加坡	179.6	2.0	16	新加坡	163.9	1.7
17	西班牙	178.6	2.0	17	奧地利	117.8	1.2
18	馬來西亞	126.5	1.4	18	史瓦濟蘭	111.6	1.2
19	沙烏地阿拉伯	126.2	1.4	19	澳大利亞	109.4	1.2
20	瑞典	122.5	1.3	20	馬來西亞	105.3	1.1

資料來源：世界貿易組織 (WTO)。

◀ 表 1–5　世界商業勞務貿易主要出口及進口國家──2004 年 ▶

出　口				進　口		
排名	國家／地區	出口值（10 億美元）	佔全球出口比重 (%)	排名	國家／地區	進口值（10 億美元）	佔全球進口比重 (%)
1	美國	318.3	15.0	1	美國	260.0	12.4
2	英國	171.8	8.1	2	德國	193.0	9.2
3	德國	133.9	6.3	3	英國	136.1	6.5
4	法國	109.5	5.1	4	日本	134.0	6.4
5	日本	94.9	4.5	5	法國	96.4	4.6
6	西班牙	84.5	4.0	6	義大利	80.6	3.8
7	義大利	82.0	3.9	7	荷蘭	72.4	3.5
8	荷蘭	73.0	3.4	8	中國大陸	71.6	3.4
9	中國大陸	62.1	2.9	9	愛爾蘭	58.4	2.8
10	香港	53.6	2.5	10	加拿大	55.9	2.7
11	比利時	49.3	2.3	11	西班牙	53.7	2.6
12	奧地利	48.3	2.3	12	南韓	49.6	2.4
13	愛爾蘭	46.9	2.2	13	比利時	48.3	2.3
14	加拿大	46.8	2.2	14	奧地利	47.1	2.2
15	南韓	40.0	1.9	15	印度	40.9	2.0
16	印度	39.6	1.9	16	新加坡	36.2	1.7
17	瑞典	37.8	1.8	17	丹麥	33.4	1.6
18	史瓦濟蘭	36.8	1.7	18	瑞典	33.0	1.6
19	新加坡	36.5	1.7	19	俄羅斯聯邦	32.8	1.6
20	丹麥	36.3	1.7	20	臺灣	29.9	1.4

資料來源: 世界貿易組織 (WTO)。

❖ 第四節 國際貿易的必要性 ❖

在一國之內，個人與區域之間，各按所長實行分工專業生產，而後進行交易，必能增進資源的有效派用 (allocation)，可使全社會所能生產與消費的產品數量增加，福利水準提高。分工與專業生產的更進一步推展，可以提高生產效率、促進經濟的成長。這種一國之內個人與區域之間的分工專業生產與相互貿易的原理，同樣可以適用於國家與國家之間的關係上。將全世界看成一體，國際社會各個不同主權的國家，就如同一個封閉經濟 (closed economy) 裡的不同個人或區域一樣，可以視之為不同的個體，各國分別按其生產之所長，進行國際生產的分工專業，而後再進行貿易、互通有無。如此，各國必能以國際貿易為手段，實現促進資源有效派用、增加生產與消費數量、提高經濟福利的理想。反之，一國若閉關自守，完全自給自足，雖非不能生存，但其福利水準必然大幅下降，國際貿易的重要性由此可見一斑。

國際貿易為何有其發生的必要性呢？究其原因，主要是由下述因素所致：

■ 各國經濟資源稟賦不同

人力、資本、土地、及企業家精神 (entrepreneurship) 等生產要素在世界各國的分配並不均勻，各國的經濟資源稟賦 (endowment) 差異極大。有的國家擁有廣大的肥沃土地——如澳大利亞、紐西蘭，有利於生產土地密集 (land-intensive) 的產品，如農產品及牛、羊等畜牧業；有的國家累積有數量鉅大的資本——如美國、德國、日本，有利於生產資本密集 (capital-intensive) 的產品，如汽車、鋼鐵、化學、及電腦等產品；有的國家有豐富的人力資源——如東南亞各國，有利於生產勞力密集 (labor-intensive) 的產品，如鞋類、家用器具、紡

織品等。由於各國經濟資源稟賦的差異與各種產品生產所需投入要素的不同，國際間實行生產分工專業而後從事產品貿易，顯然是有利而必然的途徑。

■ 國與國之間生產要素缺乏移動性

如果生產要素在國與國之間能夠自由且容易地移動，那麼或許可以生產要素的移動來取代產品的貿易。但事實上，生產要素在國家之間不如在國內移動那樣容易，所以才會產生財貨與勞務的國際貿易，以替代國際間生產要素的移動。

■ 有效生產各種產品所需的技術與投入不同

有些產品的生產，是國內目前的技術水準或所具有的經濟資源所無法生產或必須花費鉅大成本才能生產的，因此唯有進行國際貿易，以有易無，以彼之長補己之短，才是促進繁榮、提高生活水準的有利途徑。

由於生產技術與經濟資源稟賦會隨著時間的推進而改變，因此每個國家有利於專業生產的產品種類也會發生改變，國際貿易的結構型態也就因時推移而有所不同。

隨著交通與通訊技術的快速進步，世界各國的經濟已愈來愈加緊密結合在一起。從 1960 年代起，貨櫃船、噴射飛機、衛星、光纖通訊、電腦、及網際網路等產品的創新已將世界市場合而為一，即使是低價值、笨重的產品（如原木），在全球的交易也相當的頻繁。各國之間時間與距離的縮短導致國際間財貨與勞務的貿易成長快於世界國內生產毛額 (GDP) 的成長。世界貿易量的快速擴張，使我國深受其惠。過去 50 年，我國的進、出口值均成長數百倍之鉅，其對我國經濟成長與產出及就業結構的轉變，扮演非常重要的角色。

近年來，國際要素（資本與勞動）市場亦呈現逐漸整合的趨勢。在 1970 年代之前，資本管制在國際間非常普遍，今天國際間的資本

移動相當普遍，各國居民可以相互投資彼此的實物資本、有價證券、及不動產。以往在經濟分析上，勞動通常被假設在國際間無法自由移動，但目前這種情況已有很大的改變，國際間技術與非技術勞工的移動也愈來愈頻繁。

當世界經濟愈來愈緊密結合時，我國同所有其他國家一樣，對本國經濟情勢的主控權將會日趨降低。國際貿易重要性日增意謂著，除非世界經濟持續成長，否則沒有任何國家的經濟可以一枝獨秀。這種世界共同成長的態勢將會由於國際間經濟（財政與貨幣）政策的進一步協調，變得更為顯著，任何國家今後將無法不考慮其他國家的政策而片面決定自己的利率、匯率乃至物價。各國金融公司、中央銀行、多國公司所形成的網脈將共同決定各國的幣值、貿易、及利率水準，進而影響各國的總體經濟表現。如此，各國（尤其是小國）的經濟主控權 (economic sovereignty) 將逐漸喪失，國際經濟情勢成為影響各國經濟活動與政策的主要因素。

世界貿易擴張對各國經濟影響的程度視各國的開放程度而定，開放程度愈大的國家，受世界貿易的影響將愈大。是故，高度依賴國際貿易的我國在決定未來經濟變化時，自然無法將國際貿易因素予以排除。在未來，我國的經濟表現將與其他國家發生的事件與政府決策有更為密切的關係，世界經濟的成長及其他國家的經濟政策對我國經濟的影響，將不亞於本國所採行的政策。世界經濟如果不能快速成長，我國經濟也將難望會有快速的成長。

第二章　古典派國際貿易理論

▶▶▶▶

國際貿易為何會發生？貿易型態或方向 (trade pattern or direction)——即一國應出口什麼產品，進口什麼產品——如何決定？貿易利得 (gains from trade)——即因國際貿易而產生的利益——如何分配？對於這三個基本的貿易問題，古典學派的學者根據勞動價值說 (labor theory of value)，從生產供給面的觀點，提出絕對利益法則 (principle of absolute advantage) 及比較利益法則 (principle of comparative advantage) 予以闡釋，本章即在簡要介紹古典派的國際貿易理論。

❖ 第一節　古典國際貿易理論產生的背景 ❖

● 一、重商主義

在亞當史密斯 (Adam Smith) 於 1776 年發表《國富論》(*An Inquiry into the Nature and Cause of the Wealth of Nations*) 一書，開創古典學派經濟理論之前的 16 世紀以至 18 世紀中期，經濟思想的主流為重商主義 (Mercantilism)，其對國際貿易的主要論點為：

1. 貴金屬（金、銀、財寶）是一個國家財富的根本，強盛的象徵。

2. 貿易順差 (trade surplus)——即產品的出口大於進口，是累積財富的途徑，因此盡力鼓勵產品出口，以換取金、銀等貴金屬進口。

3. 限制外國產品輸入，以防止本國貴金屬的外流。

在這種思想背景下，各國為累積增加貴重金屬，無不採取保護

貿易的措施，一方面設法增加出口，另一方面卻設法儘量減少進口，國際貿易因此受到阻礙，全世界貿易量的增長甚為緩慢。在此情況下，亞當史密斯首先駁斥重商主義視貴金屬為國家財富的說法，認為長期的貿易順差，以及因此而累積的金、銀、財寶，其本身並不能使一個國家富強。因此，亞當史密斯本其自由競爭 (free competition) 的經濟思想，根據勞動價值說，提出絕對利益法則，力倡自由貿易。

● 二、勞動價值說

所謂勞動價值說，其要旨及基本假定略如下述：

1.勞動是唯一有產出報酬的生產要素。因此，不管生產過程中是否還有其他生產要素投入，只有勞動投入構成生產的成本，產品價值的高低，完全取決於生產時勞動投入數量的多寡。

2.所有勞動的品質都是相同的，並獲得相同的工資報酬。因此，只須由勞動投入數量的多寡，即可決定生產成本的大小，投入的勞動數量愈多，則生產成本愈大。

3.每 1 單位產品生產所需要的勞動投入時間是固定不變的，即每單位產品的生產成本固定。

根據此一觀點，亞當史密斯首先提出絕對利益法則，然後李嘉圖 (David Ricardo) 再提出比較利益法則，來闡釋國際貿易的發生及其產生的後果。

❖ 第二節　國際貿易的發生與貿易方向的決定 ❖

兩國之間為何會有貿易發生呢？如果貿易發生，每一個國家到底應該出口那一種產品而進口那一種產品，即貿易方向如何決定呢？對於這兩個問題的探討，是古典國際貿易理論的起點。

一、絕對利益法則

假設：

1. 全世界只有兩個國家──我國及美國。

2. 生產兩種產品──布與酒。

3. 每個國家擁有數量一定且完全同質之唯一生產要素──勞動。

4. 勞動在國內具有完全的移動性，但在兩國之間則完全缺乏移動性。

5. 每一種產品的國內生產成本都是固定的。

根據以上假設，我國與美國生產 1 單位的布與酒所需要的勞動小時如下：

◀ 表 2-1　絕對利益法則 ▶

產品\國別	布 (C)	酒 (W)	P_W/P_C
我國	⑦⓪	80	1.14
美國	100	⑥⓪	0.6

註：有○號者顯示絕對利益之所在。

上表顯示，生產 1 單位的布所需要的勞動投入，我國為 70 小時，美國為 100 小時；生產 1 單位的酒所需要的勞動投入，我國為 80 小時，美國為 60 小時。顯然地，對布的生產我國具有絕對利益（70 小時＜100 小時），對酒的生產美國具有絕對利益（60 小時＜80 小時）。在此情況下，史密斯認為每一個國家應專業生產且出口具有絕對利益的產品，而進口生產上絕對不利的產品。如此，兩國的福利水準均得以提高。在本例中，我國對布的生產具有絕對利益，應專業生

產且出口布；美國對酒的生產具有絕對利益，應專業生產且出口酒。

例如，貿易前，我國國內酒的價格 (P_W) 與布的價格 (P_C) 的相對比率 (P_W/P_C) 為 1.14 (= 80/70)，美國國內酒與布的相對價格為 0.6 (= 60/100)。貿易後，設兩國之間布與酒的交換比率為 1：1，不同於兩國貿易前國內兩種產品的交換比率。為了獲得 1 單位的布與 1 單位的酒，則我國生產 2 單位的布，而後以 1 單位的布向美國換取 1 單位的酒，可節省 10 小時的勞動（70 + 80 − 70×2 = 10 小時）；美國生產 2 單位的酒，而後以 1 單位的酒向我國換取 1 單位的布，可節省 40 小時的勞動（100 + 60 − 60×2 = 40 小時）。在未進行國際貿易之前，全世界生產 2 單位的布，2 單位的酒，總共需要 100 + 60 + 70 + 80 = 310 小時勞動；但在進行國際生產分工專業與貿易後，全世界生產 2 單位的布，2 單位的酒，總共需要 60×2 + 70×2 = 260 小時勞動。因此，全世界可以增加 50 小時的休閒，其中我國增加 10 小時的休閒，美國增加 40 小時的休閒，這就是因為國際貿易而產生的貿易利得。是故，依據絕對利益法則，進行國際生產分工專業而後貿易，必然能夠提高全世界及各國的福利水準。

● 二、比較利益法則

吾人進一步追問，如果一個國家對兩種產品的生產均具絕對利益，另一個國家對兩種產品的生產均為絕對不利，是否會有國際貿易發生呢？依史密斯及其當時學者的看法，在此情況下不會有國際貿易發生，因為一個國家對兩種產品的生產既然均具絕對利益，自行生產應較向國外購買有利，因此無需進行國際貿易。但是，李嘉圖推翻了這種說法。

李嘉圖認為，儘管一個國家對兩種產品的生產均具絕對利益，

國際貿易的發生對全世界及各國仍然是有利的。因為一個國家雖然在兩種產品的生產上都有利，但如生產其中甲種產品的絕對利益大於生產乙種產品的絕對利益，即生產甲產品比生產乙產品更相對的較為有利益（即比較利益發生），則在此情況下，雖然乙產品在國內生產的成本比較低，該國仍將寧願放棄生產乙產品，專業生產利益較大的甲產品，而以之交換他國生產的乙產品。

　　表 2–2 顯示，美國對布及酒的生產均具絕對利益。依史密斯的觀點，我國與美國之間不會有國際貿易發生，但李嘉圖認為一個國家對兩種產品的生產同時具有絕對利益，但其比較利益不同時，仍應進行國際貿易。表中，美國生產布所具有的比較利益為 100/90，生產酒所具有的比較利益為 120/80。因此，美國對酒與布的生產都比較有利，但生產酒的比較利益大，生產布的比較利益小 (120/80 > 100/90)；我國對酒與布的生產都比較不利，但生產酒的比較不利大，生產布的比較不利小。因此，美國應專業生產且出口比較利益大的產品——酒，而進口比較利益小的產品——布；我國則應專業生產且出口比較不利小的產品——布，而進口比較不利大的產品——酒。

◀ 表 2–2　比較利益法則 ▶

產品＼國別	布 (C)	酒 (W)	P_W/P_C
我國	⑩⓪ (100)	120	1.2
美國	90	⑧⓪ (80)	0.89

註：有○號者顯示比較利益之所在。

● 三、等成本差異

　　史密斯及當時的學者認為一個國家對兩種產品同時具有絕對利益時不會產生國際貿易的情況，只有在比較利益不存在，也就是兩種產品的成本比率（或相對價比）在國內與在國外相同的情況下，才會發生，這可由表 2–3 假設的情況看出。

◀ 表 2–3　等成本差異 ▶

產品＼國別	布 (C)	酒 (W)	P_W/P_C
我國	100	89	0.89
美國	⑨⓪	⑧⓪	0.89

註：有○號者顯示絕對利益之所在。

　　表 2–3 顯示，美國對布及酒的生產均具絕對利益，同時，美國對布及酒的生產和我國比較均具有相等的成本差異 (100/90 = 89/80)，因而導致兩種產品在兩國的國內交換比率 (domestic exchange ratio) 相同 (89/100 = 80/90)。在此情況下，在國內進行兩種產品的交換與對國外交換一樣，實沒有進行國際貿易的必要，國際貿易因此無由發生。

　　對於絕對利益法則、比較利益法則、及等成本差異，我們可以日常生活的一個例子再予說明。例如，社會上有一位醫生和一位祕書小姐。如果醫生精於醫術，但不會打字；祕書小姐精於打字，但不會醫術，則醫生專於醫術，祕書小姐專於打字，而後兩者相互交換勞務，是為絕對利益的情況。如果醫生精於醫術，而且打字效率也高於祕書小姐，在此情況下，醫生雖然在醫術及打字效率上都比祕書小姐來得好，但他在醫術上好的程度比較大──即具有比較利

益，他仍應專於醫術，而請祕書小姐幫忙打字，是為比較利益的情況。如果醫生在醫術及打字效率都比祕書小姐來得好，而且好的程度一樣，則醫生將發現可以自己打字而不需要請祕書小姐幫忙，是為等成本差異的情況。

經由絕對利益法則、比較利益法則與等成本差異的分析後，我們可以得到以下的結論：

1.具有比較利益一定具有絕對利益，但具有絕對利益不一定具有比較利益（如表 2-3 的等成本差異），比較利益法則所涵蓋的範圍顯然大於絕對利益法則。因此，自李嘉圖之後，吾人通常以比較利益取代絕對利益，作為解說國際貿易發生之原因。

2.國際貿易必須在有比較利益——即兩國國內交換比率互不相同的情況下，才會發生。

3.貿易方向決定於比較利益，即一個國家應專業生產且出口比較利益較大——即比較成本較低、相對價格較廉或勞動生產力較高之產品，而進口比較利益較小——即比較成本較高、相對價格較貴或勞動生產力較低的產品。

❖ 第三節　貿易條件與貿易利得 ❖

貿易條件 (terms of trade, TOT) 是指：一個國家的出口品價格指數對其進口品價格指數的比率，或輸入 1 單位進口品與本國所需輸出之出口品數量的比率。而所謂的均衡貿易條件 (equilibrium terms of trade) 是指：能使兩國願意出口與願意進口之數量相互均等的出口品價格指數對進口品價格指數的比率。

國際貿易發生後，貿易利得的分配，是由貿易條件所決定的。例如，根據李嘉圖之比較利益模型（表 2-2），我國國內酒與布的交換比率為 1 單位的酒可以換取 1.2 單位的布 ($P_W/P_C = 1.2$)，因此只要

出口少於 1.2 單位的布就可以換取 1 單位的酒進口,我國即有貿易利得;美國國內酒與布的交換比率為 1 單位的酒可以換取 0.89 單位的布 ($P_W/P_C = 0.89$),因此只要出口 1 單位的酒就可以換取 0.89 單位以上的布進口,美國即有貿易利得。當貿易條件為 $TOT = P_W/P_C = 1.2$ 時,美國出口 1 單位的酒可以換取 1.2 單位的布進口,則貿易利得全歸美國所獲得,但我國的福利水準與貿易前一樣,並無損失,故此交換比率(即我國貿易前的國內交換比率)為國際貿易條件的上限。當貿易條件為 $TOT = P_W/P_C = 0.89$ 時,我國只要出口 0.89 單位的布就可以換取 1 單位的酒進口,則貿易利得全歸我國所獲得,但美國的福利水準與貿易前一樣,並無損失,故此交換比率(即美國貿易前的國內交換比率)為國際貿易條件的下限。

在一般的情況下,貿易條件通常介於上下限(即兩國貿易前之國內交換比率)之間。設貿易條件 $TOT = P_W/P_C = 1$,則我國花費 100 小時勞動生產 1 單位的布,可以換得 1 單位的酒,比自己生產酒節省了 20 小時的勞動(120 − 100 = 20 小時);美國花 80 小時勞動生產 1 單位的酒可以換得 1 單位的布,比自己生產布,節省了 10 小時的勞動(90 − 80 = 10 小時)。因此,在未進行國際貿易之前,全世界生產 2 單位的酒與 2 單位的布需要花 390 小時的勞動(100 + 120 + 90 + 80 = 390 小時),但在比較利益法則下進行國際分工專業生產而後貿易,生產同樣數量的產出(2 單位的布,2 單位的酒)只需要花 360 小時的勞動(100 × 2 + 80 × 2 = 360 小時),全世界總共節省了 30 小時的勞動,這是進行國際貿易所產生的利得,其中我國得到貿易利得 20 小時,美國得到貿易利得 10 小時。因此,國際貿易使全世界及兩國的福利水準均提高,而兩國福利水準提高多少(即貿易利得的分配)則視貿易條件而定。貿易條件與對手國貿易前的國內交換比率愈接近,本國之貿易利得愈大;與本國貿易前的

國內交換比率愈接近，本國的貿易利得就愈小。

　　貿易條件如何決定呢？當然，供給面之成本因素——即生產成本的高低，是非常重要的決定因素，但吾人亦不應忽略需求因素——即需求的強弱，對國際貿易與貿易條件的影響。古典經濟理論大師彌勒 (J. S. Mill) 首先提出交互需求法則 (law of reciprocal demand)，將需求因素導入國際貿易理論之中，以說明貿易條件決定的原則。所謂交互需求法則是指貿易條件有利與否，端視貿易雙方彼此對另一國出口品需求程度的強弱而定。例如，我國對美國出口品的需求愈強，美國對我國出口品的需求愈弱，則所決定的貿易條件對美國愈有利，美國的貿易利得也就愈大；反之，我國對美國出口品的需求愈弱，美國對我國出口品的需求愈強，則所決定的貿易條件對我國愈有利，我國的貿易利得也就愈大。

❖ 第四節　新古典國際貿易理論 ❖

● 一、固定機會成本與國際貿易

　　新古典國際貿易理論以機會成本 (opportunity cost) 而非勞動價值說來闡釋國際貿易的發生與貿易型態（或方向）的決定。假設生產成本是固定的——即機會成本是固定的，則生產可能曲線 (production possibilities curve) 為一直線，其斜率代表兩種產品之間生產的邊際轉換率 (marginal rate of transformation, MRT)，也就是兩種產品生產的機會成本，在完全競爭下（沒有經濟利潤存在，產品價格等於生產成本），也就是兩種產品的相對價格比率。

　　根據機會成本理論如何決定貿易型態呢？設我國及美國的生產可能曲線如圖 2–1 及 2–2 所示。圖 2–1 顯示，我國之生產可能曲線的斜率為：

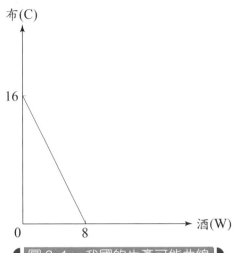

布(C)

16

0   8   酒(W)

◖ 圖 2-1　我國的生產可能曲線 ◗

$$MRT = -\frac{\Delta C}{\Delta W} = \frac{MC_W}{MC_C} = \frac{16}{8} = \frac{2}{1} = \frac{1}{0.5} = \frac{P_W}{P_C}$$

上式中，MC 代表生產的邊際成本 (marginal cost)，W 代表酒，C 代表布，P_W 代表酒的價格，P_C 代表布的價格。上式表示我國生產 1 單位的酒必須放棄 2 單位的布，故酒的價格是布的 2 倍。

圖 2-2 顯示，美國之生產可能曲線的斜率為：

$$MRT = -\frac{\Delta C}{\Delta W} = \frac{MC_W}{MC_C} = \frac{20}{15} = \frac{4}{3} = \frac{1}{0.75} = \frac{P_W}{P_C}$$

上式表示美國生產 1 單位的酒必須放棄 $1\frac{1}{3}$ 單位的布，故酒的價格是布的 1.33 倍。因此，就酒的生產而言，美國的機會成本小於我國，這表示該產品的相對價格比較低，比較利益比較大，故美國應專業生產且出口酒；就布的生產而言，我國的機會成本小於美國（生產 1 單位的布，我國必須放棄 0.5 單位的酒，美國必須放棄 0.75 單位的酒），故我國應專業生產且出口布。因此，由機會成本比較，就可以決定兩國之貿易方向，即一個國家應專業生產且出口其機會

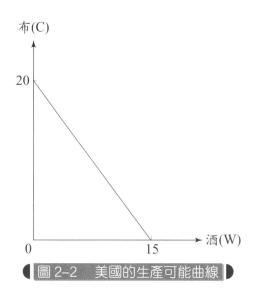

圖 2-2　美國的生產可能曲線

成本較低，亦即相對價格較低，比較利益較大的產品。

　　根據機會成本決定國際貿易方向，進而決定貿易利得的分配，必須考慮兩國之大小是否相稱。在國際貿易上，所謂的大國 (large country) 是指一國對其出口品與進口品之國際價格具有影響力者；所謂的小國 (small country) 是指一國對其出口品與進口品之國際價格沒有影響力者。因此，國際經濟分析所謂的大國、小國之分是依據國際市場上經濟力量的大小而定，而非由國土面積或人口多少而定的。

　　假設我國與美國是經濟力量大致相稱的兩個大國，則兩國相互貿易後，由於出口能夠相互滿足對方的需求，必然導致兩國各完全專業於一種產品的生產，貿易條件將介於兩國貿易前之國內交換（或價格）比率之間，兩國將共享貿易利得，貿易後兩國的福利水準均將提高。其次，假設我國為小國，美國為大國。在這種情況下，國際貿易發生後，我國是國際價格的接受者──設我國只能接受國際市場上所決定的產品價格，而沒有力量影響國際市場上產品的價格，

我國所面對的貿易條件將正好是美國貿易前國內之布與酒的交換比率，而美國則是國際價格的決定者，貿易前與貿易後均面對相同的產品交換比率，故其福利水準沒有改變。是故，在一大國、一小國的情況下，貿易後，小國完全專業生產，獲得所有的貿易利益，福利水準提高；大國無法完全專業生產（因為小國的出口無法完全滿足大國的需求，故大國須自行生產部分小國出口的產品），所面對的產品價格與貿易前相同，福利水準與貿易前相同。

● 二、機會成本遞增與國際貿易

生產可能曲線為一直線的固定機會成本理論在現實的社會可能並不成立，因為：

1. 一方面，並非所有生產要素對於所有生產活動都同樣的適合或具有同樣的效率。因此，在要素缺乏完全替代性下，由布生產減少而所釋出的生產要素將愈來愈不適合於生產酒，即酒的生產效率愈來愈低，故隨著酒之產量增加，其生產的機會成本必然遞增。另一方面，縱使生產要素對不同的生產活動具有完全的替代性，但由於不同產品生產所使用之要素組合比例 (factor proportions) 不一樣，因此兩類產品的產量改變的結果，必然使得生產要素使用的組合比例發生改變，根據可變比例法則 (law of variable proportions)，這種生產要素使用組合比例的改變會導致邊際報酬遞減的現象發生，因而肇致生產之機會成本的遞增。

2. 實證研究的結果顯示，實際經濟社會之生產活動，往往是邊際成本遞增而非固定不變的。

3. 若接受機會成本固定的假設，貿易後，必然導致至少一國完全專業生產，而實際的經濟社會卻鮮有完全專業生產的例子存在。

鑒於以上缺失，後來的學者遂將固定機會成本理論修改為機會

成本遞增。在此情況下，生產可能曲線不再是一直線，而是一凹向原點的曲線。

　　在機會成本遞增的情況下，產品生產之機會成本，不僅決定於生產可能曲線的形態（供給面），亦決定於生產點的位置（需求面）。縱然兩國之供給條件完全相同──即生產可能曲線的形態完全相同，但由於需求條件的不同，致使生產點的位置不同，兩國生產兩種產品之機會成本仍然不同。如圖 2–3，美國 (AA) 與我國 (TT) 之生產可能曲線的形態完全相同，如果兩國的需求條件相同──即對兩種產品的消費比例一樣，則生產點分別為 E 點及 F 點，E 點與 F 點的切線斜率相同，表示機會成本相同；如果兩國的需求條件不同──設我國偏好布的消費 (OC_T)，美國偏好酒的消費 (OC_A)，則生產點分別為 E 點與 G 點，E 點與 G 點的切線斜率不同，表示兩者之機會成本不同。

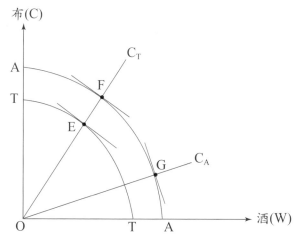

圖 2-3　生產條件相同，需求條件不同，導致機會成本不同

　　另一方面，如果兩國之需求條件完全相同，但生產可能曲線的形態不同，其生產的機會成本亦將不同。圖 2-4 顯示兩國之需求條件相同——即 $OC_A = OC_T$ 或 $OC'_A = OC'_T$，兩國對兩種產品的消費比例均相同，但由於生產可能曲線的形態不同，致使 E 點與 F 點的切線斜率，或 G 點與 H 點的切線斜率各不同，表示機會成本不同。

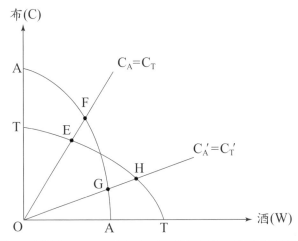

圖 2-4　需求條件相同，生產條件不同，導致機會成本不同

　　由以上的分析可知，除非生產條件與需求條件完全相同，否則兩種產品生產之機會成本必然不同。比較機會成本固定與機會成本遞增對國際貿易的影響可以發現，在機會成本固定下，貿易型態完全決定於生產面，即兩國之兩種產品貿易前的相對價格完全由生產可能曲線的斜率所決定。但是，在機會成本遞增下，貿易型態決定於生產面及供給面，即兩國之兩種產品貿易前的相對價格是由生產可能曲線與社會消費無異曲線相切之點的斜率所決定。此外，國際貿易發生後，在機會成本固定下，將導致兩國各自完全專業於一種產品的生產，但在機會成本遞增下，兩國將無法完全專業生產。

摘 要

1. 在重商主義的思想背景下，各國儘量設法增加出口、減少進口，國際貿易因此被扼殺，世界貿易量增加遲緩。

2. 根據勞動價值說，史密斯提出絕對利益法則，主張一個國家應專業生產且出口其具有絕對利益的產品，而進口生產上絕對不利的產品；李嘉圖提出比較利益法則，主張一個國家應專業生產且出口其具有比較利益的產品，而進口生產上比較不利的產品。

3. 比較史密斯的絕對利益法則與李嘉圖的比較利益法則，可以發現，在兩國兩種產品模型下，若有比較利益存在則一定具有絕對利益，但具有絕對利益不一定具有比較利益──如等成本差異。

4. 國際貿易必須在比較利益存在──即兩國國內交換比率不同的情況下，才會發生。貿易型態則決定於各國比較利益之所在，即一個國家應專業生產且出口比較有利──即相對成本比較低、相對價格比較低、或勞動生產力比較高──的產品，而進口比較不利──即相對成本比較高、相對價格比較高、或勞動生產力比較低──的產品。

5. 貿易條件是指一個國家出口品的價格指數對其進口品價格指數的相對比率，或為了進口 1 單位進口品與本國所需出口之出口品數量的相對比率。均衡貿易條件是指能夠使得兩個國家願意出口與願意進口的數量相互達於均等的貿易條件。

6. 國際貿易使得貿易國的社會福利水準提高的利益稱為貿易利得。兩國貿易利得的多寡決定於貿易條件，貿易條件與一國貿易前的國內交換比率愈接近，該國的貿易利得愈小；反之，則愈大。

7. 彌勒首先提出交互需求法則，將需求因素導入國際貿易之中，而使貿易條件得以決定。根據交互需求法則，一國對另一國出口品的需求愈強，而另一國對該國出口品的需求愈弱，則貿易條件對該國愈不利，

該國的貿易利得愈小；反之，則貿易條件對該國愈有利，該國的貿易利得愈大。

8. 根據機會成本理論，機會成本較低的產品表示其相對價格比較低，其比較利益比較大，故一國應專業生產且出口此種產品。

9. 國際貿易分析上，大國或小國的區分是以一國能否影響產品的國際價格作標準，大國能夠影響產品的國際價格，小國則否。

10. 在機會成本固定下，大國與大國貿易的結果，貿易條件介於兩國貿易前的國內價比之間，導致兩國各自完全專業生產，貿易後兩國的福利水準均提高，貿易利得的分配視貿易條件與何國貿易前的國內價比較為接近而定，貿易條件與貿易對手國貿易前的國內價比愈接近，則本國的貿易利得愈大；反之，則愈小。

11. 在機會成本固定下，大國與小國貿易的結果，小國面對的貿易條件與大國貿易前的國內價比相同，導致小國完全專業生產，貿易利得全歸小國所享，其福利水準提高；大國所面對的貿易條件與其貿易前的國內價比相同，無法完全專業生產，其福利水準與貿易前相同。

12. 在機會成本遞增下，產品生產的機會成本將同時由需求條件與供給條件所決定。

重要名詞

重商主義	勞動價值說
絕對利益法則	比較利益法則
等成本差異	貿易條件
貿易利得	交互需求法則
均衡貿易條件	固定機會成本理論

習 題

1. 試述重商主義論點的要旨，其對國際貿易有何影響？

2. 何謂勞動價值說？史密斯與李嘉圖如何據以建立其絕對利益法則和比較利益法則？

3. 試闡述有比較利益為何一定有絕對利益，但有絕對利益並不一定有比較利益？

4. 何謂貿易條件？貿易條件如何決定？貿易條件與貿易利得之間有何關係？

5. 試述如何由固定機會成本理論來決定兩國之間的貿易型態（或方向）？

6. 試以圖形分析機會成本遞增下，生產條件與需求條件對機會成本及國際貿易型態的影響。

第三章 現代國際貿易理論：赫克紹—歐林模型

繼古典與新古典的國際貿易理論之後，現代的學者試圖由兩國在貿易前自給自足下，對兩種產品生產成本之何以不同，發掘出兩國間貿易發生的根源。其中以瑞典的兩位經濟學者赫克紹 (E. F. Heckscher) 與歐林 (B. Ohlin) 的貢獻為最大，他們建立起所謂赫克紹—歐林模型 (Heckscher-Ohlin model)，認為兩國之所以會有國際貿易發生，是由於各國要素稟賦的不同所致。

❖ 第一節　赫克紹—歐林定理 ❖

● 一、要素密集度與要素稟賦

要能瞭解何謂赫克紹—歐林定理 (Heckscher-Ohlin theorem)，吾人首先必須知道什麼是要素密集度 (factor intensity)？什麼是要素稟賦 (factor endowment)？

要素密集度是指：一種產品生產 1 單位，所使用之生產要素之間的相對組合比例。在兩種生產要素——勞動與資本下，要素密集度也就是生產 1 單位產品所使用的資本—勞動比率。要素密集度是一種相對而非絕對的觀念，因此，縱然生產兩種產品各 1 單位所需投入的要素絕對數量不同，但只要相對比率相同，兩種產品的要素密集度仍然是一樣的。例如，生產 1 單位的布需要 2 單位勞動和 3 單位資本的投入，生產 1 單位的酒需要 4 單位勞動和 6 單位資本的投入，在這情況下，布與酒的要素密集度是相同的，即同為 3K（資

本）：2L（勞動）。如果生產 1 單位的布需要 3 單位勞動和 2 單位資本的投入，生產 1 單位的酒需要 2 單位勞動和 3 單位資本的投入，則布的要素密集度為 2K：3L，酒的要素密集度為 3K：2L，布的勞動密集度高於酒，而酒的資本密集度高於布，故布為勞動密集財，酒為資本密集財。

在國際經濟分析上，對一國要素稟賦的衡量是一種相對的觀念而非絕對的數量。有兩種衡量要素稟賦的觀念：

■ 實物定義 (physical definition)

即以生產要素之實體存量的相對比率來衡量一個國家的資源稟賦。例如，$(K/L)^A > (K/L)^T$，K 為資本存量，L 為勞動數量，表示美國所擁有之資本—勞動比率大於我國，故美國是相對資本豐富、我國是相對勞動豐富的國家。這種定義法只考慮相對比率的大小，而不管絕對數量的多寡。例如，我國擁有 20 單位的勞動，20 單位的資本；美國擁有 8 單位的勞動，16 單位的資本，則 $(16K/8L)^A > (20K/20L)^T$，儘管我國之資本與勞動的絕對數量均多於美國，但由於美國之相對資本—勞動比率較高，故美國是一相對於我國資本豐富的國家。

■ 價格定義 (price definition)

即以生產要素相對價格的高低作為衡量一個國家資源稟賦的標準。例如，$(W/r)^A > (W/r)^T$，W 為工資水準，r 為利率水準，表示相對工資水準美國高於我國，美國是資本豐富、我國是勞動豐富的國家（在一般的情況下，一種生產要素的數量愈多，它的報酬愈低；數量愈少，它的報酬愈高）。同樣地，這種定義法只考慮相對要素價格的高低而不論絕對要素報酬的多寡。

以實物定義法與價格定義法作為衡量要素稟賦的標準，不同之處在於前者只考慮要素的供給，而後者同時考慮要素的供給與需求。

在一般的情況下，兩種定義法的結果應該是一致的，即美國擁有相對較多的資本，利率水準相對較低，故為資本豐富的國家；我國擁有相對較多的勞動，工資水準相對較低，故為勞動豐富的國家。但是，如果對要素需求的力量很強，以致超過要素供給的力量時，可能產生兩種要素稟賦定義法不一致的現象，稱之為要素需求逆轉(factor demand reversal)。例如，以實物定義法，美國是相對資本豐富，我國是相對勞動豐富的國家，但如果美國對資本的需求很強或對勞動的需求很弱，以致於相對工資－利率比率相對低於我國，則根據價格定義法，美國就成為勞動豐富，而我國成為資本豐富的國家了。

● 二、赫克紹－歐林定理

赫克紹－歐林定理是指：一國對於相對密集使用其要素稟賦相對豐富的產品，具有比較利益，應專業生產且出口此種產品，而進口相對密集使用其要素稟賦相對貧乏的產品。亦即，資本相對豐富的國家對於生產資本密集財具有比較利益，應出口資本密集財而進口勞動密集財；勞動相對豐富的國家對於生產勞動密集財具有比較利益，應出口勞動密集財而進口資本密集財。

舉例言之，如我國較美國有相對豐富的人力資源稟賦，即勞動－資本比率大於美國，因此對於生產密集使用勞動的輕工業產品具有比較利益，適於出口輕工業產品到美國。美國較我國有相對豐富的資本存量稟賦，即資本－勞動比率大於我國，因此對於生產密集使用資本的重工業產品具有比較利益，適於出口重工業產品到我國。

由以上的說明可知，根據赫克紹－歐林定理，國際貿易發生的原因為：

1.兩國的相對要素稟賦比率不同，亦即擁有的資本－勞動稟賦比率不同。

2.不同產品生產的要素比例或密集度不同，亦即不同產品在生產時使用的資本一勞動比率不同。

由此可知，赫克紹一歐林模型以資源稟賦與產品生產的要素密集度不同，說明各國比較利益（成本）的差異。

❖ 第二節　要素價格均等化定理 ❖

赫克紹一歐林模型是現代國際貿易理論的起點，此一模型最原始的兩個基本論點，一是赫克紹一歐林定理，一是要素價格均等化定理 (factor-price-equalization theorem)。

要素價格均等化定理是指：在兩國之間生產要素完全缺乏移動性的假設下，進行自由貿易 (free trade) 的結果，兩國之生產要素的絕對報酬 (absolute returns) 與相對報酬 (relative returns) 均會趨於均等，即產品的自由貿易具有替代國際間生產要素自由移動的作用。在兩國的生產要素同質，生產要素可在國內自由移動，但國際間無法自由移動的情況下，根據赫克紹一歐林定理，一個國家對於生產相對密集使用其要素稟賦相對豐富的產品具有比較利益，應專業生產且出口此種產品。貿易之門一開之後，在自由貿易及沒有運輸成本存在的假設下，兩國所有產品的價格將趨於均等。在完全競爭的假設下，沒有經濟利潤 (economic profit) 存在，產品價格等於產品成本，而產品成本是由要素投入數量與要素價格所決定。如果兩國對同一產品生產所需的要素投入數量相同，則產品價格（或成本）的均等將會對應地使要素價格趨於均等。

自由貿易而使兩國要素價格最後均等的過程如下。例如，與美國比較，我國勞動相對於資本豐富，工資水準較低，利率水準較高；美國資本相對於勞動豐富，利率水準較低，工資水準較高。根據赫克紹一歐林定理，我國將出口勞動密集產品到美國，勞動密集產品

的國內供給因而減少，價格因而上升；美國進口勞動密集產品，其勞動密集產品的國內供給因而增加，價格因而下降，最後兩國勞動密集產品的價格將趨於均等。同樣地，美國出口資本密集產品，其資本密集產品的國內供給因而減少，價格因而上升；我國進口資本密集產品，資本密集產品的國內供給因而增加，價格因而下降，最後兩國資本密集產品的價格將趨於均等。又因我國增加勞動密集產品的生產以供出口，對勞動的需求增加，而使工資水準上漲；美國進口勞動密集產品，其國內對勞動的需求因而減少，而使工資水準下跌，兩國的工資水準因而漸趨均等。同樣地，美國出口資本密集產品使其利率上升，我國進口資本密集產品而使利率下降，最後兩國利率水準趨於均等。

國際間自由貿易後，兩國之生產要素價格將趨於完全均等的假說是建立於相當嚴謹的假設之上。這些假設在現實的經濟社會通常是無法成立的，因此在現實的經濟社會，自由貿易之後，國際間生產要素價格的差距將會縮減，但並無法達於完全的均等。

❖❖ 第三節　國際貿易、要素報酬與經濟福利 ❖

● 一、斯托帕—薩繆爾遜定理

國際間，各國根據比較利益法則，進行專業分工生產而後進行貿易，將使其福利水準提高。圖 3–1，FF 為生產可能曲線，CIC 為代表社會福利水準高低的社會無異曲線 (community indifference curve)。國際貿易發生之前，我國國內布與酒的相對價比為 PP 直線的斜率，社會無異曲線與生產可能曲線相切於 E 點，E 點既是社會的生產點（因為位於生產可能曲線上），也是社會的消費點（因為位於社會無異曲線上），社會達於自給自足的均衡，社會福利水準為

CIC$_0$。國際貿易發生後，設貿易條件為 TOT 直線的斜率，則我國的生產點為 I 點，消費點為 G 點——即我國出口 HI 的酒，進口 HG 的布，社會福利水準由 CIC$_0$ 提高至 CIC$_1$。

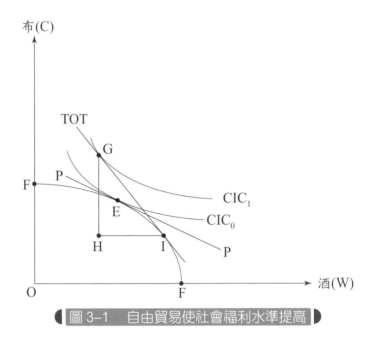

圖 3-1　自由貿易使社會福利水準提高

　　由以上的說明可知，在一般的情況下，國際貿易的結果能使一國的福利水準提高。但是，對全社會有利的不見得對每個個體一定有利。對個體而言，國際貿易有時甚至使個人的福利水準下降。就生產要素的報酬而言，由要素價格均等化定理我們知道，國際貿易對一國相對豐富的生產要素，可提高其報酬，對該要素有利；對相對稀少的生產要素，降低其報酬，對該要素不利，這也就是要素價格均等化定理所隱含的經濟福利意義。例如，與美國比較我國為勞動相對豐富的國家，對美國出口勞動密集產品的結果，我國相對豐富之生產要素——勞動的報酬——工資會上升，對勞動有利；由美

國進口資本密集產品的結果，我國相對稀少之生產要素——資本的報酬——利率會下降，對資本不利。

　　國際貿易對社會整體有利但對個體不利的情況可由一例見之。例如，我國開放蘋果進口，國內消費者因此可以普遍享有價格較低的蘋果，整個社會的福利水準因而提高，故開放蘋果進口對整個社會有利。但是，蘋果自由進口後，國內蘋果價格下降，國內種植蘋果的果農因此遭受不利的影響。

　　國際貿易使兩國產品的價格發生變化，導致要素報酬發生變化，因而使個體的經濟福利受到影響，吾人可以斯托帕－薩繆爾遜定理 (Stolper-Samuelson theorem) 來說明這種自由貿易的過程中要素價格隨產品價格的變動而變動的情形。斯托帕－薩繆爾遜定理是指：在自由貿易的過程中，經由產品價格均等化，一國出口品的相對價格會上升，進口替代品的相對價格會下降，導致密集使用於價格上升之產品（出口品）之要素——即相對豐富之生產要素——的報酬上升，密集使用於價格下降之產品（進口替代品）之要素——即相對稀少之生產要素——的報酬下降，相對要素價格的變化並有著擴大效果 (magnification effect) 存在——即相對要素價格變化的比例大於相對產品價格變化的比例。

　　例如，與美國比較，我國是勞動豐富的國家，我國出口勞動密集產品，進口資本密集產品。國際貿易發生後，我國勞動密集產品的價格將會上升，而使密集使用於勞動密集產品的生產要素——勞動的報酬——工資上升；我國資本密集產品的價格將會下降，而使密集使用於資本密集產品的生產要素——資本的報酬——利率下降。設勞動密集產品對資本密集產品之相對價格上升 1%，則工資對利率的相對比率將會上升 1% 以上，這就是斯托帕－薩繆爾遜定理，也就是產品價格變動與要素價格變動之間的一種擴大效果。

　　根據要素價格均等化定理及斯托帕─薩繆爾遜定理，國際貿易的結果，會導致兩國要素價格的均等，而在要素價格均等化的過程中，會使一國相對豐富之生產要素的報酬上升，其所得份額 (share) 提高，對此要素有利；會使一國相對稀少之生產要素的報酬下降，所得份額下降，對此要素不利，因此必然有人反對國際貿易的進行。是故，如果不考慮所得分配的問題，就總體而言，國際貿易確實可以提高整體的社會福利，但考慮到所得分配之後，國際貿易使得某些人遭受不利，因此除非國際貿易利得者足用以補償國際貿易受損者之情況下，才能確保國際貿易使社會全體及個人的福利水準均提高，無論是對社會全體或個人而言，自由貿易總比閉關自守來得好。

　　綜言之，赫克紹─歐林模型，即在於從要素稟賦之中尋找國際貿易的根源，從要素價格均等化的過程中探討國際貿易的結果。整個赫克紹─歐林模型，包括赫克紹─歐林定理及要素價格均等化定理，均建立於相當不切實際的假設之上，且實際的經濟情況與其假說並不盡相符。雖然如此，但其重要性在於它是現代國際貿易理論的起點，對它研究，使得我們得以瞭解導致國際貿易發生的其他原因及促使國際間要素價格無法趨於均等的因素，從而得以建立更加完整、實際的國際貿易模型。

● 二、特定要素模型 (specific factor model)

　　假設本國為勞動豐富的國家，生產 X 與 Y 兩種產品，勞動可以在兩種產業間自由移動，資本無法在兩種產業間自由移動，X 的生產需要勞動 L_X 與特定的資本 $\overline{K}_X$，Y 的生產需要勞動 L_Y 與特定的資本 $\overline{K}_Y$，X 為勞動密集財，Y 為資本密集財。勞動在兩種產業之間雇用的分配乃依要素雇用利潤最大化法則：每一產業給付的工資等於勞動的邊際產值，即

$$W_X = VMP_{LX} = P_X MP_{LX}$$

$$W_Y = VMP_{LY} = P_Y MP_{LY}$$

上式中，W 為工資，VMP_L 為產品市場完全競爭下的勞動邊際產值，P 為產品價格，MP_L 為勞動邊際產出，X 與 Y 分別代表兩種產業。在資本存量固定下，根據邊際報酬遞減法則，隨著勞動雇用的增加，勞動的邊際產值將遞減。在勞動可於兩種產業之間自由移動下，最後兩種產業的工資水準必然達於均等。

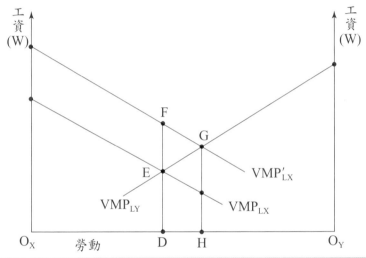

◀ 圖 3-2　出口品價格上升對生產要素報酬的影響──特定要素模型 ▶

　　圖 3-2，縱軸為工資，橫軸為勞動，X 產業的原點座標為 O_X，Y 產業的原點座標為 O_Y，勞動稟賦數量等於 $O_X O_Y$。設國際貿易發生之前，兩種產業的勞動邊際產值曲線相交於 E 點，決定全經濟的均衡工資 DE 及勞動在兩種產業之間的派用──X 產業雇用 $O_X D$ 數量，Y 產業雇用 $O_Y D$ 數量。本國勞動豐富，對勞動密集財 X 具有比較利益，因此國際貿易發生後，本國出口 X 產品，其價格 (P_X) 將上升。假設 Y 產品的價格 (P_Y) 不變（事實上，Y 產品的價格是會下跌

的)，X 產品對 Y 產品的相對價格 (P_X/P_Y) 將告上升。X 產品的價格上升將使 X 產業的勞動邊際產值提高，而使圖 3–2 中的勞動邊際產值曲線以與 X 產品價格上升相同的幅度，由 VMP_{LX} 往上移至 VMP'_{LX}。是故，國際貿易後，兩國的邊際產值曲線交於 G 點，全經濟均衡工資上升為 HG，X 產業的勞動雇用由 O_XD 增加為 O_XH，Y 產業的勞動雇用則由 O_YD 減少為 O_YH。

貿易後，均衡工資率雖然由 DE 上升為 HG，但這種上升的幅度小於 X 產品價格上升的幅度。如果工資要與 X 產品價格同比例上升，則工資率應上升至 DF 的水準，顯然地，HG<DF。是故，貿易後的工資率以 X 產品表示是下降而非上升，但以 Y 產品表示則是上升的 (因為假設 Y 產品價格不變)。貿易後，X 產業使用的特定資本數量不變，但與其配合生產的勞動增加，其生產力因此提高，故 X 產業的利率以 X 產品與 Y 產品表示均提高；Y 產業使用的特定資本數量不變，但與其配合生產的勞動減少，其生產力因此降低，故 Y 產業的利率以 X 產品與 Y 產品表示均下降。

以上的分析結果係基於短期間資本無法於兩種產業間自由移動的假設上。但在長期間，資本與勞動兩者均可在兩種產業之間自由移動，國際貿易的結果，無論以那一種產品表示，一國稟賦相對豐富之生產要素的報酬將提高，稟賦相對貧乏之生產要素的報酬將降低，赫克紹一歐林模型的斯托帕一薩繆爾遜定理將再度成立。

摘　要

1. 要素密集度是指一種產品生產 1 單位，其所使用的生產要素之間的相對組合比例，這是一種相對而非絕對的觀念。只要兩種產品生產的相對要素密集度相同，則兩種產品的要素密集度相同。

2. 一國要素稟賦的衡量為一相對而非絕對的觀念。以生產要素之實體存

量的相對比率來衡量一個國家的資源稟賦稱為實物定義法，只考慮到要素的供給因素；以生產要素相對價格的高低作為衡量一個國家資源稟賦的標準稱為價格定義法，同時考慮到要素的供給與需求兩種因素。

3. 如果一個國家以實物定義和以價格定義的要素稟賦不相一致時，稱之為要素需求逆轉。

4. 赫克紹—歐林模型中的赫克紹—歐林定理，敘述一國對於相對密集使用其稟賦相對豐富要素的產品，具有比較利益，應專業生產且出口此種產品，而進口相對密集使用其相對貧乏之要素稟賦的產品；要素價格均等化定理，敘述在國際間生產要素完全缺乏移動性的假設下，自由貿易的結果，將使兩國之生產要素的絕對報酬與相對報酬均趨向完全的均等，即產品的自由貿易具有替代國與國之間生產要素完全自由移動的功能。

5. 自由貿易下，兩國產品的價格達於均等，必然導致兩國要素的價格達於均等。

6. 根據要素價格均等化定理可知，自由貿易使一國相對豐富之生產要素的報酬上升，對該要素有利；使一國相對稀少之生產要素的報酬下降，對該要素不利。兩國的要素報酬均作此變動，最後將能使兩國的要素報酬達於完全的均等。

7. 要素價格均等化定理是用以預測自由貿易後要素報酬變動的結果，而斯托帕—薩繆爾遜定理則用以解釋自由貿易的過程中要素價格隨產品價格的變動而變動的情形，其假說為：在自由貿易的過程中，經由產品價格均等化，一國出口品的相對價格會上升，而導致密集使用於出口品之要素的相對報酬上升；進口替代品的相對價格下降，而導致密集使用於進口替代品之要素的相對報酬下降，要素相對價格的變化並有擴大效果的關係存在。

8. 由於國際貿易對一國不同之要素的報酬產生有利或不利的影響，因而

導致要素所有者對於國際貿易持贊同或反對的態度。

9. 國際貿易使要素報酬發生改變，進而使一國的所得分配發生改變，因此考慮所得分配的問題之後，國際貿易的發生並不一定使得一國的社會福利水準提高。

10. 赫克紹一歐林模型的基本假設雖然不切實際，但卻是現代國際貿易理論研究的起點，其將國際貿易產生的根源歸之於要素稟賦的差異，與國際貿易的後果導致要素價格均等的看法，仍不失為真切，而具有重大的貢獻。

11. 在勞動可於兩種產業間自由移動，資本無法在兩種產業間自由移動的特定要素模型下，一國出口勞動密集財，進口資本密集財，出口財價格上升的結果，實質工資率以出口財表示下降，以進口財表示上升；出口產業的利率以出口財及進口財表示均上升，進口產業的利率以出口財及進口財表示均下降。

重要名詞

要素密集度	勞動密集財
資本密集財	要素稟賦
實物定義	價格定義
要素需要逆轉	赫克紹一歐林模型
赫克紹一歐林定理	要素價格均等化定理
斯托帕一薩繆爾遜定理	擴大效果

習　題

1. 試說明要素密集度的意義。

2. 一個國家的要素稟賦如何衡量？試就實物定義與價格定義說明之。

3. 試說明要素需求逆轉為何會發生。

4. 試述赫克紹─歐林定理的內涵。

5. 試根據赫克紹─歐林定理，簡要說明國際貿易為何會發生。

6. 試述要素價格均等化定理的內涵。

7. 何謂斯托帕─薩繆爾遜定理？

8. 試分別利用要素價格均等化定理與斯托帕─薩繆爾遜定理，說明國際
   貿易對要素報酬與所得分配的影響。

9. 試以特定要素模型分析出口財價格上升對生產要素報酬的影響。

第四章 赫克紹─歐林定理之實證研究及其他國際貿易理論

本章旨在介紹學者們對赫克紹─歐林定理進行實證研究的結果，及赫克紹─歐林模型之後其他的國際貿易理論。

◈ 第一節　赫克紹─歐林定理之實證研究 ◈

● 一、實證研究的過程及其發現

赫克紹─歐林定理可說是首先對國際貿易的發生找到重要根源的所在，於是許多的經濟學者紛紛對赫克紹─歐林定理進行實證研究，試圖驗證理論與實際是否一致，其中以李昂鐵夫 (W. Leontief) 於 1947 年利用美國的投入─產出表 (input-output table) 所作的研究為最早，且其發現也最為人們所重視與爭議。

李昂鐵夫根據美國的投入─產出表，對美國各值 100 萬美元的出口品及進口替代品進行要素密集度的分析，以量度其中所包含的勞動與資本各為多少。李昂鐵夫實證研究的結果發現，美國的進口替代品較其出口品更為資本密集，亦即美國出口勞動密集財而進口資本密集財，這正與一般公認美國是全世界資本最為豐富的國家，其出口品應較進口品為資本密集的先驗看法相反，即美國的貿易方向與赫克紹─歐林定理所預測的背道而馳，此種現象稱之為「李昂鐵夫矛盾」(Leontief's paradox)。

許多學者對其他國家進行實證研究的結果，有的符合赫克紹─

歐林定理，有的違反了赫克紹─歐林定理，但大致而言，一般實證的結果並無法確證赫克紹─歐林定理的成立。若李昂鐵夫矛盾確實成立，則赫克紹─歐林定理即被推翻，但赫克紹─歐林定理是建立於嚴謹的假設及周延的邏輯推理之上，其假說實難以被推翻。因之，若不是實證研究的過程有問題，就是赫克紹─歐林定理的基本假設有問題。是故，李昂鐵夫及其他的學者紛紛提出各種的說法來調和赫克紹─歐林定理與李昂鐵夫矛盾之間的困境，試圖重新肯定及挽救赫克紹─歐林定理，亦有許多的學者因此提出新的國際貿易理論來闡釋國際貿易的發生。

● 二、李昂鐵夫矛盾與赫克紹─歐林定理的協調

根據赫克紹─歐林定理，為何會發生李昂鐵夫矛盾的現象呢？經濟學者們認為是由於以下的原因所肇致：

■ 美國勞動者的生產效率較高

李昂鐵夫認為美國勞動者具有較高的生產效率，在配備相同的資本下，美國勞動者的生產力是外國勞動者生產力的 3 倍。因此，美國的有效勞動力 (effective labor force) 為其現有勞動力的 3 倍。就此而言，美國實為一勞動豐富的國家，實證研究的結果與赫克紹─歐林定理並無矛盾之處。

■ 技術勞動或人力資本

由於美國研究與發展風氣盛行，教育與職業訓練制度完善，因此美國較外國擁有更多的技術勞動 (skilled labor) 或人力資本 (human capital)。實證分析顯示，美國的出口品較進口替代品包含更多的技術勞動在內，即美國出口品包含有大量的技術勞動投入，進口替代品包含的主要是非技術勞動。若將技術勞動視之為一種實物的資本 (physical capital)，則美國出口品實際上是較進口替代品為資

本密集的財貨，因而符合了赫克紹─歐林定理的假說。

■ 研究與發展

美國的出口品大部分是研究與發展 (research and development) 密集的產品，亦即為技術領先的產品，而這種研究與發展密集的產品往往需要大量的技術勞動投入，因而導致其出口技術勞動密集的產品。

■ 貿易障礙與其他的扭曲

赫克紹─歐林定理根據要素稟賦來決定貿易方向，是建立於完全競爭、自由貿易的假設之上。但事實上，各國普遍設有貿易障礙（關稅），而美國的貿易障礙（關稅結構）傾向於保護勞動密集的產業，尤其是非技術勞動密集的產業。因此，許多外國的勞動密集財均被排除於美國進口之外，使得根據投入─產出表計算而得之進口替代品的資本─勞動比率升高。

除貿易障礙外，尚有其他的扭曲，如美國所屬之多國公司，其海外的子公司將其資本密集財回售國內，亦導致美國進口品之資本─勞動比率提高。

■ 自然資源

實證研究的過程中，李昂鐵夫不僅沒有區分技術勞動與非技術勞動，亦忽略了自然資源的重要性。事實上，美國出口品所包含的自然資源比例遠低於進口替代品。包含大量自然資源投入的產品，必然需要大量的資本投入，因此自然資源密集的產品往往是資本密集的產品。

■ 需求逆轉

赫克紹─歐林定理假設兩國的需求型態相同，但事實上，各國的需求型態可能並不相同，當發生需求逆轉時，貿易方向即與赫克紹─歐林定理相違背。所謂需求逆轉 (demand reversal) 是指：考慮對

產品需求的因素後，使得原先只考慮產品供給因素所決定的貿易型態發生改變的現象。這種情況只有在兩國對產品需求差異的力量強到超過產品成本差異的力量之後，才可能發生。例如，在只考慮生產條件下，我國對布、美國對酒的生產具有比較利益，我國應出口布、進口酒，美國應出口酒、進口布。但是，考慮需求因素後，由於我國對布、美國對酒的需求偏好很強，致使貿易發生之前，布在我國相對比較貴，酒在美國相對比較貴，我國因而出口酒、進口布，美國因而出口布、進口酒，這種現象即為需求逆轉。

經由對李昂鐵夫矛盾的探討，使我們對赫克紹－歐林定理及決定貿易方向的因素有更深一層的瞭解與認識，即除要素稟賦外，在決定貿易方向時，其他因素還是很重要的。

❖ 第二節　其他國際貿易理論 ❖

本節我們將介紹赫克紹－歐林模型之後的一些國際貿易理論，以瞭解這些理論如何由不同的觀點來闡釋國際貿易的發生與貿易方向的決定。

● 一、剩餘出口理論 (vent-for-surplus theory)

剩餘出口理論遠在 18 世紀即為史密斯首先提出，其論點在於經由國際貿易來擴大本國市場、刺激需求，以產生促進本國經濟成長的動力。此一理論後來被廣泛用以說明開發中國家如何以國際貿易作為其經濟發展動力的策略。

對大部分的開發中國家而言，資源閑置與失業及低就業 (underemployment) 的情況普遍存在，在此情況下，若能將這些閑置的資源予以有效的動用起來生產產品出口，則必能提高此一國家的福利水準。1970 年之前，我國擁有大量豐富、低度利用的勞動力，

利用這些勞動力來製造勞動密集的輕工業產品以之出口，即是剩餘出口理論的典型之一。

● 二、存在性理論 (availability theory)

此理論強調國際貿易的發生，是由於某些國家擁有某些特別的經濟資源，如阿拉伯國家出口石油，巴西出口咖啡。在實際的經濟社會，不乏因為擁有某些特殊資源而產生國際貿易的例子。除上述提到有形的特殊產品的出口外，如蘇格蘭出口威士忌酒，瑞士出口手錶，均適用存在性理論。因為這些產品的出口乃是過去優良的品質，或是經由成功的廣告而廣為人們所熟悉，因而存在良好的信譽所肇致，是為一國特殊之無形的經濟資源。

根據存在性理論，吾人只能用以解釋少部分、特殊的貿易事件，而無法用以說明一般的貿易現象。因此，一般的產品貿易還是必須借助成本的差異來說明其發生的原因。

● 三、不完全競爭與國際貿易

古典理論與赫克紹—歐林模型均作完全競爭的假設，價格因而能夠確實反映成本，即價格與成本之間呈一對一完全對應的關係，因此由比較成本即可決定貿易方向。事實上，現實的經濟社會不完全競爭普遍存在，因此貿易方向與貿易後果可能不會如完全競爭所預料的一般，甚至於有些國際貿易是因不完全競爭而產生的。現時的石油輸出國家組織 (Organization of Petroleum Exporting Countries, OPEC) 及開發中國家為維持其初級產品出口價格的穩定而成立的商品協定 (Commodity Agreement)，即是不完全競爭的實例。

假設貿易前，本國有獨佔或寡佔廠商存在；貿易後，准許進口或准許本國獨佔者出口，皆使得本國獨佔者面對國外生產者的競爭。

一般的情況下，國內廠商的獨佔力量無論如何雄厚，國際貿易之門一開之後，國內的市場獨佔將被打破——尤其是小國，而形成一種國際間完全競爭的局面。

完全競爭與不完全競爭下之國際貿易利得並不相同。不完全競爭下，一國資源的派用產生扭曲，因之，國際貿易而使一國成為完全競爭的結果，不僅有傳統的生產與消費的貿易利得，亦可獲得因競爭程度加強所增加的額外利益，即貿易利得可以分解成三部分：(1)生產利得——趨於專業化生產之利得，(2)消費利得——消費者享有較低產品價格之利得，及(3)競爭利得或資源重分派利得——打破獨佔，改正資源派用的扭曲，促進資源有效利用之利得。

● 四、規模經濟

規模經濟 (economies of scale) 可分為內部規模經濟與外部規模經濟，前者為廠商本身的產量擴增導致廠商的平均生產成本遞降，後者為產業的產量擴增導致廠商的平均生產成本遞降。由於外部規模經濟乃因產業之廠商的數目增加而非個別廠商的產量增加所致，即廠商的平均生產成本下降為產業而非廠商變得較大所致，因此產業可以繼續維持是完全競爭的，而內部規模經濟則可能使產業成為獨佔或寡佔的局面。

■ 外部規模經濟與國際貿易

外部規模經濟此一因素可以決定貿易型態。一國對某一產業的生產規模愈大，其平均生產成本愈低，因此將出口此一產品。圖 4–1，設 A、B 兩國對 X 產業的生產均具有外部規模經濟，兩國的平均生產成本曲線分別為 AC_A 與 AC_B，D_W 為 X 產品的世界需求曲線。若因某種原因，A 國較 B 國更早建立起 X 產業，則即使 B 國的生產較 A 國為低，全世界的需求，將為 A 國所供給，產出為 X_1，價格為 P_1

（因為市場維持完全競爭，價格等於平均成本）。雖然全世界的需求如由 B 國來供給，價格可以更低 (P_2)，產量可以更多 (X_2)，但由於 A 國已佔有市場，B 國開始進入市場的價格 P_3 高於 A 國現行的價格 P_1，B 國因此無法進入市場。因此，在外部規模經濟下，貿易型態並非根據實際或潛在生產成本所決定的。

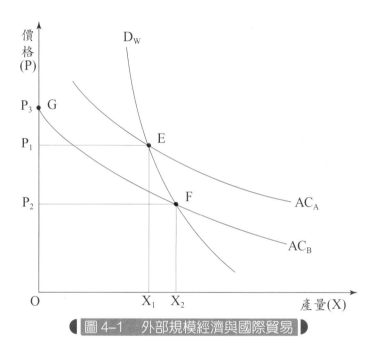

◀ 圖 4-1　外部規模經濟與國際貿易 ▶

■ 動態外部經濟與國際貿易

技術創新的廠商往往具有生產的優勢，但一家廠商的創新成功也將引起其他廠商的模倣，這些廠商藉由邊做邊學 (learning by doing)，隨著時間的經過，累積生產數量增加，生產技術精進，整個產業的平均生產成本因此下降，這種現象稱為動態外部經濟 (dynamic external economies)，其不同於每單位時間內產業產量增加所肇致的外部規模經濟❶。圖 4-2，橫軸為 X 產業的累積產量 (CX)，

縱軸為價格（等於成本）。L_A 與 L_B 分別為表示隨時間經過，產業累積產量增加而使產業平均生產成本下降之 A 國與 B 國的學習曲線 (learning curve)。如果 A 國先進入 X 產業，已經累積生產 CX^* 數量，價格為 P_1。B 國即使累積生產 CX^* 數量的價格只需 P_2，但由於其進入 X 產業的起始成本為 P_3，因此無法進入 X 產品市場。在此情況下，唯有 B 國政府暫時實施關稅保護或生產補貼來扶持此一產業的生產，使其經由生產經驗的累積來降低生產成本，才有機會進入 X 產品市場而與 A 國競爭，此即幼稚工業 (infant industry) 論者的立論根據。

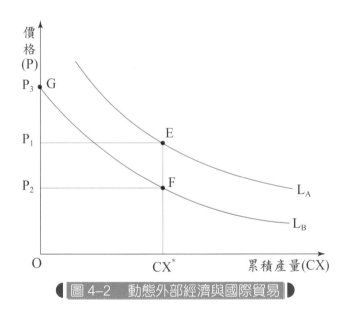

圖 4-2　動態外部經濟與國際貿易

■ 內部規模經濟與國際貿易

　　內部規模經濟一般又稱為規模報酬遞增。當某一產品的生產發生規模報酬遞增時，隨著生產規模的擴大，其單位成本會下降，因

❶　例如，最初 100 單位的生產花 100 小時，接著 100 單位的生產只花 60 小時，即為動態外部經濟。

此導致完全專業生產且出口此一產品。圖 4-3，橫軸為酒 (W)，縱軸為布 (C)，酒與布的生產均為規模報酬遞增，而使一國的生產可能曲線凸向原點。當貿易條件為 TOT₁ 時，一國會完全專業生產且出口酒；為 TOT₂ 時，一國會完全專業生產且出口布。因此，貿易型態將取決於特定的貿易條件，規模報酬遞增的存在使得生產與專業型態的不確定性提高。值得注意的是，這裡所指的規模報酬是以全世界為市場的國際性規模報酬 (international returns to scale)，而非閉鎖經濟下只以本國為市場的國家性規模報酬 (national returns to scale)。一個國家愈小，即國際規模報酬遞增對它所產生的貿易利得也就愈大。

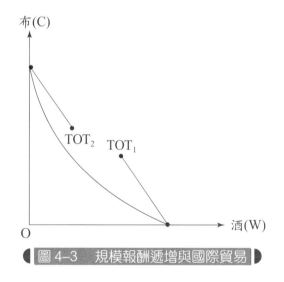

◖ 圖 4-3　規模報酬遞增與國際貿易 ◗

　　根據規模報酬遞增理論，生產規模的擴大將會產生以下的經濟後果：

　　1.降低生產成本，產生比較利益，導致國際貿易。

　　2.破壞完全競爭，產生獨佔，進行傾銷，亦會發生國際貿易。

　　3.對小國而言，國際貿易尤其可以使其實現（內部與外部）的

規模經濟利益❷。

4.規模經濟對於生產標準化產品尤其有利，因其可以經由大量生產而獲利。但對生產異樣化產品，規模經濟同樣重要，因其可以使得產品生產的種類與樣式增加❸。

5.隨著生產規模的擴大，藉由邊做邊學，可以累積經驗，增加生產效率，提高出口能力。此點對小國尤其重要，因其國內市場狹小，只能藉由國外市場的拓展來實現擴大生產規模、提高生產能量，以獲得經濟規模的好處。

小國希望經由國際貿易獲得規模經濟好處，並不是經常能夠成功的。由於國情的不同，各國政府基於國內需求與安全的考慮，會對產品的生產作各種不同規格的要求，因此各國廠商生產的會是針對政府規定規格的異樣化產品，其他國家的產品因而難以進入該國的市場，異樣化產品反而形成一種非關稅的貿易障礙。這種情況對小國甚為不利，因一方面其國內市場狹小，缺乏有效的生產規模，另一方面又難以進入大國的市場，因此小國如果生產異樣化的產品，實際上難以獲得實現規模經濟所需的市場。是故，小國或許應專業於非異樣化產品的生產，即生產中間財貨 (intermediate goods)，而進口異樣化的產品。

● 五、產業內貿易理論 (intraindustry trade theory)

產業內貿易理論有時又被稱為異樣化產品理論 (differentiated

---

❷ 因為對不同產品，或一種產品的各生產過程階段而言，均需要達某一產量水準才能實現最低效率規模 (minimum efficient scale)——即能使單位成本達於最小的產量水準。

❸ 當廠商的平均生產成本隨產品生產的種類與樣式增加而遞減時，稱之為範疇經濟 (economies of scope)。

product theory)，是當前國際貿易理論最熱門的課題之一。此一理論不同於傳統的李嘉圖及赫克紹─歐林理論，傳統理論著重產業間貿易 (interindustry trade) 的探討，即貿易與國分別出口與進口不同產業的產品，國際間進行不同產業的分工；晚近的產業內貿易理論，則著重貿易與國同時出口與進口同一產業的產品，國際間進行同產業的產品異樣化競爭，並認為這是更符合現實情況的國際貿易型態。

　　產業內貿易在先進工業化國家之間非常的普遍。例如，美國由日本進口汽車，亦出口汽車到日本；美國由日本進口電腦，但亦出口電腦到日本。最普遍被用來解釋產業內貿易之理論為規模報酬遞增與不完全競爭。對個別廠商而言，規模報酬遞增有外部的與內部的兩種，前者將可使市場繼續維持完全競爭，後者則將肇致市場不完全競爭（如壟斷性競爭、寡佔或獨佔）。

　　設貿易前，兩國分別生產布與汽車。布為勞動密集財，生產為固定規模報酬，市場為完全競爭；汽車為資本密集財，生產為規模報酬遞增，市場為壟斷性競爭；每一廠商生產的汽車只有些微的不同（例如，只有大小不同）；每一國家的消費者各有不同的偏好──如有人喜好大車，有人喜好小車。國際貿易後，根據赫克紹─歐林定理，勞動豐富的國家將出口布，進口汽車，即兩國間發生產業間的貿易。但是，根據規模報酬遞增與不完全競爭理論，勞動豐富的國家仍然會出口一些汽車（如小車）以交換資本豐富國家的汽車（如大車），即兩國會發生產業內的貿易。

　　國際貿易之後，兩國的汽車廠商面對更廣大的市場，生產規模可以擴大，規模報酬遞增使擴大生產規模之廠商的生產成本、產品價格下降，生產相同產品（如同為大車或小車）但生產規模不變之本國與外國的汽車廠商將因此遭淘汰。如此，最後本國與外國的汽車生產將各自專於某些類型的發展（例如，日本擅長於生產小型汽

車,美國擅長於生產大型汽車)。因此,國際貿易型態將是資本豐富的國家出口不同類型的汽車以交換勞動豐富國家的布與其他類型的汽車。

一國在某一段時間之內進行產業內貿易的程度——即產業內貿易指數 (B),可以下列的公式計算之:

$$B = 1 - \frac{\sum|X_i - M_i|}{\sum(X_i + M_i)}$$

上式中,X_i 與 M_i 分別代表屬於同一產業分類之產品的出口與進口。$|X_i - M_i|$ 為 i 類產品出口與進口差額的絕對值,$(X_i + M_i)$ 為 i 類產品出口與進口之和,$\sum$ 為所有分類產品加總。B 的值最大等於 1 ——當每一類產業的出、進口值均相等時(即 $\sum|X_i - M_i| = 0$),最小等於 0——當每一類產業只有出口沒有進口,或只有進口沒有出口時〔即 $\sum|X_i - M_i| = \sum(X_i + M_i)$〕。

● 六、技術差距理論 (technological gap theory)

技術差距理論是由創新與模倣所形成,因此又可稱為創新與模倣理論 (innovation and imitation theory)。其理論要旨為:當一國創新某種產品成功後,產生技術領先差距,可以出口技術領先的產品,即出口技術密集的產品。技術領先的產品出口後,即會被外國所模倣,因為新技術將會隨著技術合作、多國公司及對外投資等途徑而流傳至國外。當一國創新的技術為外國所模倣時,外國即可自行生產,而減少進口,最後甚至模倣的國家反而出口該產品至原先創新的國家。至此,創新利潤完全消失,但在一動態的經濟社會,科技發達的國家是不斷會有再創新、再出口出現的。

● 七、產品循環理論 (product cycle theory)

　　這理論是由技術差距理論推演而來，主要是由威隆 (R. Vernon) 提出的，其理論要旨為：

　　1.產品創新之初，由於市場狹小，生產技術不確定，因此只適於生產供應國內市場，生產者得以就近收取消費者的意見，改進生產技術與產品品質,故在創新的初級階段需要大量的技術勞動投入。

　　2.經過一段時間後，由於生產技術的改良，產品品質提高，生產技術確定，國內消費者逐漸接受創新的產品，生產因此進入成熟階段，不但建立了國內市場，亦可打開國際市場。

　　3.國際市場打開之後，市場擴大，生產進入大量標準化階段，生產技術廣為流傳，變得普遍、簡單，因此只需較少的技術勞動投入，而需要較多的非技術勞動投入。此時，創新產品即被外國所模倣，國際競爭加強，產品的需求由原先的缺乏彈性變得較具彈性，原先創新的國家逐漸喪失其比較利益，勞動豐富、工資便宜、技術水準較低的國家反而取得此種產品生產的比較利益，最後甚至成為出口此種產品的國家。

　　產品循環理論與需求條件有密切的關係。創新之初，產品可能被視之為奢侈品，但隨著時間的推進，國民所得提高，人們漸漸習慣於此一產品，該產品逐漸成為一種必需品，其市場因而擴大，大量生產得以實現，生產技術因此變得普遍、簡單。

　　實證研究結果顯示，美國出口品中，研究與發展密集品佔很大的比例，即美國主要是出口技術領先的產品，這與一般咸信美國是世界上創新活動最為頻繁之國家的想法相符。

　　技術差距與產品循環理論，說明了一個事實，即除土地、勞動與資本等要素稟賦外，人力資本──知識與技術水準亦是決定貿易

型態的重要因素。知識技術是一個國家重要的無形資源，國際間知識技術的不同與變動是解釋國際貿易的重要因素之一。在科技知識日新月異的動態社會中，除非一個國家能夠維持其技術繼續不斷的進步，否則將會在國際市場上被其他後來跟上之國家所排擠，故有領先懲罰之說，認為除非一個國家的技術能夠繼續不斷的居於領先的地位，否則將會產生國際競爭能力減弱的不利經濟後果。歷史顯示，許多的國家由於技術無法繼續不斷進步而遭致沒落命運，第二次世界大戰後的英國即為一例，目前美國許多產品技術進步的速度減緩，導致國際競爭能力減弱亦是明顯的例子。因此，技術變動是國際貿易的一項不確定的因素。

● 八、經濟成長階段理論 (economic growth stage theory)

晚近對於國際貿易的闡述，有以經濟成長階段之不同為依據者，其論點為：經濟發展階段低時，生產且出口簡單的工業品及初級產品；經濟發展程度提高後，生產且出口資本密集財及耐久消費財。因此，開發中國家專業生產且出口簡單的工業品及初級產品，進口資本密集財及耐久消費財，已開發國家專業生產且出口資本密集財及耐久消費財，進口簡單的工業品及初級產品，國際貿易之發生是因經濟發展程度的不同而肇致。

此一理論頗適於說明開發中與已開發國家之間的貿易現象，但並無法用以解釋開發中國家或已開發國家彼此之間的貿易。

● 九、偏好相似理論 (preference similarity theory)

瑞典經濟學家林德一反傳統的由供給面找尋貿易的根源而改由需求面找尋貿易發生的原因，其論點稱為林德假說 (Linder's

hypothesis) 或偏好相似理論，此一假說為：要素稟賦的差異只能解釋自然資源密集之產品而無法解釋製造業產品的貿易。國際間製造業產品貿易的發生，往往是先由國內市場建立起生產規模與國際競爭能力，而後再拓展國外市場。在這情況下，可以發現，兩國的經濟發展程度愈相近，每人所得將愈接近，需求型態將愈益相同，貿易量也就愈大。

　　圖 4–4，Y 代表每人所得，q 代表對製造業產品需求的品質，Oα、Oβ 直線與原點所構成的錐形 α–O–β 為一國對其所需求產品的品質範圍。設美國之每人所得高於我國，則對產品需求的品質範圍，美國為 BD，我國為 AC，BC 部分重合，表示兩國會就 BC 範圍內之品質的產品進行貿易。兩國對產品需求品質範圍重疊的部分愈大，表示需求型態愈相近，貿易量也就愈大。若沒有重合的部分發生，則兩國之間也就沒有國際貿易發生。由圖形可知，兩國的每人所得水準愈相近，對產品需求的品質範圍愈接近——即偏好愈相似，重疊的部分愈大，貿易量也就愈大。

　　赫克紹—歐林理論假設國際間的需求偏好相同，故不考慮需求因素。林德的偏好相似理論則認為由於經濟發展程度（或所得水準）的不同，國際間的需求偏好並不相同，再根據前述的產業內理論，國際貿易自然會發生（林德理論只能預測那些產品可能發生貿易，但並無法說明貿易型態——即一國將出口、進口那些產品）。根據赫克紹—歐林理論，兩國的資本—勞動比率愈相近，比較成本的差異將愈小，兩國的貿易量將愈小。但根據林德理論，兩國的資本—勞動比率愈相近，每人所得的差異將愈小，重疊的市場部分將愈大，兩國的貿易量將愈大。林德理論因此似乎較赫克紹—歐林理論適合用以解釋世界貿易量主要是發生於先進國家之間的現象。

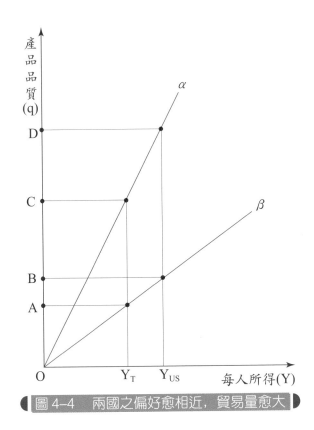

圖 4–4　兩國之偏好愈相近，貿易量愈大

◆ 第三節　國際傾銷活動 ◆

　　在上一節，我們曾經談到不完全競爭與國際貿易之間的關係，而與這有密切關係的為國際傾銷 (dumping) 活動。傾銷活動的進行被視之為一種不公平的國際貿易競爭，往往因而導致國際間重大的貿易爭端與限制貿易的採行，故對於傾銷活動我們應有深入的了解。

　　國際貿易之後，若本國獨佔的情況並未被打破——通常這只有在大國的情況下才可能發生，本國獨佔者可能與國外的獨佔者聯合，形成國際寡佔或國際卡特爾 (cartel) 的組織，而進行國際間的傾銷。要能成功組成國際卡特爾的必要條件為：

1.對卡特爾組織之產品的需求彈性低。

2.主要的生產者必須願意加入，且沒有潛在生產者的威脅存在。

3.會員必須遵守協定，不能祕密地違背協定。

4.消費者無法形成對抗的組織。

因為有時空阻隔、運輸成本、貿易障礙、訊息不完全、需求型態不同等因素存在，因此國際卡特爾不如國內卡特爾一般容易組成、存在。組成國際卡特爾的目的在於：

1.提高產品價格，避免競爭，排除可能存在之生產者的威脅，以增加會員的利潤。

2.固守本國獨佔市場，瓜分外國的國際市場。

3.增強國內獨佔力量，以利國際傾銷活動的進行。

如同國內卡特爾一樣，國際卡特爾的形成將使國際產品的價格趨於僵固，國際資源的派用產生扭曲等不利的經濟後果。國際卡特爾形成的最主要動機與目的在於增加利潤，而利潤的增加可以經由國際的傾銷來實現。

● 一、傾銷之意義及種類

傾銷是一種價格歧視或差別取價 (price discrimination)，而價格歧視是指廠商將其相同的產品，對相同或不同的購買者或地區分別以不同的價格出售。當價格歧視發生於國際貿易時——即對國外市場的消費者索取較國內市場消費者為低的價格，則稱之為傾銷。但是，亦可以產品在國外的售價是否低於其在國內的生產成本來認定是否有傾銷的行為發生。在國際貿易上之所以會有傾銷的活動發生，乃是因國際貿易存在不完全競爭所肇致，即一個國家的獨佔或寡佔廠商，將其獨佔力量加以運用，使其延伸至國外的結果。是故，國際傾銷要能發生且順利進行，一般而言，必須具備以下的基本條件：

1.對國內市場具有獨佔的力量。如此，才能在掌握國內市場之餘，運用獨佔力量對國外市場實施差別取價。

2.必須能夠有效地將國內市場與國外市場隔離。如此，才能防止出口的商品再由價格較低的國外市場流回至價格較高的國內市場。運輸成本與關稅的課徵，通常就能將國內市場與國外市場有效地予以分隔。

3.國外市場較國內市場的需求價格彈性為大。如此，自可根據國內與國外之需求價格彈性的不同，對國外市場索取較低的價格，對國內市場索取較高的價格，進行持久性的傾銷。由於國際市場的競爭性通常遠大於國內市場的競爭性，所以國外市場之需求彈性通常是大於國內市場之需求彈性的。

在國際貿易上，傾銷又可按其性質的不同分為以下三類：

■ 掠奪性傾銷 (predatory dumping)

即為消滅外國生產者以取得國際獨佔地位，一國的生產者暫時對外國的消費者採取低價傾銷策略，待國外的生產者消除之後，再提高產品價格以獲取長期更大的國際獨佔利潤。這是一種最不公平，也是最為各國所反對且極力對抗的傾銷活動，其以短期損失來換取長期利潤的作法，終將使貿易對手國的生產者與消費者蒙受重大的損失，而招致對方的報復。

■ 持久性傾銷 (persistent dumping)

這是一般所指的國際傾銷活動，其與國內、外需求彈性的大小有很密切的關係。一國的生產者為追求利潤達於最大，根據國內與國外需求彈性的不同，而對國外需求彈性較大的市場長期索取較低價格，對國內需求彈性較小的市場長期索取較高價格的一種差別取價的策略。這種持久性的傾銷主要是想獲取更大的利潤與維持國外市場的存在，而非如同掠奪性傾銷以消除外國的生產者而建立獨佔

力量為目的。

■ 間歇性傾銷 (sporadic dumping)

即基於維護國內市場的穩定，而對國外進行不定時、間歇性的傾銷。例如，由於生產過剩——通常是農產品，或國內需求銳減，而將過剩的產品以較低的價格傾銷至國外，以維持國內產品價格的穩定。此種傾銷活動既非為了建立國外市場的獨佔力量，亦非以追求更大的利潤為目的，而只是為維持國內市場的穩定，所採行的一種暫時性的策略。

● 二、傾銷的經濟後果

若本國對外國進行傾銷，將會產生以下的經濟後果：

1. 外國的消費者享有較低的價格，其福利水準因而提高。

2. 外國的生產者受到打擊，會導致該產業的萎縮，引起失業。

3. 若非持久性的傾銷，外國消費者福利水準的提高只是短暫的，價格的波動對外國的經濟穩定有相當不利的影響。

4. 犧牲本國消費者以增加利潤，將招致本國消費者的反對。

5. 傾銷的結果，可以改善本國的國際收支，但對外國的國際收支則有不利的影響。

由於無法有效辨認傾銷的動機是為掠奪性、持久性、或間歇性，故外國的政府與生產者往往視傾銷活動為不公平的競爭。對外國的生產者而言，傾銷的結果使他們的銷售、收入與利潤減少，掠奪性的傾銷更使得他們無法生存下去，傾銷因此被認為是一種不公平的國際貿易活動。從外國消費者的立場而言，只有掠奪性的傾銷是不受歡迎的，持久性或間歇性的傾銷均使他們的福利水準提高，而政府為保護生產者所採取的任何報復手段均會使他們的消費受到扭曲、福利水準下降。故對於傾銷的認定與是否採取報復手段，外國

的消費者與生產者之間往往持不同的立場，而有激烈的爭論存在。

❖ 第四節　非最終財貨貿易 ❖

截至目前，我們所討論的均屬最終財貨的貿易。但是，在現實的社會，國際間並不單只交易最終財貨。在本節，我們將就非最終財貨的貿易作一扼要的介紹。

◉ 一、中間產品貿易

在生產的最初階段，自然資源與原料等被加工製成中間產品；在生產的最後階段再將中間產品予以裝配成為最終財貨。對於生產過程的安排，通常是愈後面的生產階段，生產技術愈加勞動密集。因此，勞動豐富的國家將傾向於從事後面階段的生產，即勞動豐富的國家將由資本豐富的國家進口中間產品予以裝配成為最終財貨，中間產品的貿易於是發生。此一理論很適用於解釋我國與日本之間的貿易型態——我國製造業生產有很大部分是屬於由日本進口中間產品再予加工生產的裝配工業。

◉ 二、自然資源貿易

自然資源貿易有時又稱為南北貿易 (North-South trade)，即南半球的開發中國家利用北半球先進國家的資本來開採其自然資源，而後將這些自然資源出口到北半球的先進國家用以生產最終財貨。

◉ 三、生產要素貿易

國際間的勞動與資本移動屬之。由於各國勞務與資本的貿易管制日趨寬鬆，近年來國際間勞務與資本生產要素的貿易量快速成長。在赫克紹—歐林模型下，若生產要素能夠自由貿易（或移動），則最

後兩國的要素分派將相同，因此將無產品的國際貿易發生，即要素自由貿易（或移動）具有取代產品自由貿易的功能。

● 四、技術貿易

國際間技術知識的交流普遍存在，這種勞務貿易通常是一種先進國家對開發中國家的技術移轉。國際間之會有技術貿易（或移轉）發生，其原因可能如下：(1)先進國家將其過時、不合經濟效益的舊機器設備售予工資水準較低的開發中國家；(2)先進國家將先進的資本設備裝設（而非售予）於開發中國家，以利用開發中國家低廉的工資賺取更大的利潤；(3)技術專利權的販售（可能以技術合作的方式出現）；(4)技術外生的流傳，即先進國家以一定的速率開發出新的生產技術，經一段時間後，此一生產技術將流傳至開發中國家。

● 五、證券交易

在各國金融市場緊相結合的今天，國際間的證券交易相當普遍，金額相當龐大。國際間的證券交易通常被視為是一種國際間的資本移動，而在國際金融理論中予以探討。

摘　要

1. 李昂鐵夫根據美國的投入—產出表進行實證研究的結果，發現美國出口勞動密集財、進口資本密集財，這種現象與一般咸信美國是資本豐富的國家，根據赫克紹—歐林定理美國應出口資本密集財、進口勞動密集財的假說相反，故稱之為李昂鐵夫矛盾。

2. 李昂鐵夫本人及其他的學者曾提出多種相關因素作解釋，例如勞動生產力的高低、技術勞動（人力資本）、研究與發展、貿易障礙與其他的扭曲、自然資源、及需求型態等因素，來調和赫克紹—歐林定理與李

昂鐵夫矛盾。

3. 剩餘出口理論認為存有大量閒置、剩餘資源的開發中國家，只要花費很小或根本不需任何的機會成本，將閒置資源予以有效動員起來出口，進行國際貿易，即可使產出增加、經濟成長。

4. 存在性理論認為國際貿易是因各國擁有某些無形或有形特殊的經濟資源而產生。但此一理論只能用以解釋部分、特殊的貿易事件，一般的貿易現象還是必須借助比較成本差異來說明。

5. 國際貿易發生之後，可能打破一國獨佔或寡佔的局面，但亦有可能形成國際卡特爾或國際寡佔的後果，在這種情形下，國際貿易部分來自不完全競爭的結果。

6. 如果國際貿易之後，使得一國市場競爭的程度加強，則貿易利得除生產利得與消費利得之外，尚有競爭利得或資源重分派利得。

7. 規模報酬遞增理論認為國際貿易的發生，乃是生產規模擴大、生產成本下降、進行傾銷所致。如果規模報酬遞增繼續存在，則自由貿易必然導致貿易國中至少一國完全專業生產某種產品的結果。

8. 產業內貿易理論認為國際貿易的發生，乃是由於各國產品的異樣化與偏好的不同和種類多所致。在此情況下，成本因素與需求因素對於國際貿易型態與貿易流量多寡的決定，均扮演相當重要的角色。

9. 技術差距理論認為國際貿易的發生，乃是各國的技術創新與模倣交替產生的結果。在一個動態社會，創新經常不斷發生，因此也就有國際貿易不斷地進行。

10. 產品循環理論認為國際貿易的發生，乃是一種產品的生產歷經創新初級階段、技術成熟階段、及大量標準化生產階段的循環運作結果。隨著產品生產階段的變遷，各國所具有比較利益的產品也隨之發生改變，各國的貿易型態也因而發生變化。

11. 經濟成長階段理論認為國際貿易的發生，乃是由於各國經濟發展程度

　　不同，所生產產品的等級與性質不同，基於雙方經濟活動對各種產品的需要，而相互交流貿易。

12.偏好相似理論認為國際貿易的發生，乃是由於兩國的需求偏好有相同的部分。兩國的需求型態愈相近，兩國的貿易量也就愈多。

13.國際卡特爾的成功組成有其必要的條件，其成立的主要動機與目的在於增加利潤，而國際傾銷則是其達到此一目的的手段。

14.國際傾銷是指獨佔廠商以其同質的產品，對國內與國外的消費者分別索取不同的價格。按性質，傾銷又可分為掠奪性、持久性、及間歇性等不同的形式。傾銷使獨佔廠商的利潤增加，但卻可能使貿易與國長期間蒙受不利的影響。

15.在現實的社會，除最終財貨外，國際間尚有中間產品、自然資源、生產要素、技術及證券等非最終財貨的貿易。

重要名詞

剩餘出口理論	李昂鐵夫矛盾
異樣化產品理論	存在性理論
技術差距理論	規模報酬遞增理論
產業內貿易	產業間貿易
產品循環理論	經濟成長階段理論
偏好相似理論	國際卡特爾
傾銷	差別取價
掠奪性傾銷	持久性傾銷
間歇性傾銷	非最終財貨貿易

習 題

1. 李昂鐵夫對赫克紹—歐林定理進行實證研究的結果如何？

2. 何謂李昂鐵夫矛盾？經濟學者曾用那些理由來調和其與赫克紹—歐林定理之間的矛盾？

3. 試述剩餘出口理論的要旨。

4. 試述存在性理論的要旨。

5. 試述不完全競爭理論的要旨。

6. 試述產業內貿易理論的要旨。

7. 試述規模報酬遞增理論的要旨。

8. 試述技術差距理論的要旨。

9. 試述產品循環理論的要旨。

10. 試述經濟成長階段國際貿易理論的要旨。

11. 試述偏好相似理論的要旨。

12. 何謂國際卡特爾？其形成的要件有那些？其形成的目的何在？

13. 何謂傾銷？成功實施傾銷需具備什麼條件？傾銷的實行將會產生怎樣的經濟後果？

14. 除最終財貨外，國際間尚有那些非最終財貨的貿易？

第五章 國際貿易的一般均衡分析

▶▶▶▶

完整的國際貿易分析，應是一般均衡分析，即必須同時考慮所有產品之供給與需求兩種因素。截至目前，吾人均著重於供給面的探討，而暫時擱置了需求因素，本章將把供給與需求兩種因素合併於一起討論。

最早注意到需求因素對國際貿易之重要性的為彌勒，其交互需求法則強調需求因素對國際貿易具有重大的影響。不過，需求因素對國際貿易的影響力並非所有國家都是一樣的，如小國對國際貿易條件並沒有影響力，故其需求因素在國際市場上並不重要；但大國對國際貿易條件具有影響力，故其需求因素在國際市場上就顯然重要；若兩國的大小大致相稱，則兩國的需求因素對國際貿易都很重要。

◆ 第一節 一般均衡的達成 ◆

何謂一般均衡 (general equilibrium) 呢？對閉鎖經濟而言，一般均衡是指所有市場之供給與需求達於均等的狀態；對開放經濟而言，一般均衡是指所有市場之供給與需求且進口與出口數額達於均等的狀態。

● 一、閉鎖經濟的一般均衡分析

以圖 5–1 表示，當社會無異曲線與生產可能曲線相切於 E 點時，表示閉鎖經濟達於一般均衡。因為在 E 點，兩種產品的供給等於需

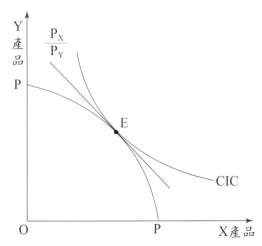

求，且需求面之社會無異曲線的切線斜率等於供給面之生產可能曲線的切線斜率，表示兩種產品消費的邊際替代率等於生產的邊際轉換率，即消費者對兩種產品的主觀評價（社會價值）等於生產者對兩種產品生產的成本（社會成本），故閉鎖經濟達於一般均衡。以數學式表示為：

$$\frac{MU_X}{MU_Y} = MRS = \frac{P_X}{P_Y} = MRT = \frac{MC_X}{MC_Y}$$

若上列等式不成立，在完全競爭的市場機能作用下，供需兩方面同時調整，終究會使得上式再度恢復均等，即經濟最後必然趨於均衡。設 MRS > MRT，表示消費者對於 X 產品的主觀評價大於其生產成本，對 Y 產品的主觀評價小於其生產成本。在此情況下，表示 X 產量不足，Y 產量過多，市場機能自然會使得 X 產量增加，Y 產量減少，而使 MRS 再度等於 MRT，經濟因此恢復均衡。

● 二、開放經濟的一般均衡分析

　　圖 5–2，貿易前，一國之生產點及消費點均為 E 點，社會福利水準為 CIC_0。貿易後，設貿易條件為 P_1P_1，若生產沒有改變而只有進行國際產品交換，則生產點仍為 E 點，消費點為 G 點，社會福利水準提高至 CIC_1；若根據新的價比調整生產，而後進行國際產品貿易，則生產點為 F 點，消費點為 H 點，貿易三角 (trade triangle) 為 $\triangle HIF$，出口 IF 數量的 X 產品，進口 IH 數量的 Y 產品，社會福利水準為 CIC_2。於 H 點，兩種產品消費的邊際替代率（CIC_2 切線的斜率）等於生產的邊際轉換率（F 點切線的斜率），均等於國際貿易上兩種產品的交換比率（即貿易條件的 P_1P_1 斜率），且出口值 IF 等於進口值 IH。因此，開放經濟達於一般均衡。

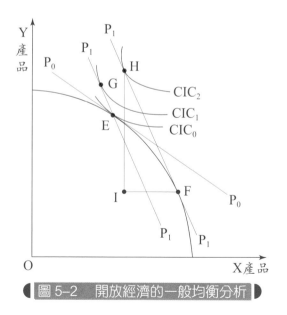

（圖 5-2　開放經濟的一般均衡分析）

　　由以上分析可知，開放經濟之貿易利得包括消費利得與生產利得。圖中，消費利得是指由 E 點移至 G 點，乃因產品相對價格的改

變所引起之社會福利水準的提高；生產利得是指生產點由 E 點移至 F 點後，因趨於專業生產所引起資源重分派，而使消費點得以再由 G 點移至 H 點之利得。

❖ 第二節　提供曲線 ❖

◉ 一、提供曲線的導引

彌勒之交互需求法則的概念可以提供曲線 (offer curve) 來展示。所謂提供曲線是指，在不同的貿易條件下，一國為達一定的福利水準，所願意以出口品換取進口品數量的軌跡。

圖 5–3，橫軸代表酒 (W)，縱軸代表布 (C)。設我國出口布，進口酒，於貿易條件 TOT_1 下，為達某一福利水準，我國願意以出口 OB 數量的布來換取 OA 數量的酒進口；於貿易條件 TOT_2 下，為達另一福利水準，我國願意出口 OD 數量的布來換取 OC 數量的酒進口。如此，E 點、F 點所形成的軌跡 OT 曲線即為提供曲線。

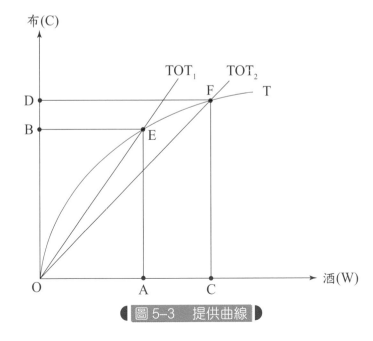

圖 5–3　提供曲線

提供曲線有各種不同的名稱，如國際貿易提供曲線 (international trade offer curve)、願意貿易曲線 (willing to trade curve)──不同貿易條件下，願意以出口品交換進口品之數量，總開支曲線 (total expenditure curve)──出口數量代表換取進口數量之總開支，或相互需求曲線 (reciprocal demand curve)──以出口表示對進口的需求。但一般以提供曲線之稱最為普遍使用，表示為換取一定數量的進口品所願意提供出口品交換的數量。

● 二、國際貿易一般均衡的達成

根據上述導引一國之提供曲線的方法，吾人可以導出另一國的提供曲線，當兩國的提供曲線相交時，其交點所決定的貿易條件，就是均衡的國際貿易條件，表示兩國之進、出口數量達於平衡，而此交點也就是達成國際貿易一般均衡之點。

圖 5-4，橫軸代表酒 (W)，為我國的進口品 (M)，美國的出口品 (X)；縱軸代表布 (C)，為我國的出口品 (X)，美國的進口品 (M)。根據導引提供曲線的方法，吾人可以導出我國的提供曲線 OT，美國的提供曲線 OA。兩國的提供曲線相交於 E 點，E 點就是國際貿易一般均衡的達成，OE 就是均衡的貿易條件 (TOT*)。因為在 OE 貿易條件下，我國出口 OD 數量的布，進口 OF 數量的酒；美國出口 OF 數量的酒，進口 OD 數量的布。是故，我國布的出口等於美國布的進口，我國酒的進口等於美國酒的出口，兩國間兩種產品的進、出口數量均達於均等，表示國際貿易達於均衡。

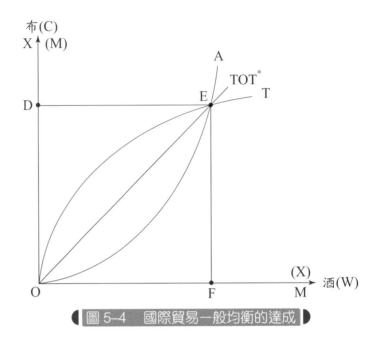

圖 5-4　國際貿易一般均衡的達成

● 三、國際貿易均衡穩定的探討

　　兩國之提供曲線相交之點，達到了國際貿易的一般均衡。國際貿易達於均衡之後，此一均衡是否穩定 (stable)，決定於國際貿易之各種產品市場的均衡是否穩定。

　　當市場均衡受到干擾而脫離均衡時，若市場機能能夠使市場重新恢復到原來的均衡，則稱原來的均衡為穩定均衡 (stable equilibrium)；若市場機能使市場達於另一新的均衡時，則稱原來的均衡為不穩定均衡 (unstable equilibrium)。但是，無論是穩定均衡或不穩定均衡，只要市場受到干擾後能夠回復到原來的均衡或達於新的均衡，則此一市場就是穩定的；反之，則此一市場就是不穩定的。

　　在什麼條件下，國際貿易均衡是穩定的呢? 理論上可以證明，只要兩國的進口需求價格彈性之和小於 -1——即 $\eta + \eta^* < -1$，η 為本

國的進口需求價格彈性，η^* 為外國的進口需求價格彈性——則國際貿易均衡是穩定的，此一條件稱之為馬歇爾－婁勒條件 (Marshall-Lerner condition)，是國際貿易均衡達於穩定的充分且必要條件。

摘　要

1. 同時考慮所有產品之供給與需求的國際貿易分析，稱之為一般均衡分析。

2. 在閉鎖經濟下，社會無異曲線與生產可能曲線相切之點，兩種產品的供給等於需求，且產品消費的邊際替代率等於生產的邊際轉換率，故達於閉鎖經濟的一般均衡。

3. 在開放經濟下，貿易條件與生產可能曲線及社會無異曲線相切之點，兩種產品的總供給等於總需求，出口等於進口，故達於開放經濟的一般均衡。

4. 提供曲線表示在不同的貿易條件下，一國為達到一定的福利水準，所願意以出口品換取進口品數量的軌跡。提供曲線亦稱國際貿易提供曲線、願意貿易曲線、總開支曲線，或相互需求曲線。

5. 兩國貿易提供曲線相交之點，表示雙方兩種產品的總供給等於總需求，總出口等於總進口，故稱之為雙方貿易的一般均衡。

6. 均衡貿易條件是能使兩國願意進口及出口的數量達於均等的一種出口品對進口品的相對價格指數比率，或進口數量對出口數量的相對指數比率。

7. 國際貿易均衡達於穩定的充分且必要條件為兩國之進口需求價格彈性之和小於 −1，此稱之為馬歇爾－婁勒條件。

重要名詞

國際貿易一般均衡　　　　　　　　提供曲線

均衡貿易條件　　　　　　　　　　馬歇爾－婁勒條件

習題

1.試述國際貿易達於一般均衡的意義。

2.何謂提供曲線？其如何導引？

3.試以圖形說明國際貿易一般均衡的達成。

4.何謂均衡貿易條件？何謂馬歇爾－婁勒條件？

第六章 經濟成長、國際貿易與 經濟福利

▶▶▶▶

截至目前為止，我們只限於國際貿易的靜態分析。但是，隨著時間的推進，要素會增長、技術會進步，要素稟賦與貿易型態因而隨之改變。由本章開始，吾人將著重討論經濟成長對國際貿易所產生的影響，亦即進行國際貿易的動態分析。

❖ 第一節　經濟成長的分類 ❖

本節從國際貿易的觀點，根據不同的標準，對經濟成長的型態予以分類。

● 一、經濟成長的來源

一個國家在一定時候的生產極限可以生產可能曲線表示，而生產可能曲線可定義為：一個經濟社會，在一定的時候，將其現有固定而可供替代使用的經濟資源，在現行的技術水準之下，作最充分及有效的使用，以生產兩類的產品，所能得到兩類產品最大產量的組合，其軌跡即為該社會的生產可能曲線。若定義中的條件改變，就會使得生產可能曲線發生改變，若生產可能曲線因而往外移，那就表示該社會發生了經濟成長。

生產可能曲線的定義中，假定在一定的時候生產要素的質與量都是固定的。但如隨著時間的推進，人口成長，勞動數量增加，資本不斷累積，經濟資源已有增加，產出當然也會增加，生產可能曲線因而往外移，形成經濟成長。再者，生產可能曲線的定義中也假

設技術水準不變，若技術進步，則生產可能曲線也會往外移，引起經濟成長；此外，一個經濟社會的分工與專業的程度更加精進，會使技術進步，產出增加，經濟成長。最後，縱使全國資源不變，但生產型態改變，即由小規模生產合併為大規模生產，亦會產生規模經濟，而使產出增加，經濟成長。因之，經濟成長的來源可歸納為：要素增長（包括勞動增加與資本累積）、技術進步（包含分工與專業的精進）、及規模經濟。在一般的分析中，我們通常假設固定規模報酬，即不考慮經濟規模變動的因素，因此討論促進經濟成長的因素只限於要素增長及技術變動。

● 二、經濟成長的類型

㈠以生產可能曲線之型態的改變分類

根據生產可能曲線型態的改變，吾人可將經濟成長的類型區分為：

■ 中性成長 (neutral growth)

即生產可能曲線平行向外移動，表示出口財與進口替代財的生產均以相同的速度成長——圖 6-1。

■ 偏向成長 (biased growth)

即生產可能曲線偏向一種財貨而往外移，表示兩種財貨生產的成長速度不一樣。偏向成長又可分為：

1.出口偏向成長 (export-biased growth)：即生產可能曲線偏向出口財往外移，表示出口財生產成長的速度大於進口替代財生產成長的速度，如圖 6-2 中的 P_1P_1 曲線。

2.進口偏向成長 (import-biased growth)：即生產可能曲線偏向進口替代財往外移，表示進口替代財生產成長的速度大於出口財生產

成長的速度，如圖 6–2 中的 P_2P_2 曲線。

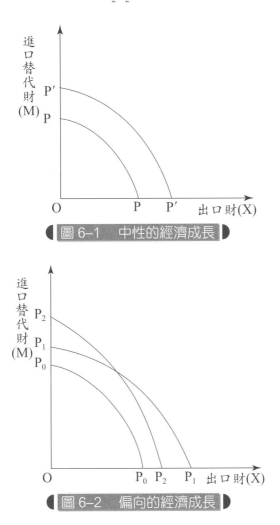

圖 6–1 中性的經濟成長

圖 6–2 偏向的經濟成長

以生產可能曲線型態的變動作為經濟成長分類的標準，只考慮到
經濟成長所產生的生產效果，而忽略了經濟成長所產生的消費效果，即
完全由生產的供給面來劃分成長類型，而忽略了消費的需求面的重要
性。此外，這種分類亦無法知道經濟成長對國際貿易的影響。

(二)以貿易量的變動分類

經濟成長，產出增加，生產結構發生變動，貿易量隨之發生改變，此為經濟成長對國際貿易影響的生產效果 (production effect)；經濟成長，所得水準提高，消費型態發生改變，貿易量亦隨之發生改變，此為經濟成長對國際貿易影響的消費效果 (consumption effect)。吾人可以進口或出口佔國內生產毛額（或所得）之比例的變動，作為經濟成長之生產效果與消費效果對國際貿易影響的衡量標準，進而決定經濟成長的型態。以下我們先分別討論經濟成長之消費效果及生產效果，而後再一併討論其聯合效果。

■ 由消費效果分析經濟成長型態

1.中性成長：經濟成長後，貿易量增加，但進口財對出口財的相對消費比率與進口（或出口）佔國民所得的比例不變（國際貿易均衡時，出口等於進口，所以進口佔國民所得比例等於出口佔國民所得比例）。

2.順貿易偏向成長 (pro-trade biased growth)：經濟成長後，貿易量增加，進口財對出口財的相對消費比率與進口（或出口）佔國民所得的比例均上升。

3.超順貿易偏向成長 (ultra pro-trade biased growth)：經濟成長後，進口與出口數量大幅增加，進口財對出口財的相對消費比率與進口（或出口）佔國民所得的比例均大幅提高。在此情況下，成長後，本國對出口財的消費量比成長前少，表示出口財為低級財貨，即所得水準提高，對其消費量反而減少。由於本國對出口財消費的減少，因而導致其出口數量的大增，以換取更多進口財的輸入。

4.逆貿易偏向成長 (anti-trade biased growth)：經濟成長後，貿易量增加，但進口財對出口財的相對消費比率與進口（或出口）佔國

民所得的比例均下降。

　　5.超逆貿易偏向成長 (ultra anti-trade biased growth)：經濟成長後，進口與出口數量大幅減少，進口財對出口財的相對消費比率與進口（或出口）佔國民所得的比例均大幅下降。在此情況下，成長後本國對進口財的消費量比成長前減少，表示進口財為低級財貨，因此，經濟成長、所得提高後，該財貨的消費量反而減少，國內對出口財貨的消費增加，出口因而減少。

■ 由生產效果分析經濟成長型態

　　1.中性成長：經濟成長後，進口替代財對出口財生產的相對比率不變，進口（或出口）佔國民所得的比例因此維持不變。

　　2.逆貿易偏向成長：經濟成長後，進口替代財對出口財生產的相對比率提高，表示進口替代財生產成長的速度大於出口財生產成長的速度，進口（或出口）佔國民所得的比例下降，自給自足的程度提高。

　　3.超逆貿易偏向成長：經濟成長後，進口替代財對出口財生產的相對比率大幅提高，進口替代財的生產大幅增加，出口財的生產比成長前還少，貿易量因此大減，進口（或出口）佔國民所得的比例大幅下降，自給自足的程度更深。

　　4.順貿易偏向成長：經濟成長後，進口替代財對出口財生產的相對比率下降，表示進口替代財生產成長的速度小於出口財生產成長的速度，貿易量增加，進口（或出口）佔國民所得的比例提高，對國際貿易的依賴程度提高。

　　5.超順貿易偏向成長：經濟成長後，進口替代財對出口財生產的相對比率大幅下降，出口財的生產大幅增加，進口替代財的生產比成長前還少，貿易量因此大增，進口（或出口）佔國民所得的比例大幅提高，對國際貿易的依賴程度更深。

■ 由綜合（或聯合）效果 (combination effect) 分析經濟成長型態

　　經濟成長所產生之消費與生產兩種效果對貿易量的影響，其作用的方向正好相反，即由消費效果，增加進口財的消費，貿易量增加，是屬順貿易偏向成長，但由生產效果，增加進口替代財的生產，貿易量減少，是屬逆貿易偏向成長；由消費效果，進口財的消費減少，貿易量減少，是屬逆貿易偏向成長，但由生產效果，進口替代財的生產減少，貿易量增加，是屬順貿易偏向成長。是故，經濟成長對貿易量的影響，應視消費與生產的綜合效果而定，即依經濟成長所產生之消費效果及生產效果之變動方向及幅度的大小，來劃分經濟成長的型態，其劃分的原則為：兩種效果的方向相同──同使貿易量增加或減少，則綜合或淨效果亦與之同方向變動；兩種效果的方向相反──一使貿易量增加，一使貿易量減少，則淨效果視兩者力量的大小而定；一效果為中性──貿易比重不變，一效果為偏向──使貿易量增加或減少，則淨效果與偏向者同方向變動。

◉ 三、經濟成長偏向與貿易條件

　　經濟成長會使得一國進口與出口的數量發生改變，提供曲線發生移動，貿易條件可能因此發生改變。因之，吾人可以提供曲線的移動及貿易條件的變動作為劃分經濟成長型態的標準。假設一國發生經濟成長，另一國沒有發生經濟成長，若發生經濟成長的國家為小國，則其經濟成長、貿易量變動的結果，對貿易條件並沒有影響。因此，根據圖 6-3，以小國成長前之提供曲線 OF_0 及設定 OF_2 為中性成長時之提供曲線，則經濟成長後若提供曲線移至 OF_4，表示超順貿易偏向成長；移至 OF_3，表示順貿易偏向成長，OF_4 及 OF_3 均位於中性成長提供曲線 OF_2 的外側，表示成長後，小國的貿易量增加，進口或出口佔國民所得的比例提高；若提供曲線移至 OF_1，因其貿易

量比中性成長 OF_2 少，但比成長前的貿易量 OF_0 大，表示逆貿易偏向成長；移至 OF_5，因其貿易量比成長前的貿易量 OF_0 還小，表示超逆貿易偏向成長。圖 6–3 顯示一個重要的特性，即在只有小國成長的情況下，貿易量雖然改變，但貿易條件仍然是維持 TOT^* 固定不變的。

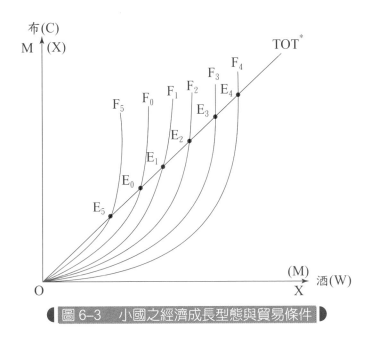

圖 6–3　小國之經濟成長型態與貿易條件

　　若發生經濟成長的國家為大國，則其經濟成長、貿易量變動的結果，會影響國際市場的價格，所以貿易條件會改變。圖 6–4 中，OE 代表沒有發生經濟成長之國家的提供曲線，OF_0 代表大國成長前的提供曲線，OF_2 代表經濟成長為中性時的提供曲線，同樣以 OF_0 及 OF_2 為基準，經濟成長後若提供曲線移至 OF_4，表示超順貿易偏向成長；OF_3，表示順貿易偏向成長；OF_1，表示逆貿易偏向成長；OF_5，表示超逆貿易偏向成長。由圖可知，在貿易對手國沒有發生經濟成長的情況下，大國發生經濟成長的結果，只有在其引起進口需求與

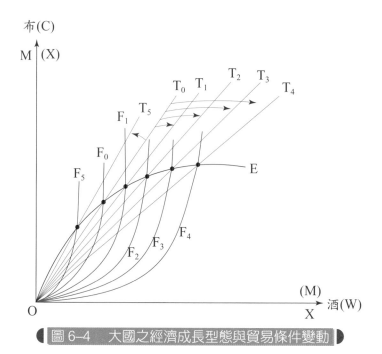

布(C)

M(X)

T_0 T_1 T_2 T_3 T_4

T_5

F_1

F_0

F_5

E

F_2 F_3 F_4

(M)
X 酒(W)

O

圖 6-4　大國之經濟成長型態與貿易條件變動

出口供給的絕對數量減少的超逆貿易偏向成長下，其貿易條件才會改善（$OT_0 \rightarrow OT_5$）。其他任何貿易偏向的成長，均使其對進口需求與出口供給的絕對數量增加，而導致對進口財發生超額需求，對出口財發生超額供給，貿易條件因此必然惡化。成長後之提供曲線往外移的程度愈大，進口需求與出口供給增加愈多，貿易條件惡化的程度也就愈大。

❖ 第二節　經濟成長與經濟福利 ❖

於兩國開放經濟模型下討論經濟成長對一國經濟福利的影響，歸根究底在於探究：經濟成長之後貿易條件是否會改變？會惡化或改善？變動的幅度會有多大？因之，分析開放經濟下經濟成長對經濟福利的影響，重點落在貿易條件的變動之上。

● 一、貿易條件與經濟福利

　　於閉鎖經濟下，經濟成長引起國民所得水準提高，在其他情況不變下，經濟福利的增加等於國民產出增加之自發的成長率 (autonomous growth rate)。在開放經濟下，經濟成長的結果，一方面國民所得水準提高，一方面生產與消費結構發生改變，進口與出口的數量可能隨之發生改變，在此情況下，若為小國成長，則貿易條件不變，小國經濟福利的增加仍然等於其自發的經濟成長率；若為大國成長，則貿易條件會發生改變，在其他情況不變下，若貿易條件改善，則福利水準更進一步的提高；若貿易條件惡化，則福利水準提高得較少，甚至比成長前的福利水準還不如。因之，自發的經濟成長率不再能夠確實反映大國經濟福利的變動，而需經貿易條件變動的調整，化為實現的成長率 (realized growth rate) 之後，才足以代表成長後福利水準的變化。

　　例如，一國的自發經濟成長率為 5%，若貿易條件不變，則實現的成長率亦為 5%；若貿易條件惡化，則實現的成長率小於 5%；若貿易條件改善，則實現的成長率大於 5%。至於實現的成長率到底為多少，需視一國進出口貿易總額對國內生產毛額 (gross domestic product) 的相對比率而定，若比率甚小，則對外貿易條件的變動對國內生產毛額之變動的影響甚微，可忽略而無需加以計算；若比率甚大，則對外貿易條件變動對國內生產毛額之變動的影響亦必甚大，需要加以調整計算。

● 二、小國之經濟成長與經濟福利

　　小國發生經濟成長後，縱然其進口與出口的數量發生改變，但由於其對國際市場沒有影響力，即其只是國際價格的接受者而非決

定者，因此貿易條件不變，故其經濟福利的變動，在其他情況不變下，完全取決於經濟成長率的高低，即其自發的成長率等於實現的成長率。但是，基於比較利益法則，在出口沒有障礙下，由於小國之國內市場狹小，故偏向出口部門的成長是比較有利的。

● 三、大國之經濟成長與經濟福利

大國發生經濟成長後，若其進口與出口的數量發生改變，則會導致貿易條件變動，故其經濟福利的變動決定於自發成長率的大小及貿易條件的變動方向與程度。在貿易對手國沒有發生經濟成長及大國的一定經濟成長率下，超逆貿易偏向成長使貿易條件改善，因此實現的經濟成長率大於自發的成長率；其他任何貿易偏向的成長均使貿易條件惡化，而使實現的成長率小於自發的成長率。大國發生經濟成長後，進口與出口的數量增加愈多，進口品的價格將上升愈多、出口品的價格將下降愈多，貿易條件就愈惡化，實現的經濟成長率也就愈低；反之，貿易條件惡化的程度愈小，甚至可能改善，實現的經濟成長率也就愈高。

● 四、不利的成長

大國發生經濟成長，在其他情況不變下，可能導致其貿易條件惡化，而使實現的成長率小於自發的成長率。在極端的情況下，有可能因經濟成長的結果，導致進口與出口的數量大幅增加，貿易條件過度惡化，其使經濟福利下降的力量乃至超過經濟成長使經濟福利提高的力量，最後經濟福利水準反而比成長前還低，此一經濟成長反而使福利水準下降的現象，稱之為不利或貧窮的成長 (immiserizing or impoverishing growth)。

圖 6–5，成長前，貿易條件 P_0P_0，生產點 E，消費點 C_0，社會福利水準 I_0I_0。成長後，若貿易條件不變，則生產點為 G，消費點為 C_1，社會福利水準提高為 I_1I_1；若貿易條件惡化為 P_1P_1，則生產點為 F，消費點為 C_2，社會福利水準下降為 I_2I_2，比成長前的社會福利水準 I_0I_0還低，不利的成長於焉發生。

　　經濟成長使產出增加，所得水準提高，社會福利水準增加，是為經濟成長對經濟福利影響的所得效果 (income effect) 或財富效果 (wealth effect)。但在大國發生經濟成長的情況下，會使貿易條件發生改變，進而影響社會福利水準，是為貿易條件對經濟福利影響的貿易條件效果 (terms-of-trade effect)。若經濟成長後，貿易條件惡化，而致使負的貿易條件效果大於正的財富效果，則發生不利的成長。

　　貿易條件過度惡化會導致不利的成長，但是否貿易條件不惡化就不會產生不利的成長呢？答案是否定的。縱然貿易條件沒有惡化，但如果經濟成長的過程中發生重大的生產的社會成本，如生態破壞、

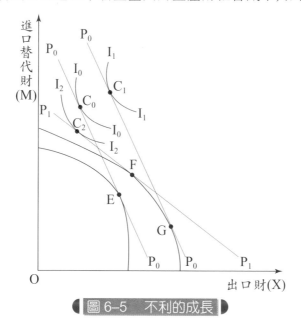

圖 6–5　不利的成長

空氣污染、水污染等，或引起消費的社會成本如垃圾、噪音、擁擠等外部不經濟的負產出 (disproduct)，而使社會福利水準下降的力量大於經濟成長使社會福利水準提高的力量，亦會導致不利的成長。是故，尋求進口替代部門與出口部門的平衡發展、產品品質的改善、生態環境的維護，或許較一味地追求快速的成長，能夠帶給社會更大的經濟福利。

❖ 第三節　要素增長、技術進步與國際貿易 ❖

● 一、要素增長與國際貿易

一國要素增長，其來源可區分為：⑴自發性或外生的增加，即在要素價格不變下，隨著時間的推進，生產要素自然增長的一種現象。例如，在工資及利率不變下，隨著時間的推進，人口成長、勞動力增加、資本累積增加的現象即是。⑵誘發性或內生的增加，即由於要素價格的改變，而誘使生產要素供給數量的改變。例如，工資提高會誘使勞動的供給增加，利率提高會誘使儲蓄增加，進而使資本加速累積。誘發性的要素增加又可分為國內要素價格變動引起的國內誘發性的要素增加，及國際間要素價格差異所引起的國外誘發性的要素增加。⑶國際間的要素移轉 (factors transfer)，即由於國際間捐贈、援助、借貸、賠款等，而使一國生產要素增加。

以下吾人介紹在只有一種生產要素自發性外來增加的情況下——即單要素成長 (single factor growth) 對國際貿易的影響。在赫克紹─歐林模型下，只有一種生產要素增加，另一種生產要素維持不變時，密集使用生產要素增加之產品的產量將會增加，另一種密集使用生產要素不變之產品的產量將會減少，此種超偏成長 (ultra-biased growth) 的現象就是通常所稱的瑞畢曾斯基定理

(Rybczynski theorem)。例如，勞動增加，資本不變，根據瑞畢曾斯基定理，這將使勞動密集財的產量增加，資本密集財的產量減少。

單要素增長導致超偏成長乃是基於維持生產要素充分就業所必然導致的結果。例如，當勞動增加而資本不變時，在現行要素價格下，只有增加勞動密集財的生產，減少資本密集財的生產，才能確保充分就業的達成。因為增加勞動密集財的生產除了需要勞動外，尚需資本與之配合，此資本即由資本密集財所釋出，故資本密集財的生產減少，產生超偏向的成長。

設出口財為勞動密集財，則勞動增加、資本不變的結果，於消費型態不變下，出口與進口數量會大幅增加，發生超順貿易偏向的成長；若資本增加、勞動不變，於消費型態不變下，則出口與進口數量會大幅減少，發生超逆貿易偏向的成長。

● 二、技術進步與國際貿易

一個經濟社會發生技術進步，可以使得一定數量的生產要素生產出更多的產量，或一定數量的產出只需使用較少的生產要素。因此，就某種意義而言，技術進步可視之為一種要素增長，但其對國際貿易以至經濟福利的影響卻不同於要素增長的情況。

技術進步可以分為體現的技術進步 (embodied technical progress) 與非體現的技術進步 (disembodied technical progress)。體現的技術進步是指以更新、更有效率的資本財體現（表現）出進步的技術。在此情況下，一個國家的資本存量是由各個不同時期 (vintage) 所建造，而至今仍然存在的資本財所構成，資本不再是同質，而是一種異質的混合存量 (mixed stock)。由於體現技術進步，每一時期所建造的資本財均不相同，在其他情況不變下（如配備質、量相同的勞動），最近時期的資本財總是比早先時期的資本財具有較高的生產

效率。是故，資本累積在經濟成長中所扮演的角色更加重要。

　　除資本外，勞動亦可體現出技術進步。例如，年輕新進的勞工，因為接受了最先進的教育與訓練，因此在其他情況不變下（如配備質、量相同的資本），其生產力會高於早期年長的勞工。

　　非體現的技術進步是指，隨著時間的推進，在固定規模報酬下，技術進步以全面性的方式發生，即不論任何時期所建造或接受教育與訓練而至今仍然存在之資本與勞動的生產力均同時提高。因此，一定數量的資本或勞動均可以產出更多的產品數量。在此情況下，通常假設所有的資本與勞動均是各別同質的，兩者的生產力均同時提高。

　　假設全經濟只有資本密集財與勞動密集財兩種產業，現只有資本密集財發生技術進步，勞動密集財的生產技術不變。在小國產品價格不變的假設下，當資本密集財發生技術進步，短期間生產要素價格不變，資本密集財生產的單位成本將下降，生產資本密集財將有利潤發生，因此會增加資本密集財的生產而減少勞動密集財的生產。是故，只有一種產業發生技術進步，猶如單要素增長一般，導致一種產業的產量增加，另一種產業的產量減少，是屬超偏的成長。在小國的假設下，發生技術進行對於貿易條件沒有影響，至於對貿易量的影響，則視技術進步是發生在進口替代財部門（將使貿易量減少）或出口財部門（將使貿易量增加）而定。

❖ 第四節　要素移轉與國際貿易 ❖

　　不同於誘發性的國際間要素流動，國際間的要素移轉主要屬於一種自發性的要素增長，但其所產生的經濟後果與國內自發性的要素增長有很大的不同。本節即在於分析生產要素或資源在兩國之間發生移轉時所產生的經濟後果。

● 一、要素移轉的來源與種類

　　國際間要素的移轉主要來自國際間的借貸、賠款、贈與、援助、債務清償、接濟親友匯款等方面，大部分屬於國際間的一種片面無償給付。晚近，油元 (petro-dollar) 的再回流 (recycling)——即石油輸出國家組織將其石油出口收入再貸給進口石油消費國家，亦屬於一種要素移轉的問題。

　　一般而言，國際間的要素移轉可分為金融或購買力 (financial or purchasing power) 的移轉及實質資源 (real resources) 的移轉兩項。金融或購買力的移轉是指金融資產由讓與國 (transferor) 移轉到受讓國 (transferee)，而增加受讓國的國際購買力。實質資源移轉是指消費性的財貨或生產性的資源（資本設備）由讓與國移轉到受讓國，至於所移轉的是消費性財貨或生產性的資源並無關緊要，因為若移轉消費財，則受讓國可以減少消費財的生產，而將資源移作增加資本財的生產。

　　接著，吾人要問，是否購買力移轉能夠使讓與國的貿易條件改善，以致其福利水準甚至比移轉前更高呢？答案是否定的，因為不可能產生讓與後比讓與前更好的結果，否則每一個國家均要讓與而不願受讓。

　　如果購買力移轉能夠使讓與國的貿易條件大幅改善，以致福利水準提高，則每個國家均願扮演讓與國的角色，而沒有一個國家願意接受移轉給付，但事實上購買力移轉並不能使讓與國的福利水準提高。將以上的分析推論到國際的援助之上，國際間的援助通常是基於人道的立場或政治的考慮，而非為提高本國的經濟福利著想。

● 二、金融移轉與貿易條件

國際間發生金融移轉對兩國之間貿易條件有何影響呢? 假設 m 為讓與國的邊際進口傾向 (marginal propensity to import, MPI)——一國所得變動 (ΔY) 所引起進口變動 (ΔM) 的相對比率,即 $MPI = \dfrac{\Delta M}{\Delta Y}$。$m^*$ 為受讓國的邊際進口傾向,讓與國移轉數量 T 的購買力給受讓國。在目前的貿易條件下,讓與國對受讓國之出口品的需求減少了 $m \times T$,受讓國對其本身之出口品的需求增加了 $(1 - m^*) \times T$ (這是在只有兩種產品——出口品與進口替代品,及開支傾向等於 1 之假設下的必然結果),若 $(1 - m^*) \times T > m \times T$,則移轉後,全世界 (兩國) 對受讓國之出口品的需求增加,因而導致讓與國之貿易條件的惡化。因此,讓與國進行金融移轉而導致其貿易條件惡化的條件為:

$$(1 - m^*) \times T - m \times T > 0$$
$$\Rightarrow (1 - m^* - m) \times T > 0$$

因為 $T > 0$,所以:

$$1 - m^* - m > 0$$
$$\Rightarrow 1 > m^* + m$$

上式表示,當兩國的邊際進口傾向之和小於 1 時,讓與國進行金融移轉的結果,將導致其貿易條件惡化而加重其原先進行金融移轉的負擔,此一現象稱之為移轉的第二負擔 (secondary burden)。

若 $(1 - m^*) \times T < m \times T$,或兩國的邊際進口傾向之和大於 1 (即 $m^* + m > 1$),則購買力移轉之後,讓與國的貿易條件可以改善,因而得以減輕其購買力移轉的負擔。

摘　要

1. 生產可能曲線是指：一個經濟社會，在一定的時候，將其現有固定而可供替代使用的經濟資源，在現行的技術水準之下，作最充分而有效的使用，以生產兩類的產品，所能得到兩類產品最大產量組合的軌跡。生產可能曲線往外移，表示經濟成長。

2. 一個經濟社會經濟成長的來源可歸納為：要素增長、技術進步、及規模經濟。

3. 經濟成長可分為中性成長、出口偏向成長、及進口偏向成長，可以生產可能曲線之型態的改變表示之。

4. 經濟成長影響消費，進而影響貿易量，是為經濟成長對國際貿易影響的消費效果。可以進口財對出口財消費的相對比率的變動，或進口（或出口）佔國民所得比例的變動衡量此一效果，而將經濟成長劃分為：中性成長、順貿易偏向成長、超順貿易偏向成長、逆貿易偏向成長、及超逆貿易偏向成長。

5. 經濟成長影響生產，進而影響貿易量，是為經濟成長對國際貿易影響的生產效果。可以進口替代財對出口財生產的相對比率的變動，或進口（或出口）佔國民所得比例的變動衡量此一效果，而將經濟成長劃分為：中性成長、逆貿易偏向成長、超逆貿易偏向成長、順貿易偏向成長、及超順貿易偏向成長。

6. 經濟成長對貿易量的影響，視經濟成長之消費與生產的綜合效果而定，由兩種效果變動的方向及幅度的大小，即可瞭解貿易量變動的情形，而劃分出經濟成長的型態。

7. 在只有小國成長的情況下，小國無論發生任何貿易偏向的經濟成長而使貿易量發生改變，其貿易條件終不受影響而維持固定不變。

8. 大國發生經濟成長，除超逆貿易偏向成長外，其他任何貿易偏向的成

長，均將導致其貿易條件的惡化，提供曲線往外移的程度愈大，貿易條件惡化的程度也就愈大。

9. 經濟成長如果導致貿易條件變動，則一國經濟成長之自發成長率將不等於實現成長率。由於小國發生經濟成長並不影響貿易條件，故其自發的成長率總是等於實現的成長率。

10. 大國發生經濟成長會影響貿易條件，而使其自發的成長率不等於實現的成長率。如果成長的結果，導致貿易條件惡化效果大於所得提高效果，將使成長後的經濟福利水準反而比成長前還低，而肇致不利或貧窮的成長。

11. 貿易條件縱使沒有惡化，但在經濟成長的過程中如果發生重大的生產或消費的外部不經濟，亦將導致不利或貧窮成長的後果。

12. 一個國家要素的增長，來自於：自發性或外生的增加、誘發性或內生的增加、及國際間要素的移轉。

13. 超偏成長又稱單要素成長或瑞畢曾斯基定理，是指：在一定的假設下，只有一種生產要素增加，另一種生產要素維持不變時，密集使用生產要素增加之產品的產量將會增加，另一種密集使用生產要素不變之產品的產量將會減少，此種要素改變與產量變化之間的關係屬之。

14. 國際間的要素移轉可分為金融或購買力的移轉及實質資源的移轉。

15. 當發生金融移轉而受讓國和讓與國之邊際進口傾向之和小於 1 時，讓與國的貿易條件將惡化而加重其原來進行金融移轉的負擔，此一現象稱之為移轉的第二負擔。

重要名詞

中性成長	偏向成長
出口偏向成長	進口偏向成長
順貿易偏向成長	超順貿易偏向成長

逆貿易偏向成長　　　　　超逆貿易偏向成長

自發的成長率　　　　　　實現的成長率

不利的成長　　　　　　　財富效果

貿易條件效果　　　　　　邊際進口傾向

自發性要素增長　　　　　誘發性要素增長

單要素成長　　　　　　　瑞畢曾斯基定理

購買力移轉　　　　　　　實質資源移轉

讓與國　　　　　　　　　受讓國

第二負擔

習　題

1. 何謂經濟成長？一個經濟社會如何才能使其經濟成長？

2. 試就經濟成長之消費效果，劃分經濟成長型態。

3. 試就經濟成長之生產效果，劃分經濟成長型態。

4. 試就經濟成長的綜合效果，劃分經濟成長型態。

5. 試以提供曲線分析小國發生經濟成長，對貿易量及貿易條件的影響。

6. 試以提供曲線分析大國發生經濟成長，對貿易量及貿易條件的影響。

7. 何謂實現成長率？小國發生經濟成長，其經濟福利的變動如何？

8. 何謂不利的成長？小國是否會發生不利的成長？

9. 一國要素增長的來源有那些？

10. 何謂瑞畢曾斯基定理？

11. 何謂移轉的第二負擔？其發生的條件為何？

第七章　國際貿易與經濟發展

▶▶▶▶

一般而言，經濟成長 (economic growth) 是針對已開發國家而言，主要是指國內生產毛額的實質產出增加；經濟發展 (economic development) 是針對開發中國家而言，不僅要有國內生產實質產出的增加，更包括經濟結構及文化、政治、法律制度等的轉變為現代化。不過，經濟學者通常將兩個名詞替代使用而不予區分。

前章我們所討論的是充分就業下，已開發國家發生經濟成長對國際貿易的影響，本章我們則要討論在有大量資源閒置下，國際貿易在開發中國家追求經濟成長的過程中扮演怎樣的角色？開發中國家如何經由國際貿易來促進其經濟的發展？

❖ 第一節　國際貿易與經濟發展策略 ❖

● 一、開發中國家所面臨的國際貿易問題

觀察開發中國家的貿易型態可以發現，對大部分的開發中國家而言，其出口以農礦初級產品為主，在擁有特殊自然資源稟賦下──如石油，初級產品的出口收入佔國民生產毛額的比例更是偏高，而這些初級產品在國際市場上的交易量與價格往往相當的不穩定。因此，其出口收入的變化也就相當的大。在此情況下，依賴初級產品的出口來帶動經濟發展，自然產生相當程度的風險與不確定。

對大部分的開發中國家而言，其進口以消費財、中間產品及資本財等工業產品為主，以滿足其人民日益增強的消費欲望及擴充工業的生產能量，國際貿易對開發中國家的重要性由此可見一斑。但

是，對大多數非產油的開發中國家而言，其進口需求往往大於其出口供給的能力，因而導致國際收支長期處於大量赤字的狀態。雖然這些國家經常帳的赤字通常可以經由資本帳的盈餘予以部分彌補。但是，當國際借款償還期限到達或長期外國直接投資的收入要匯出時，往往使得開發中國家遭受經常帳與資本帳同時處於嚴重赤字的狀態，導致其國際準備的快速罄盡與嚴重的匱乏。

長期的國際收支赤字，不但妨害開發中國家擴展其經濟發展的能力，更使其推動經濟發展的策略無法一貫執行與穩定。雖然如此，國際貿易對開發中國家的經濟發展的成敗，仍然扮演著相當重要的角色。因為國際貿易除了有形的財貨與勞務的交易外，尚有無形的技術、思想、文化風氣、觀念及典章制度的影響。是故，當開發中國家於考慮採取外顧導向 (outward-looking) 或內顧導向 (inward-looking) 作為其發展策略時，必須同時考慮到國際貿易對其可能帶來之有形及無形影響的利弊得失，而後才能作一明智的抉擇。

並非所有開發中國家都像中東產油國家那般幸運，絕大部分的開發中國家都是同時處於資源稟賦貧乏、需求慾望只能獲得低度滿足的狀態。因此，在追求經濟發展的過程中，根本無法採取自給自足、閉關自守的策略，而唯有走上借助外力、以貿易促進成長的途徑。是故，剩下要探討的問題只是開發中國家應採怎樣的策略，以使國際貿易對其經濟的穩定、成長、效率與公平能產生最有利的影響。

● 二、國際貿易的後果

傳統的國際貿易理論，根據比較利益法則，主張各國應根據其資源稟賦，專業生產且出口比較優利的產品而進口比較不利的產品，如此，將使貿易與國的實質所得增加，福利水準提高。但是，有些

學者——如裴畢希 (R. Prebisch)，卻認為開發中國家與已開發國家進行貿易的結果，由於貿易條件不利於開發中國家，貿易利得因此大部分歸已開發國家享有。在極端的情況下，貿易的結果，不但不會提高開發中國家的實質所得，反而使得她們的福利水準下降。

　　哈伯樂、凱辛 (D. B. Keesing) 等學者則認為：國際貿易至少可使開發中國家獲得無形有利的學習效果 (learning effect)，即使開發中國家輸出的大多是初級產品，但在與先進國家不斷交往與競爭的過程中，可以獲得新的觀念、新的生產方法及新的技術，而使經濟與社會結構不斷的更新、改良。因此，他們認為國際貿易對開發中國家經濟發展的貢獻，可以分為直接利益與間接利益兩種。直接利益包括：(1)經由國際專業分工，可使生產效率提高、國民所得增加；(2)經由貿易的誘導，生產結構將會發生有利的改變。間接利益包括：(1)國際貿易提供經濟發展工業化所需的資本財及中間產品；(2)國際貿易是技術移轉、觀念現代化、管理知識及企業精神引進的媒介；(3)貿易之門一開，可以促進國際資本移動，使更多的資本財經由直接外國投資，從先進國家移轉至開發中國家；(4)自由貿易可以打破獨佔，促進完全競爭的實現，增進資源有效的派用。

　　實際上，近代許多國家都是經由國際貿易作為促進其經濟發展的手段，並且獲致良好的績效。例如，19 世紀的英國便是經由輸入廉價的原料、糧食，輸出工業製成品，而實現其快速的經濟成長；瑞典於 19 世紀末期輸出木材及其製品、美國於獨立之初依賴農產品的出口、日本於明治維新之後依靠茶與絲的出口賺取外匯，以換取資本設備的進口，而導致快速的經濟成長。這些均是以國際貿易促進經濟發展的顯明例子。第二次世界大戰之後，包括我國在內的新興工業化國家，以及 1979 年起採行改革開放政策的中國，更是以國際貿易帶動經濟發展的典型實例。

❖ 第二節　經濟發展策略的抉擇 ❖

　　根據開發中國家採取內顧導向或外顧導向的經濟發展策略，而有不同實際政策的執行。內顧導向策略著重於經由鼓勵進口替代 (import substitution) 的生產以促進發展，此種策略實行的結果將使本國趨於更加自給自足，對外的經濟依賴程度減輕；外顧導向策略著重於經由鼓勵出口擴張 (export expansion) 的生產以促進經濟發展，此種策略實行的結果將使本國對外的經濟依賴程度加深。由於人口、土地、市場規模及資源稟賦的不同，各國所採的經濟發展策略也就不盡一致。幅員廣闊、資源豐富、國內市場廣大的國家傾向於採取內顧導向的進口替代發展策略；反之，則傾向於採取外顧導向的出口擴張發展策略。但是，除了因地理環境的不同而採行不同的經濟發展策略外，一個國家也將因經濟發展所處階段的不同而採行不同的經濟發展策略，即進口替代與出口擴張發展策略是交互替用而非絕對互斥的。例如，我國的經濟發展過程是由進口替代、出口擴張以至目前的第二次進口替代而循序漸進的。

◉ 一、進口替代發展策略

　　進口替代是指：一個國家因某些產品沒有生產，或所產數量不足以供應國內所需，而必須進口全部或部分的這些產品以應國內需要，但為節省外匯支出、提高本國經濟的自主性和促進國內生產的多樣化，經濟當局設法由國內生產進口品以資取代。進口替代的發展一般可以分為三個層次：

■ 非耐久消費財或輕工業產品進口替代

　　是指由國外進口機器設備，在國內進行非耐久消費財的生產，馬上供應國內市場，以直接滿足國內的消費需求。這一階段的進口

替代最容易實施，也最容易成功。因為：⑴國內有效需求市場已經存在，產品容易銷售；⑵所需資本較少且不很需要特別的專門技術人才；⑶在政府高度保護之下，其產品價格往往偏高，因此利潤優厚，民間投資意願高昂；⑷此類進口替代產業大部分屬勞力密集工業，而開發中國家又大都擁有大量閑置的剩餘勞動力，因此，對雇主而言，投資此類產業可以享有工資低廉的優利；對勞動者而言，可以獲得更多的工作機會，可以賺取更多的所得。

■ 中間產品（投入）進口替代

是指由國外進口機器設備及原料，在國內生產非耐久消費財生產所需的中間投入品，而不再由國外進口此類中間投入。此一階段的實施較為困難，因為：⑴需要較多的資金與較為專門的技術人才及熟練勞工；⑵此類產品的生產需要有適當的經濟規模，如果國內市場狹小，設廠生產無法達到最小經濟規模所需的產量，將導致產品單位成本的偏高；⑶實施第一階段非耐久消費財進口替代時，政府通常採取資本財及中間投入低關稅、非耐久消費財高關稅的有效保護關稅政策，這種政策下的關稅結構若沒有及時修正，將不利於中間投入替代產業的發展。

■ 耐久消費財與資本財的進口替代

是指原先由國外進口用以生產非耐久消費財及中間投入的機器設備不再進口，而由國內自行生產，並有能力生產高層次的耐久消費財。此一階段的進口替代產業生產需要更多的資金、技術人才與更高的技術水準，同時經濟規模的問題益加顯得重要，政府可能基於保護幼稚工業發展的立場，對這些產業予以保護，而減少對非耐久消費財及中間投入生產的保護。此一階段之進口替代產業的向後連鎖 (backward linkage) 及向前連鎖 (forward linkage) 效果遠大於前兩個階段，透過投入與產出之間的連鎖關係，可以促進相關產業以

至整個經濟的發展。此一階段進口替代產業的發展成功，足以證明工業化的完成與經濟發展的成就，一個國家因此由開發中國家的行列而躋身於已開發國家之林。

進口替代策略的實施是擴充國內市場及提高工業生產能量所必需的。成功的進口替代策略，能使一個國家的國民所得水準提高、出口潛能增強，並使傳統農業經濟加速過渡到現代工業經濟。但是，進口替代策略並不是唯一可靠的發展政策，因為開發中國家通常有高度的人口成長率，所增加的所得往往用之於購買糧食，而無法用以購買進口替代品。因此，在推展進口替代產業發展的同時，應設法擴大傳統農業部門的生產能量並提高其生產力，即創造更多的傳統部門的剩餘，增加其購買能力，進口替代產業才有可靠的國內市場，才得以發展成功。是故，進口替代策略的實施與傳統部門的發展是同時並進而非擇一推行的。

● 二、經濟政策與進口替代

為了達成進口替代產業成功發展的目的，開發中國家通常採取一些配合的保護措施，使國內生產者不會受到國外生產者過分激烈的競爭，以致於無法生存。這些保護措施通常有以下幾種：

■ 關　稅

對進口替代品的進口課徵較高的關稅，對非進口替代品則課徵較低的關稅。利用關稅來保護進口替代產業，雖有利被保護產業的建立與發展，但對社會資源的派用將會產生扭曲的作用，使得一部分原先用於生產低關稅產品的資源轉移到高關稅產品的生產。保護時期若是過長，而進口替代產業又未能有效發展起來，則徒然導致生產效率的降低及資源的浪費。在此情況下，整個社會不僅沒有獲得進口替代產業發展之利，反而遭受高關稅導致進口替代品價格上

漲及資源派用效率降低的損失。是故，對於進口替代產業的選定與保護，必須審慎評估其發展的潛能，否則徒然導致社會福利水準的下降。

▄ 配　額

凡進口商欲自國外輸入進口品，須事先取得主管官署的許可，且每年允許進口的數量有一定的限制。進口數量受到限制後，進口品在國內市場的價格通常會上升，其上升的幅度視配額數量及該產品的進口需求與出口供給彈性的大小而定。因此，配額與關稅一樣，均可以達到保護進口替代產業的目的。根據進口品價格上漲的幅度，可以衡量進口數量限額對進口替代產業所產生的保護效果。除了與關稅一樣會導致資源派用的扭曲與產品價格的上升之外，利用配額以保護進口替代產業尚會產生以下的經濟後果：(1)配額的限制往往對非必需品特別嚴格，結果此一類產品的國內價格上升得較快，其所受的保護程度較大，從事此類產品的國內生產可以獲取較大的利潤，其產量可能因而快速增加。是故，為抑制非必需品的生產與消費及健全進口替代產業的發展，應按各產業受到保護的程度，課徵適當的國產稅 (excise tax)。(2)雖然關稅與配額均使得進口品的國內價格不同於國際價格，但配額使得國內與國外市場完全隔離，價格機能的運作受到更加嚴重的破壞。(3)配額的實施，易使取得配額者獲取暴利，造成不勞而獲，有違社會公平的原則，且易肇致貪污流弊。

▄ 補　貼

即政府對進口替代品的生產予以補貼，以降低其生產成本，增強其國際競爭能力。在各種保護政策中，就理論而言，補貼是最佳政策，因其可以維持自由貿易、自由競爭而不會破壞價格機能及干擾到消費、投資的決策。但是，補貼需要政府籌措大筆資金，一般

開發中國家往往財政收支困難、外匯短缺，而感到難以負擔。

複式匯率 (multiple exchange rates)

即對不同的進口品分別採用不同的匯率（國幣／外幣交換比率）計價。例如，對非民生必需品的進口採用較高的匯率（即低估國幣幣值），對民生必需品和資本設備的進口採用較低的匯率（即高估國幣幣值）。採用複式匯率最大的缺失，是使匯率高之進口品的國內價格偏高，匯率低之進口品的國內價格偏低，結果引起價格高的產品生產過多，價格低的產品生產過少，因而導致資源派用的扭曲。此外，差別匯率實施的行政手續繁瑣，可能引起官商勾結、營私舞弊，並會促使所得分配不公平，凡此均值得考慮。

外匯管制

即對外匯的供給與需求進行直接的管制干預，以間接管制進口的數量。外匯管制主要有以下幾種方式：(1)規定所有外匯收入必須售予指定的外匯銀行；(2)規定出口商只能接受可以充作國際準備的外國通貨；(3)實施外匯配給；及(4)對本國資金的外流或外國資金的引進加以管制。以外匯管制來保護進口替代產業，其優點為：(1)無須經過立法程序，手續簡便；(2)可將有限的外匯用之於經濟發展最為迫切的用途；及(3)有助於因外匯短缺而引起國際收支困難之問題的解決。其缺點為：(1)造成黑市外匯買賣；(2)外匯的配給難以有效率的執行，外匯配給的結果，可能使某些產品的進口減少，但某些產品的進口反而增加，外匯短缺的困難並不一定能夠獲得解決或減輕；及(3)外匯管制有利於進口替代產業，使一部分原先用於出口產業的資源移轉用於進口替代產業，結果進口減少，出口亦減少，不僅外匯不足的問題無法獲得解決，更無法引進資本設備以利經濟的發展。

通貨貶值

　　將本國通貨的對外價值降低，可使以本國通貨計價之進口品的價格上升，以達到保護進口替代產業的目的。但是，貶值的結果，進口替代產業生產所需而由國外進口之中間投入的價格亦隨之上升，生產成本因而提高，貶值對進口替代產業有利的影響，會部分被抵銷。

　　任何進口替代的保護措施，其主要的目的均在於限制進口，增強進口替代產業的競爭能力。但是，限制進口使本國進口替代產業免於或減輕國外競爭的壓力，畢竟是消極的作法，一個國家的經濟要能真正有所發展、達於國際的水準，自非面對國際競爭、積極拓展出口不可。

● 三、出口擴張發展策略

　　經濟發展文獻上有對外貿易是成長的引擎 (engine of growth) 之語，而這裡所稱的對外貿易是指出口擴張的經濟發展策略。

　　以出口擴張來促進經濟發展是建立於剩餘出口的理論基礎之上。傳統的比較成本理論認為一個國家的資源稟賦是固定的，而且在進行國際貿易之前已達充分就業，貿易的功能之一在於使資源的派用更具效率。在現行的技術水準與充分就業之下，唯有減少進口替代品的生產，才可能增加出口品的生產而輸出之。相反地，剩餘出口理論認為開發中國家存在著大量閒置的資源，其所以能夠進入國際市場並非其對產品的生產具有比較利益，乃是因其擁有大量閒置資源而能以極低的成本（機會成本）生產出口的產品，貿易的功能在於為其閒置的資源創造出有效需求。出口生產的增加，在一般開發中的國家並不需要以減少進口替代品的生產為代價。是故，國際貿易為開發中國家大量閒置資源的獲得充分及有效的利用，開闢了一條出路，因而促進開發中國家的經濟發展。

出口擴張之經濟發展策略乃剩餘出口理論的具體化表現。出口擴張的目的是希望透過出口數量的增加，來刺激國內充分利用大量閑置的剩餘資源，以使產出增加，而導致經濟發展。出口擴張與經濟發展之間有著互為因果循環的關係，出口擴張可以促進經濟成長，而經濟成長也可以帶動出口的增加。高度的出口成長率將有助於促進經濟的發展，因為：

1.出口擴張通常隱含著進口能力的提高，使開發中國家能自國外進口更多的資本財與機器設備，以擴充其生產能量，提高工業生產效能。

2.由於國際市場的競爭，出口擴張通常集中於較有效率的產業，因此可以使開發中國家的生產效率與資源的派用效率提高。

3.國際貿易可使市場擴大，而獲取規模經濟的利益。此外，由於市場的擴大，國際貿易可以促進國內的分工，以提高生產要素的生產力。因此，開發中國家參與國際貿易在生產方面除了可以獲得專業化的直接利得外，尚可以獲得要素生產力提高的間接利得。這種開發中國家參與國際貿易可以擴大市場（剩餘出口理論）及提高要素生產力（生產力理論），均早在史密斯的《國富論》中明白指出。

4.為了維持及增進出口產業的國際競爭能力，企業的管理效率與產品的品質勢必繼續不斷的提高，生產的成本也必須追求不斷地下降。

出口增加，可使國際收支改善，吸引國內、外投資的增加而使資金流入，一方面創造更多的就業機會，一方面提高技術水準、要素生產力及產品品質。如此，經濟自然不斷成長，進而導致出口更進一步的增加，形成出口帶動經濟成長的良性循環。但是，這種良性循環的關係，事實上很難永久持續下去，出口擴張持續到了一段時間之後，將會產生一些不利的經濟後果，而使出口擴張減緩、經

濟成長受到阻礙，因為：

　　1.出口擴張如果繼續不斷大於進口，必然導致長久的貿易順差，而使國內貨幣供給量增加、資源供給逐漸缺乏，致使國內物價上漲，出口品的國際競爭能力遲早會被削弱。

　　2.出口持續擴張，將導致勞工結構性的供需失調，例如某些出口產業迅速發展，其所需勞工日增，若其所需的為具備特殊技能的勞工，在勞工缺乏完全流動性下，勢必引起這些技術勞工的供不應求，導致其工資上漲，生產成本提高，進而擴散到全面性的物價水準的上漲。

　　3.出口迅速擴張，若國內公共設施或典章制度無法配合，將導致生產及貿易的瓶頸，而使經濟成長的速度遲緩下來。

　　職是之故，出口擴張不失為促進經濟發展的良好策略，但吾人所追求的應是適度而非過分快速的出口擴張成長，即在以國外市場帶動本國經濟成長的同時，也應注意本國市場的培養，以避免對外貿易依賴程度過深，而使本國經濟容易感受國外經濟波動的衝擊。如此，才能一方面達到追求經濟成長的目標，一方面可以提高本國經濟的自主性，進而達到自力成長的理想境界。

● 四、經濟政策與出口擴張

　　為了實現以出口擴張帶動經濟成長的理想，開發中國家通常採取各種的措施，以提高其出口品的國際競爭能力，而達到增加出口的目的。這些措施主要有：

■ 訂定合理的匯率

　　國幣／外幣的匯率偏低、國幣幣值高估將不利於本國產品的出口。開發中國家往往處於通貨膨脹的狀態，為了出口能夠順利擴張，應隨時視本國國際準備及物價波動的情況，擬訂合理的匯率。如此，

不僅有利於現有產品的擴大出口，亦足以鼓勵更多的新產品參與出口的行列。

■ 實施外銷退稅

　　如果進口的產品是作為生產出口品的中間投入之用，則待該產品完成加工生產而輸出時，將進口中間投入所課徵的關稅退還予廠商。外銷退稅可視為掃除關稅障礙、消減關稅對國際貿易干擾的一種手段。但是，從另一角度來看，同樣的產品若銷售於國內，則需負擔中間投入的進口關稅，若銷售於國外，透過出口退稅，則不必負擔中間投入的進口關稅，外銷利潤因此提高，故能夠達到獎勵出口的目的。

■ 減免租稅

　　除對進口的中間投入退除關稅外，政府尚可對出口產業予以減免營利事業所得稅、投資扣抵、投資所得免稅、加速折舊、及免除營業稅、印花稅等優惠，以降低出口產業的生產成本，增強其在國際市場的競爭能力，並提高對出口產業的投資意願。

■ 出口補貼

　　對於出口產業的生產，政府予以直接的補貼，以降低其生產成本，提高其國際競爭能力。採行此種措施，需要政府有足夠的財源，不僅會導致不當的所得重分配，並可能引起進口國家的反感，視其為一種傾銷手段，而以加重進口關稅作為報復。

■ 建立保稅制度

　　對於生產出口品所需之中間投入的進口，如其運儲於指定的場所，得暫時免徵進口關稅。如此，不僅可以免除出口退稅的麻煩，亦可減輕廠商關稅的利息負擔。

■ 給予優惠融資

　　對於出口產業所需的資金，給予大量、長期、低利的貸款，以

減輕出口廠商的利息負擔與資金周轉的困難。

■ 舉辦輸出保險

由政府負責對出口可能遭受的各種風險予以保險，藉以消除出口的風險，增強廠商出口的信心。

❖ 第三節　國際貿易與貿易條件 ❖

開發中國家採行貿易導向的經濟發展策略，無非想經由國際貿易來擴充其生產能量，實現全面工業化與現代化的理想。因之，國際貿易只是手段，經濟發展才是目的。國際貿易的目的在於獲取經濟發展過程中所需產品——尤其是資本財——的進口，而進口能力的大小又決定於外匯收入的多寡。外匯的收入，決定於出口的數量與出口品的價格，外匯的支出亦同時決定於進口的數量與進口品的價格，如果出口（或進口）的數量不變，但出口品（或進口品）的價格上升，將使得外匯的收入（或支出）增加，而出口品與進口品價格的變化，也就是貿易條件的變動。是故，要評估國際貿易對經濟發展的影響，尚需考慮到貿易條件的變動。

● 一、貿易條件的爭論

開發中國家與已開發國家之間進行國際貿易，其貿易型態通常為開發中國家出口初級產品而進口工業產品，已開發國家出口工業產品而進口初級產品。因此，貿易條件主要決定於初級產品與工業產品之價格指數的相對比率。由於初級產品與工業產品的生產與需求特性的不同，長久以來，對於開發中國家與已開發國家之間貿易條件的看法，有著重大的歧見存在。以李嘉圖、托倫 (R. Torrens) 以至凱因斯 (J. M. Keynes) 等為主的英國經濟學者認為，長期間貿易條件的變動不利於先進工業化國家，而有利於出口初級產品的開發中

國家，對貿易條件持此看法者，稱之為英國學派 (British School)。另一方面，以裴畢希 (R. Prebisch) 及辛爾 (H. W. Singer) 為主的經濟學者認為，現期的貿易條件不利於開發中國家，因此貿易利得大部分歸於先進已開發國家；而且長期的貿易條件變動趨勢亦不利於開發中國家，因此自由貿易對開發中國家的經濟發展將有不利的影響，此一論點稱之為裴畢希─辛爾理論 (Prebisch-Singer theory)。

對開發中國家與已開發國家之間貿易條件的看法，那一派的觀點正確，屬於實證而非理論的探討。但是，由於實證時所取的時間、所包含的產品種類、產品價格計算的基礎的不同，分析的結果往往無法產生一致的結論。因此，我們以下只就兩者爭論的理論基礎進行探討。

● 二、英國學派與貿易條件

英國學派對貿易條件的看法是建立於李嘉圖的邊際報酬遞減法則之上。在土地面積一定，人口不斷成長之下，農業的生產必然發生報酬遞減的現象，即隨人口的增加，農產品（初級產品）增加的速度愈趨緩慢，農產品的供給相對於需求愈加顯得稀少。相對地，在同樣不考慮技術進步的情況下，工業的生產仍然會發生邊際報酬遞減的現象，但其程度遠輕於農業的生產，如果資本能夠配合勞動的增加而不斷累積，邊際報酬遞減的現象甚至不會發生，因此，工業產品能夠不斷快速地增加。英國是一出口工業產品而進口糧食、初級產品的國家，根據邊際報酬遞減法則比較不利於農業生產的特性，長期間由於人口不斷成長，農產品相對於工業產品的價格必然上升，即貿易條件必然不利於英國或其他的工業國家。

英國學派的論點完全由農產品（或初級產品）及工業產品全面性的供給變動著眼，而忽略了需求因素及技術的變動。如果開發中

國家的農業生產發生重大的技術進步、對工業產品的需求富於彈性、人口成長的速度減緩；同時，如果已開發國家的工業生產增加發生於進口替代部門、對農產品的需求缺乏彈性、技術進步使得工業生產所需的初級產品投入減少，這些情形的配合，均可能使已開發國家的貿易條件不至於惡化，甚至改善。

● 三、裴畢希─辛爾理論與貿易條件

出口擴張是開發中國家追求經濟成長的重要發展策略之一，但是，根據裴畢希─辛爾的論點，在開發中國家擴張其初級產品的出口以換取工業生產能量擴充的過程中，其貿易條件繼續不斷惡化，因此出口擴張的結果，所能換取的工業產品反而逐漸減少，國際貿易所能得到的利益將極為有限，不管出口產業（初級產品）的成長率如何的高，其生產的利益將由於貿易條件的惡化而移轉於外國。為何裴畢希、辛爾等學者認為貿易條件會逐漸不利於開發中國家呢？其列舉的理由主要有以下幾項：

■ 初級產品的需求缺乏彈性

經濟成長、國民所得提高，在價格及偏好不變下，根據恩格爾法則 (Engel's Law)，人們將其所得用之於糧食開支的比例將下降。將恩格爾法則以彈性的觀念表示，即人們對初級產品的需求所得彈性 (income elasticity of demand) 小於 1——缺乏彈性，而對工業產品的需求所得彈性大於 1——富於彈性。再者，由於初級產品大多為民生必需品或工業生產必要投入，故其需求的價格彈性 (price elasticity of demand) 亦低。因之，在初級產品之所得及價格彈性均低的情況下，經濟成長，初級產品出口擴張，若其他情況不變，必然導致初級產品的價格下跌，工業產品的價格上升，而使開發中國家的貿易條件惡化。

■ 原料節省的創新

　　先進工業國家的工業生產不斷發生創新，而其創新往往具有使生產所需原料投入愈來愈少的特性。此外，先進工業國家的經濟結構從輕工業生產不斷移轉到資本技術密集重工業的生產，亦使得生產所需的原料投入愈來愈少。因此，隨先進工業國家的經濟成長，其對初級產品的需求逐漸減少，開發中國家的貿易條件因而逐漸惡化。

■ 市場的不完全

　　有人認為在國際市場上工業產品較農業產品具有較強的獨佔力量，且工業產品獨佔的力量更有不斷增強的趨勢，因而導致開發中國家貿易條件的不利與逐漸惡化。另一方面，在要素市場，先進工業國家存在力量雄厚的工會組織，隨技術進步、勞動生產力提高，工會不斷要求增加工資，而工資的增加往往超過勞動生產力的提高，因而導致產品成本與價格的上漲；開發中國家普遍存在大量閑置剩餘的勞動力，且無力量雄厚的工會組織存在，縱然技術進步、勞動生產力提高，工資亦難以同比例的上升，因此開發中國家的初級產品不易發生成本推動的價格上升。是故，由於工資變動趨勢的相左，因而導致開發中國家貿易條件的惡化。

■ 貿易障礙不利於開發中國家初級產品的出口

　　先進工業國家基於國家安全、農民所得、農產品價格穩定及農業發展等因素的考慮，通常對初級產品的進口採取種種的貿易障礙以降低其競爭能力，使其進口減至最小的程度，因而使得開發中國家的貿易條件惡化。

■ 合成或人為替代品的出現

　　由於科技的發達，許多原本依靠農業所生產的初級產品，已能由工業以合成或人為的方法生產。例如，人工塑膠與合成纖維的出

現，使得傳統的天然橡膠與蠶絲產業遭受嚴重的打擊。在初級產品的需求不變或增加緩慢的情況下，合成或人為初級產品替代品的出現，使得初級產品的實際供給與潛在供給能量大增，因而導致初級產品貿易條件的惡化。

▉ 先進工業國家經濟結構的轉變導致對初級產品的需求減少

先進工業國家經濟發展層次不斷提高的結果，第三級產業——服務業所佔的比重愈來愈大，而第三級產業主要為勞務密集的產業，其對原料的需求相當的小，因此先進國家經濟結構轉變的結果對初級產品的需求逐漸減少，初級產品的貿易條件因而逐漸惡化。

▉ 初級產品的使用具有規模經濟

先進工業國家的工業生產規模有逐漸擴大的趨勢，要素與原料投入因而增加，但初級產品的使用具有規模經濟的特點，即隨生產規模的擴大，平均 1 單位產出所需的原料投入反而減少。如此，產出增加，初級產品的需求將減少，其貿易條件因而惡化。

以上各點乍聽之下似乎真實，但事實並不盡然，吾人不能因此而冒然接受開發中國家的貿易條件逐漸惡化的說法。在分析開發中國家貿易條件的變動時，尚需考慮到工業產品品質的改善、新產品的推出、運輸成本的變動、無法再生自然資源價格的不斷提高、農業生產力與工業生產力的相對變動等因素，才能得到合理的結論。

❖ 第四節　貿易政策與經濟發展 ❖

經濟發展主要是一種工業化的過程，為了實現工業化的理想，開發中國家唯有從先進工業國家進口機器設備而逐漸建立起自己的工業發展基礎，而機器設備進口能力的大小，取決於國際準備的多寡。要累積足夠的國際準備以供經濟發展之需，唯有開源節流，為了發展的需要，對開發中國家而言，節流是難以實行的，因此唯有

從開源——即增加出口著手，才是以國際貿易促進經濟發展的有效途徑。

在不考慮資本流動的情況下，一個國家的國際準備主要來自產品的出口，即開發中國家應盡量設法使其產生貿易順差 (trade surplus)。為了使出口能夠賺取經濟發展所需的外匯，一方面應設法使貿易條件不惡化，一方面應設法使出口能夠持續穩定的增加，才能藉國際貿易帶動經濟成長。為實現此一目標，根據以上的討論，國際間所應採行的貿易發展策略為：

1.開發中國家本身應將資源逐漸由初級產品部門的生產移轉至工業部門的生產，以發展本國進口替代與出口擴張的工業生產。

2.保護政策應該國際化，即先進工業國家應對開發中國家的出口品課徵較低的關稅，以使已開發國家所實施的保護政策轉變為有利於開發中國家的發展。

3.為使本國幼稚工業能夠生根發展，開發中國家得權宜地限制先進國家產品的進口，唯保護政策的實行應注重有效保護率並避免長期、嚴重地扭曲資源的派用而流於浪費、缺乏效率。

4.開發中國家之間應彼此協商，達成初級產品有秩序產銷的協定，以穩定初級產品的價格與出口數量。

如果開發中國家因人口增加或生產萎縮而使其出口減少、國民所得水準下降，因而無法經由儲蓄或出口籌得足夠的資金，則應設法由已開發國家引進外資，藉以使經濟成長不致停頓。如此，借助對外貿易與金融的關係，開發中國家的經濟發展計畫將得以順利推進。

摘　要

1. 開發中國家往往面臨貿易量、貿易條件不穩定，國際收支逆差失衡等國際貿易問題，因此採取外顧導向或內顧導向的發展策略，是開發中國家所需面對的抉擇問題。

2. 當今沒有一個國家能夠自給自足、閉關自守，尤其是開發中國家更需借助外力，以開展對外貿易與金融的關係作為促進經濟發展的途徑。

3. 有些學者認為貿易條件不利於開發中國家，貿易利得大部分歸已開發國家享有，因此國際貿易對開發中國家的助益相當有限，甚至不利；但有些學者則認為經由國際貿易可以帶給開發中國家無形有利的學習效果、提高生產效率、改善生產結構、引進資本財、新技術、新觀念及企業家精神、吸引外國直接投資、促進競爭等直接或間接的利益，故即使貿易條件不利，亦值得開發中國家以國際貿易作為促進經濟發展的策略。

4. 開發中國家若採內顧導向的經濟發展策略，將著重於進口替代政策的執行，這將使其趨於更加自給自足，對外的經濟依賴程度減輕；若採外顧導向的經濟發展策略，將著重於出口擴張政策的執行，這將使其對外的經濟依賴程度加深。

5. 進口替代的發展策略可以劃分為非耐久消費財或輕工業產品進口替代、中間產品（投入）進口替代、及耐久消費財與資本財的進口替代等三種不同的低、中、高層次。開發中國家若完成耐久消費財與資本財的進口替代生產，則該國將由開發中國家的行列躋身於已開發國家之林。

6. 為使進口替代政策能夠實施成功，開發中國家通常對其進口替代產業採取關稅、限額、補貼、複式匯率、外匯管制及通貨貶值等保護措施。

7. 出口擴張發展策略乃是剩餘出口理論的具體政策表現，高度的出口擴

張將有助於促進經濟的發展，但出口擴張持續一段時間之後，若其他因素無法配合得上，將使出口擴張速率減緩，經濟成長受到阻礙。

8. 為實現出口擴張的理想，開發中國家通常採取訂定合理匯率、實施外銷退稅、減免租稅、出口補貼、建立保稅制度、給予優惠融資、及舉辦輸出保險等措施，以提高其出口品的國際競爭能力，而達到增加出口的目的。

9. 對於開發中國家與已開發國家之間貿易條件的看法，英國學派認為長期間貿易條件的變動不利於先進工業國家，而有利於出口初級產品的開發中國家；裴畢希一辛爾理論則認為，不僅現期的貿易條件不利於開發中國家，長期的貿易條件變動趨勢亦不利於開發中國家，因此自由貿易對開發中國家的經濟發展將有不利的影響。

10. 英國學派對貿易條件的看法，主要根據邊際報酬遞減法則，由農產品及工業產品全面性的供給變動著眼，而忽略了需求因素及技術的變動。

11. 裴畢希一辛爾理論認為，由於初級產品的需求缺乏彈性、先進國家原料節省的創新、市場的不完全、貿易障礙不利初級產品的出口、合成或人為替代品的出現、先進工業國家經濟結構的轉變導致對初級產品的需求減少、及初級產品的使用具有規模經濟節用投入效果等原因，而使得貿易條件不利於開發中國家。

12. 衡諸開發中國家的情況，唯有從增加出口著手，才是以國際貿易促進經濟發展的有效途徑。為實現此一目標，國際間所應採行的貿易發展策略為：開發中國家應該發展進口替代與出口擴張產業、審慎地實行保護政策、協商初級產品有秩序的產銷、及先進工業國家的保護政策國際化。

重要名詞

外顧導向   內顧導向

進口替代   出口擴張

複式匯率   英國學派

裴畢希─辛爾理論   恩格爾法則

習 題

1. 開發中國家參與國際貿易，面臨那些貿易問題？

2. 國際貿易對開發中國家將會有那些經濟後果產生？

3. 何謂進口替代？進口替代可以分為那幾個層次？每一個層次的特性為何？

4. 有那些措施可用以協助開發中國家的進口替代策略實行成功？

5. 出口擴張發展策略的理論根據為何？為什麼出口擴張可以促進經濟發展？此策略持續一段時間後，為何出口擴張與經濟成長的速率會減緩下來？

6. 有那些措施可用以協助開發中國家的出口擴張策略實行成功？

7. 進口替代與出口擴張發展策略對開發中國家經濟發展的重要性如何？

8. 在國際貿易條件的爭論中，英國學派的觀點為何？理由何在？

9. 在國際貿易條件的爭論中，何謂裴畢希─辛爾理論？依據何在？

10. 國際間應該採取怎樣的貿易策略，以協助開發中國家的經濟發展？

第八章　關稅概論

▶▶▶▶

　　截至目前為止，我們探討國際貿易發生的原因及其經濟後果，並分析要素增長及技術進步肇致經濟成長後對國際貿易之影響，主要均屬於理論的討論。以下，我們將以前面的理論分析為基礎，探討一個國家應該遵循自由貿易原則或是採行限制貿易政策？有那些貿易政策工具可供選擇？貿易政策的採行將會產生怎樣的經濟後果？這些大都是屬於政策爭論的範疇。不過，我們的分析將著重於從理論的觀點，明確指出各種貿易政策採行的利弊得失，並分析其可能產生的經濟後果，俾作為貿易政策制訂的參考與評斷的標準。

❖ 第一節　貿易政策的採行與執行 ❖

● 一、限制貿易論

　　理論上，根據比較利益進行國際分工專業與自由貿易，具有提高世界資源有效派用、增加國際生產與消費、促進國際經濟競爭、及打破國內獨佔等有利的經濟後果，自由貿易對國際社會所產生的經濟福利，理論上是無庸置疑的。因此，各國照理應依據其資源稟賦與技術水準所形成的比較利益，從事分工專業生產，進行自由貿易，以提高其經濟福祉。但事實上，現實的國際社會往往有許多的貿易障礙存在，限制國際貿易的自由進行，自由貿易成為一種理論的理想，限制貿易反而是一種事實的常態。當然，在經濟思想界每有學者或利益團體，提出各種的理由為貿易限制作辯護，認為在某些情況下，限制貿易比自由貿易對本國比較有利。但是，除特殊情

況外，這些論點往往是一種似是而非，偏重於狹隘、短期、靜態的觀點。以下我們就保護主義者主張限制貿易的理由加以簡要的介紹與評論。

(一)幼稚工業論 (infant-industry argument)

幼稚工業是指尚在發展中而無法與外國高效率產業競爭的產業。因此，幼稚工業論者主張，為了使本國的幼稚工業能有生存、發展的機會，應以關稅或配額手段，暫時保護其免於受到外國高效率產業的競爭，直到發展至具有生產技術效率與經濟規模而能與外國產業競爭為止。

許多國家在經濟發展的過程中，均曾以保護幼稚工業為由而限制貿易。但這論點仍有其值得慎重斟酌之處存在：

1.不能適用於歐美各工業先進國家。

2.對開發中國家而言，難以決定何種產業具有發展潛力，而值得加以保護。

3.保護政策一經實施後，形成某些產業或團體的既得利益，很難隨著幼稚工業的成長而取消。

4.某些產業受到保護後，不求進步成長，永遠無法脫離幼稚的階段，社會大量資源因而長期處於低度利用的狀態。

5.保護措施的執行，將使本國消費者負擔較高的價格。因此，經濟學家們認為，如果某些產業確有必要保護以免於外國的競爭，採取直接補貼的方式可使其產量增加，成本與價格降低，這將比保護政策手段來得好。

(二)國家安全論 (national-security argument)

國家安全論者主張應以關稅保護生產軍用國防需要的產業，使

其生產達到自給自足的目標。這個論點仍受到以下的批評：

　1.事實上每一產業均直接或間接地與國家安全有關。

　2.這種基於政治與軍事而非經濟因素的考慮，將導致本國資源派用的扭曲與產品價格的提高。

　3.直接補貼國防工業的生產總較實施關稅或配額的保護政策為佳。

㈢經濟多樣化論 (diversified-economy argument)

　高度專業化的經濟——如巴西的咖啡經濟、智利的銅礦經濟，其產品的出口與價格容易遭受國際市場波動的影響，對本國所得與就業的穩定有相當不利的影響。因此，經濟多樣化論者主張：藉保護關稅推動本國生產活動多樣化，將有助於國內經濟的穩定。這個論點頗為中肯，其缺點則為：

　1.對於先進且已多樣化的經濟——如美國，並不適用。

　2.由於資源稟賦與技術條件的限制，一個經濟由高度專業轉變為多樣化生產的代價可能相當大。

　3.難以準確預知何種產業值得納入於多樣化生產的範圍，生產活動勉強多樣化的結果，將導致資源派用效率的降低。

㈣保護就業論 (employment-protection argument)

　持此論者認為，保護關稅或配額的實施，可以使進口減少，增加國內有效需求，使產業擴張，而使本國就業、生產與所得水準提高。這個論點的缺失如下：

　1.一個國家的出口必然是另一個國家的進口。因此，一個國家可以減少進口，產生貿易順差的手段來達到提高所得與就業的目的，但無法同時所有的國家均以貿易順差來達到擴張經濟的目的，這種

以保護政策產生貿易順差來擴張本國經濟,是一種以鄰為壑的作法,將使貿易與國的出口減少,產生貿易逆差,使其所得與就業水準下降,因而肇致限制貿易的報復。因此,由保護政策獲得所得與就業提高的利益只是短暫的,無法長久維持。

2.遭受關稅或配額不利影響的國家,將競相採取貿易障礙報復,最後導致國際貿易的萎縮,世界各國的所得與就業水準因而下降。

3.保護政策將導致國內價格提高,使消費者蒙受不利,缺乏效率的生產者得到利益。在長期間,資源將由較高效率的產業移轉到較低效率的被保護產業,本國生產成本逐漸提高,比較利益逐漸喪失,出口終將減少,國內的所得與就業水準因而下降。

4.長期間,一個國家必須要有進口才能維持出口的擴張。因此,保護政策的長期效果並不能增加國內就業,只是使勞工由出口產業移轉到國內保護產業,這種移轉代表社會資源使用效率的降低與福利水準的下降。故要提高本國就業水準,以財政或貨幣政策遠較保護政策來得有效。

(五)保護工資論 [wage-protection argument]

保護工資論者認為,工資水準高的國家無法與工資水準低的國家相競爭,故有必要以關稅或配額來保護本國工資較高的勞工,使其免於受到外國低工資產品的競爭。這個論點亦受到如下的批評:

1.工資高並不代表價格高。因為工資率與生產力有密切的關係,通常工資高,生產力更高,產品的單位成本與價格可能反而低。相對地,工資低,生產力更低,產品的單位成本與價格可能反而高。

2.勞動並非生產的唯一要素。勞動需要與原料、資本、及土地結合以生產產品,工資影響產品價格的大小須視勞動在產品生產過程中所佔的比重而定。工資對勞力密集產品的價格影響較大,對資

本或土地密集產品的價格影響較小，唯有勞力密集的產品，低工資國家才可能具有競爭的優勢。

3.實施保護貿易，將使效率高、生產力高的勞動力由出口產業移轉到國內效率低、生產力低的保護產業，最終是降低而非提高國內的工資。

㈥技術擴散論 [technology-diffusion argument]

技術擴散論者認為先進工業國家的產品具有比較利益乃是技術領先的結果。但在世界各國交往快速頻繁，多國公司普遍存在的現代，技術知識的擴散非常迅速，由技術領先所具有的比較利益很容易喪失。除非經常有創新發生，不斷產生比較利益，否則出口競爭能力無法長久維持。

據此，保護主義者認為，自由貿易將產生很大的風險，工業先進國家的產品組合與資源派用難以跟隨比較利益快速的變遷而調整，自由貿易的結果將使經濟結構失調與資源閒置。但是，自由貿易論者認為，貿易障礙並不是有效解決經濟結構失調的良策，保護本國產業免於激烈的國際競爭，徒然使本國產業趨於僵硬與不能適應變化。以保護政策抗拒經濟情況的改變，將使資源陷於愈來愈缺乏效率的用途。如果經濟結構的改變確有必要而又難以順利達成，政府應以財政或貨幣政策助其實現，而非以保護手段使其免於改變。

㈦國際收支論 [balance-of-payments argument]

當其他的政策措施無法使本國的國際收支逆差 (deficit balance) 迅速或有效獲得改善時，有人主張應以關稅或配額限制進口，以達到迅速、有效改善國際收支的目的。此種論點忽略了一個事實，國際收支狀況是進口與出口（或外匯流出與流入）的一種差額，單單

是減少進口（或外匯流出）並不能保證國際收支一定獲得改善。如果在本國限制進口的同時，發生(1)外國採報復手段或本國資源由出口部門移轉至進口替代部門生產而使本國出口減少，或外國資金流入減少，本國資金流出增加；(2)本國對進口品的需求缺乏彈性，以關稅限制進口，亦無法有效減少進口；(3)用之於出口產業生產的中間投入進口減少或價格上漲，因而削減本國出口能力；(4)本國進口減少因而導致外國的進口能力亦隨之下降；(5)本國進口減少而導致本國幣值上升等，這些情況的發生，均會使得本國無法達到改善國際收支的目的。是故，從改善經濟結構、提高要素生產力，以增強本國產品在國際市場的競爭能力，使出口增加、吸引資金流入，是遠較限制進口為有效的改善國際收支的手段。

(八)貿易條件論 [terms-of-trade argument]

在本國對國際貿易具有影響力的情況下，以關稅限制進口，將可使進口品的國際供給價格下跌，限制出口，將可使出口品的國際供給價格上升，而使貿易條件改善，社會福利水準提高。是故，貿易條件論者認為，本國可經由限制貿易，而達到改善貿易條件、提高福利水準的目的。但是，外國並不會靜觀本國限制貿易，若採取報復手段，本國所面對的貿易條件不僅無法改善，甚至可能反而惡化。再者，即使外國不採取報復措施，限制貿易使貿易利得減少的損失可能大於貿易條件改善使福利水準增加的利得，最後本國貿易條件雖然改善，但福利水準反而降低。因之，以促進進口替代部門的成長而非限制貿易來改善貿易條件，才是良策。

(九)關稅收入論 [tariff-revenue argument]

此說又稱幼稚政府論 (infant-government argument)，對剛獨立或

開發中國家而言,由於其他的稅源缺乏或無法徵得足夠的租稅收入,徵收簡單、易行的關稅遂成為政府主要的收入。判斷一個國家經濟發展程度高低的標準之一為租稅結構, 若租稅收入中關稅所得的比重愈大, 表示該國的經濟愈落後, 生產與消費型態愈不健全。以取得收入為目標的關稅往往失之偏高與不當, 因而肇致資源派用嚴重的扭曲與經濟成長的受阻, 進口與出口能力因而遞減, 關稅收入終將逐漸減少。是故, 以關稅作為取得政府收入的主要來源, 乃是一種殺雞取卵的作法, 應以健全的租稅制度來促進經濟成長, 才是政府取得開支所需收入的長期可靠來源。

(十)資源耗竭論 [exhaustion of resources argument]

　　為保存本國的自然資源稟賦及維護生態環境, 對於需要投入大量自然資源——尤其是無法再生的資源及產生嚴重社會成本的外部不經濟產業, 應限制其生產出口。國際貿易利得乃是基於世界一體, 共存共享, 互通有無而產生。若每一個國家均基於保存其自然資源稟賦而限制貿易, 則各國無法彼此互通有無, 最後各國所享有的資源必將較自由貿易來得少, 而與自給自足下相同。因之, 應積極地經由國際合作來發掘更多新的資源, 而非消極地限制現有資源的貿易; 對於出口產業生產所產生的外部不經濟, 應以國內政策(財政與貨幣政策)消減之, 而非以限制出口生產來減少其產生。

(十一)所得重分配論 [income-redistribution argument]

　　根據要素價格均等化定理, 自由貿易對一國相對密集使用於進口替代產業的生產要素的報酬不利, 對相對密集使用於出口產業的生產要素的報酬有利。因之, 自由貿易導致一國的所得重分配, 個人與社會福利可能因而遭致不利的影響, 故應限制貿易, 以矯正不

利的所得重分配後果。雖然自由貿易所導致的所得重分配效果可能使得社會福利水準遭受不利的影響，但是吾人並無法因此否定自由貿易利得，否則國際貿易是不會發生的。是故，對於個人因國際貿易遭受損害以致對社會福利產生不利的影響，應以國內政策救濟之，而非限制貿易而使貿易利得喪失，社會整體的福利水準下降。

⒀社會論點 (social argument)

為了保持一國的生活型態，維護社會之善良風俗及人民身心的健康，以避免國際貿易可能產生的外部不經濟，一國應採取限制貿易、提高經濟自主性的保護政策。此一論點犯了以偏概全、因噎廢食的錯誤。固然在進行國際貿易的過程中，本國將會感受到國外不良之影響，但這並非貿易本身所引起而是人為因素所肇致，而且這將只是局部、少數的案例，吾人無法因而據此否定國際貿易除帶給貿易與國有形的貿易利得外，亦將引進新的技術、知識、觀念、及制度等無形的利得。再者，我們亦無法肯定沒有國際貿易，本國一切善良的風俗習性將繼續維持下去。對於國際貿易可能對本國社會風氣產生的不良影響，應尋求適當的對策防範之，而非為防小害而損失大利。

⒁反傾銷論 (anti-dumping argument)

當貿易對手國進行傾銷，而使一國遭受不利影響時，採取保護政策，限制貿易，禁止傾銷產品的進口被認為是正當的。但是，這只能適用於傾銷的產品，吾人無法據此而限制全面性的國際貿易。

諸如此類，吾人尚可提出其他限制貿易的論點，但綜合以上各種限制貿易的論點而言，大都只考慮到限制貿易的短期、直接效果，而沒有顧及到長期、間接的不良影響。無論保護論者提出何種理由，

總是無法抹煞自由貿易能使各國產出與消費增加，世界資源更加有效派用的事實。在長期間，一個國家為了出口就必須進口的事實，也是不容保護主義者忽略的。

　　雖然從總體的觀點而言，自由貿易較限制貿易對各國及全世界更為有利，但從個體的觀點來看，國際貿易使有些人受利，有些人遭受不利的影響，因此基於維護自身利益的動機，一個國家隨時總是有自由貿易論者與限制貿易論者的爭論存在。自由貿易偏向者主要為消費者、進口商、出口商、及出口產業從業人員等，限制貿易偏向者主要為缺乏效率的進口替代業者——尤其是邊際生產者及國內市場獨佔者。雙方各為自己的利益打算，因而形成不同的政治或利益團體，爭論時有發生，一個國家的貿易政策可能因此時有變動。英國穀物法案的取消，即是資本家與中產階級的經濟及政治力量超越地主而使貿易政策改變的一個實例。

● 二、貿易政策工具與關稅分類

　　有各種不同的政策工具可用以限制或阻礙國際貿易的進行，這些政策工具主要有以下幾項：

㈠價格政策工具

　　是指經由改變進口與出口產品的價格，以達到限制貿易的目的，包括進口關稅 (import tariff)、出口關稅 (export tariff)、進口補貼 (import subsidy)、及出口補貼 (export subsidy)。

㈡數量政策工具

　　是指經由直接限制進口與出口產品的數量，來達到限制貿易的目的，包括進口配額 (import quota) 與出口配額 (export quota)。

另一種涵蓋範圍更大的貿易政策工具分類如下:

㈠關　稅

是指政府對進口（或出口）產品所課的稅，其目的主要在於提高進口（或出口）產品的價格，以達到減少進口（或出口）數量的目的。

㈡非關稅貿易障礙 (non-tariff trade barriers)

是指關稅之外所有能夠達到限制進口或出口數量目的的一切政策措施，主要有以下幾項:

■ 補　貼

可視為一種負的關稅 (negative tariff)，其目的在於降低進口（或出口）產品的價格，以達到鼓勵增加進口（或出口）數量的目的。

■ 配　額

是指在一段時間內，限定某一種產品所能進口或出口的最大數量限制。配額通常較關稅更能阻礙國際貿易的進行，因為關稅並不能有效地限制貿易數量，而配額則能視實際的需要，完全實現所要限制的貿易數量。

■ 政府採購條款

政府本身或鼓勵本國人民購買國貨，而盡可能減少購買外國產品。

■ 行政留難

如簽證、檢疫、產品規格等方面的留難。

■ 關口估價或分類

經由對進口品或出口品價格的高估或低估，或行政裁量的分類（如以成品、半成品、零件、或原料課稅），以加重或減輕關稅負擔，

進而達到限制貿易數量的目的。

■ 進口平衡稅

　　當貿易對手國實施出口補貼時，一國可課徵進口平衡稅，以減少進口數量。

■ 調整協助

　　政府對出口產業及進口替代產業的結構調整予以金融或租稅上的協助，以增強其國際競爭能力，達到增加出口、減少進口的目的。

■ 官方貿易獨佔

　　一切的國際貿易由官方所設立的機構統籌進行，政府因此得以視實際情況需要，限制進出口的數量。

■ 管制外匯

　　經由對外匯數量與匯率的管制，以間接達到限制國際貿易的數量。

■ 預先存款要求 (advance-deposit requirements)

　　規定進口商在進口之前，預先將進口價值之一定比例的金額存入銀行一段時間。這樣增加進口商的利息負擔，是一種變相的進口關稅，可以減少進口。

■ 附帶條件貿易

　　要求貿易對手國在出口的同時，向本國購買某一產品或某一數量的進口，或進行技術移轉。

■ 環保與人權要求

　　對不符合國際環保與人權標準要求的產品，限制進口或出口。

■ 關稅稅率配額 (tariff rate quota)

　　關稅稅率配額係指對某一特定產品，基於本國產業結構之需要，於互惠關稅稅率之外另設定一較高關稅稅率，同時並預設一額度，對該項產品進口數量超過設定額度時，即改採較高關稅稅率之一種

複式關稅稅制。（進一步分析，請參閱第十章第四節。）

■ 自動出口設限 (voluntary export restraint, VER)

這主要是出口商怕遭受進口國的進口配額限制，而採取的一種自動減少出口數量的措施。

■ 國內自製率條款 (domestic content provisions)

又稱本地自製要求 (local content requirement)。由於外包（或委外代工）(outsourcing) 或共同生產 (production sharing) 的盛行，一國勞工因此遊說立法，要求在本國銷售的產品（包括進口品）至少要含有某一比例的本國零組件或勞動投入。

根據米德 (J. E. Meade) 的觀點，貿易限制政策工具可以分成貨幣、財政及貿易管制三大類。貨幣管制有外匯管制、複式匯率、及預先存款要求，財政管制有進出口關稅與補貼，貿易管制有數量管制（配額）與官方貿易獨佔。在現實的經濟社會，除以上我們所提列的主要貿易障礙外，尚有其他各式各樣的貿易障礙存在。任何形式的貿易障礙存在，均將使國際生產專業與自由貿易的利益無法完全實現，對國際資源的派用與全世界人民的福利，終將有不利的影響。

雖然貿易障礙的種類繁多，花樣百出，但其中以關稅最為各國經常普遍使用，因此吾人主要著重於以關稅限制貿易的討論。按不同的標準，關稅可以分類如下：

㈠依課徵方法，關稅可分為

■ 從量關稅 (specific tariffs)

即對每一單位的進口品或出口品課徵定額的關稅。如果關稅完全由本國消費者負擔，則課徵從量關稅後，進口品的國內價格為 $P_m + t_s$，P_m 代表進口品的進口價格，t_s 代表從量關稅。

■ 從價關稅 (ad valorem tariffs)

即按進口品或出口品的價值課徵一定百分比的稅率。如果關稅完全由本國消費者負擔，則課徵從價關稅後，進口品的國內價格為 $P_m(1+t_a)$，t_a 代表從價關稅稅率。

■ 聯合關稅 (combined tariffs)

即從量關稅與從價關稅聯合課徵的一種稅制。如果關稅完全由本國消費者負擔，則課徵聯合關稅後，進口品的國內價格為 $t_s+P_m(1+t_a)$。

㈡依課徵的目的，關稅可分為

■ 收入關稅 (revenue tariffs)

是各國政府以取得收入為目的所課徵的關稅，通常是針對國內沒有生產的進口品所課徵，其稅率通常並不很高。

■ 保護關稅 (protective tariffs)

是為了保護國內產業免於外國產品激烈競爭所課徵的關稅，其稅率通常較收入關稅為高，主要在於削弱外國產品在本國市場的競爭力。如果保護關稅的稅率高到完全沒有外國產品進口，則稱之為禁止性關稅 (prohibitive tariffs)；否則，雖課徵保護關稅，仍會有產品進口，稱之為非禁止性關稅 (non-prohibitive tariffs)。

● 三、婁勒對稱性定理

限制貿易主要的政策工具為關稅，關稅又可分為進口關稅與出口關稅，但吾人可以關稅一詞同時代表進口關稅與出口關稅，因為婁勒 (A. P. Lerner) 曾經證明指出，在長期、靜態均衡分析下，一個經濟社會，課徵一般性相同的進口關稅稅率或出口關稅稅率，將產生相同的經濟後果，此一假說稱之為婁勒對稱性定理

(Lerner-symmetry theorem)。婁勒強調的是長期、靜態均衡分析，因為在短期間，進口關稅的課徵對本國經濟有擴張的效果，出口關稅的課徵對本國經濟則有反膨脹、緊縮的效果，因此進口關稅與出口關稅的短期經濟後果是不一樣的。

設小國進口品的單位價格 (P_m) 為 50 元，出口品的單位價格 (P_x) 為 10 元，所以貿易條件為 $P_m : P_x = 5 : 1$。現小國課徵進口關稅 20%，由於對小國而言進口品的供給彈性無限大，所以關稅負擔全由小國國內的消費者所負擔，因此進口品的關稅後國內價格提高為 60 元〔= 50 元 × (1 + 20%)〕。國際貿易條件雖然不變（進、出口品的國際價格仍然分別為 50 元及 10 元），但關稅後進口品與出口品的國內相對價格比率為 $P_m : P_x = 6 : 1$。若小國改為課徵出口關稅 20%，由於大國對小國出口的需求彈性無限大，所以關稅全由小國的生產者所負擔，因此出口品的國內價格由原來的 10 元降為 8.33 元〔= 10 元 ÷ (1 + 20%)〕。貿易條件仍然不變（進、出口品的國際價格仍然分別為 50 元及 10 元），但關稅後進口品與出口品的國內相對價格比率為 $P_m : P_x = 6 : 1$。既然課徵 20% 的進口關稅或出口關稅後，國內的進口品與出口品的相對價格比率均為 6 : 1，則在長期、比較靜態分析下，兩者對經濟所產生的影響是相同的。

❖ 第二節　關稅的經濟後果 ❖

在兩國、兩種產品的模型，當一國課徵關稅，另一國沒有課徵關稅的情況下，將會產生怎樣的經濟後果呢？以下我們從部分均衡與一般均衡的觀點分別討論小國或大國課徵關稅所產生的經濟後果。

● 一、小國課徵進口關稅的部分均衡分析

關稅的部分均衡分析係指只就課徵關稅的產品分析其經濟後果

而言。圖 8–1，自由貿易時，進口品的國際價格等於國內價格為 OW。在此價格下，本國對進口品的需求量為 OB，本國自行生產進口替代品的數量為 OA，故進口 AB 數量的進口品。現小國對其進口品課徵 WZ = t 的從量進口關稅，稅率等於 ZW/OW，由於小國對產品的國際價格沒有影響力，因此課徵關稅後，進口品的國際價格仍為 OW，但其國內價格卻升至 OZ。這種變化產生了以下的經濟效果：

■ 生產效果 (production effect)

關稅後，進口替代財的產量由 OA 增至 OA′，即增加 AA′ 數量的進口替代財生產，此乃關稅後進口品的國內價格上升所肇致，因此又稱保護效果 (protection effect)。

■ 消費效果 (consumption effect)

關稅後，對進口品的需求量由 OB 減至 OB′，即減少 BB′ 數量的進口財消費。由於關稅後生產增加、消費減少，所以進口數量由 AB 減少為 A′B′。

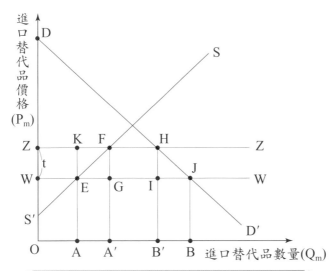

圖 8–1 小國課徵進口關稅的部分均衡分析

■ 關稅收入效果 (tariff revenue effect)

課徵從量關稅 t，進口 A′B′=GI 數量，故政府的關稅收入為
t×GI=□GFHI。

■ 國際收支效果 (balance of payments effect)

自由貿易時，進口 AB 數量，進口支出為 OW×AB = □AEJB；
課徵關稅後，進口 A′B′ 數量，進口支出為 OW×A′B′= □A′GIB′。
比較 □AEJB 與 □A′GIB′，可知進口支出減少了 □AEGA′+□B′IJB，
此為國際收支改善的效果。

■ 所得重分配效果 (income redistribution effect)

課徵關稅前，消費 OB 數量進口財，消費者剩餘為 △DWJ；課
徵關稅後，消費 OB′ 數量進口財，消費者剩餘為 △DZH，故消費者
剩餘減少了 □WZHJ。所減少的消費者剩餘中，□WZFE 成為生產者
由於增加 AA′ 的進口替代財生產而所增加的生產者剩餘，是一種經
濟地租的增加，表示實質所得由消費者增加消費負擔而移轉給生產
者的部分。

■ 消費稅效果 (consumption tax effect)

關稅前，本國消費者對每單位進口財的消費須支付 OW 的代價；
關稅後，本國消費者對每單位進口財的消費須支付 OZ (=OW+t) 的
代價，即每單位進口財的消費增加 t=WZ 數量的支出，消費 OB′=WI
數量的進口財，故本國消費者額外增加 t×WI=□WZHI 數量的負擔，
此即課徵關稅所產生的消費稅效果。

■ 所得效果 (income effect)

關稅後，國內增加 AA′ 數量進口替代財的生產，國民所得增加
OZ×AA′= □AKFA′。若無關稅課徵，這一部分的所得將不會發生。

■ 貿易條件效果 (terms-of-trade effect)

如果課徵關稅後，進口品的進口價格比自由貿易來得低，則本

國的貿易條件獲得改善，是為關稅的貿易條件效果。由於小國對進口品的國際價格沒有影響力，故課徵關稅後與自由貿易時的進口品國際價格均相同，小國的關稅貿易條件效果並不存在。

■ 福利效果 (welfare effect)

關稅後消費者剩餘減少 □WZHJ，其中 □WZFE 移轉成為生產者剩餘增加的部分，□GFHI 成為政府的關稅收入，所剩的 △FGE 代表生產的淨損失，△HIJ 代表消費的淨損失。關稅後，增加 AA′ 進口替代財的生產，須付出 □AEFA′ 的生產成本，而此一部分若是進口而非自行生產，則只須付出 □AEGA′ 的代價，故 △FGE 為獲得 AA′ 進口替代財的額外支出，即為生產效率的淨損失，因此又稱為效率效果 (efficiency effect)。關稅後，本國人民減少 BB′ 進口財的消費，總效用因此減少了 □B′HJB，但若增加此一部分的消費只須支付 □B′IJB 的進口費用，故 △HIJ 為減少 B′B 進口財消費所產生的消費效用的淨損失。將生產淨損失與消費淨損失予以加總，即 △FGE 加 △HIJ，是為關稅的社會成本，即課徵關稅所肇致的社會無謂的損失 (deadweight loss)，又稱之為福利損失效果 (welfare loss effect)。

以上所討論的各種效果的大小，決定於課徵關稅產品之供給與需求彈性及關稅稅率的大小。關於關稅負擔問題與個體經濟的租稅負擔分析完全相同，即進口需求與出口供給的雙方，其彈性愈大者，關稅的負擔愈輕；彈性愈小者，關稅的負擔愈重。由於小國進口所面對的出口供給彈性無限大，因此小國課徵進口關稅，進口關稅完全由其本國消費者所負擔，而關稅收入全部由小國的政府所獲得。

● 二、大國課徵進口關稅的部分均衡分析

大國與小國課徵關稅最主要的差異在於大國可以因而影響貿易條件，而小國則否。圖 8–2，自由貿易下，B 國出口 GK 數量至 A 國，

GK=CF。OP 為 A 國進口品、B 國出口品的均衡國際價格。現設大國 A 課徵進口關稅，在不考慮運輸成本的情況下，關稅後，A 國進口品的國內價格上升至 OR，而其國際價格（即 B 國出口價格）則降至 OS。在 OR 國內價格下，A 國進口 AB 數量；在 OS 出口價格下，B 國出口 LM 數量，而 AB=LM，此種產品的國際貿易仍然達於進口與出口相等的均衡。

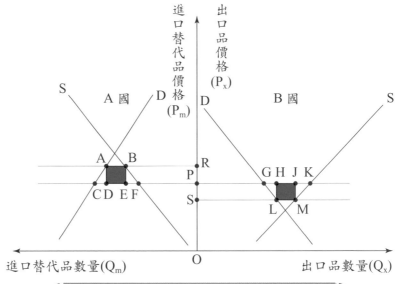

圖 8-2 大國課徵進口關稅的部分均衡分析

關稅後，A 國進口品的國內價格比自由貿易高，B 國出口品的國際價格比自由貿易低，表示關稅由 A、B 兩國共同負擔。A 國國內消費者負擔 OR－OP＝RP 的關稅，B 國出口商負擔 OP－OS＝PS 的關稅，從量關稅等於 RP＋PS＝RS，進口關稅稅率等於 RS/OS，A 國政府的關稅收入等於 RP×AB＋PS×LM＝□ABED＋□HJML。根據自由貿易進口數量 CF 與關稅後進口數量 AB 相比較，大國課徵進口關稅所產生的經濟後果與上節小國課徵進口關稅的分析大致相同，

但兩者仍有以下幾點不同之處：

1. 大國課徵進口關稅，使進口品的進口價格下跌，貿易條件因而改善，而小國課徵進口關稅並不會影響進口品的進口價格與貿易條件。

2. 大國課徵進口關稅，關稅由兩國共同負擔，而關稅負擔的大小，決定於兩國進口需求與出口供給價格彈性的大小。進口需求價格彈性愈小，國內價格上漲幅度愈大，關稅負擔愈重；出口供給價格彈性愈大，出口價格下跌幅度愈小，關稅負擔愈輕。由於小國面對大國價格彈性無限大的出口供給，故其課徵進口關稅，關稅完全由其本國人民所負擔。

3. 大國課徵進口關稅，使進口品的國際價格下跌，故其國際收支改善的效果是由進口數量減少與進口價格下跌所構成。如圖 8–2，大國課徵進口關稅的國際收支改善效果為 GK×OP–LM×OS 或 CF×OP–AB×OS。

● 三、小國課徵進口關稅的一般均衡分析

關稅的一般均衡分析係指課徵關稅後對出口品、進口品及經濟之影響的分析而言。圖 8–3，縱軸代表小國的出口品 (X)、大國的進口品 (M)——布 (C)，橫軸代表小國的進口品、大國的出口品——酒 (W)。由於小國對國際貿易條件沒有影響力，因此對小國而言，大國的提供曲線為一由原點開始之彈性無限大的直線，無論小國進口、出口的數量如何改變，貿易條件總是維持於 TOT^* 不變。因之 TOT^*，既是小國面對的均衡貿易條件，同時也是大國的提供曲線。自由貿易下，小國的提供曲線 (OA) 與大國的提供曲線交於 E 點，小國與大國之國內與國際所面對的兩種產品的相對價格均為 TOT^*。

現假設只有小國課徵進口關稅而大國則否，設關稅後小國的提

供曲線移至 OA′，則關稅後國際貿易均衡為 E′ 點。由於大國出口品的供給彈性無限大（對進口品的需求彈性亦無限大），因此小國課徵關稅（進口關稅或出口關稅）後，其所面對的兩種產品的國際價格仍然為 TOT* 不變，關稅完全由小國的人民所負擔，國內進口品價格上漲的幅度等於所課徵的關稅。

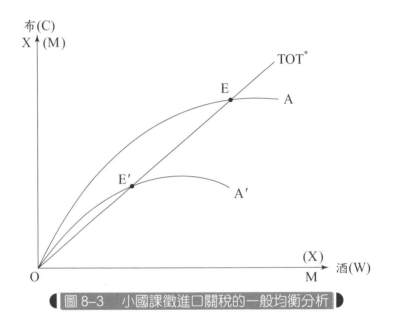

布(C)

圖 8-3　小國課徵進口關稅的一般均衡分析

以上的一般均衡分析顯示，小國課徵關稅，貿易條件不變，進口品的價格上升，貿易量減少，其社會福利水準將下降，此乃因為課徵關稅將會導致：

生產扭曲

例如進口關稅的課徵，將使進口品的國內價格提高，因而扭曲了國內的價格，使得國內資源發生不當的移轉——即生產過多的進口替代品，生產過少的出口品，資源的派用受到扭曲，消費可能水準因而下降。

▦ 消費扭曲

　　課徵進口關稅後，消費者面對關稅後較高的進口價格，消費因此受到扭曲，社會福利水準因而下降。

▦ 貿易量減少

　　假設進口品為正常財貨，則關稅的課徵將使貿易量減少，此乃因為(1)生產的替代效果：關稅後，進口品的國內價格上升，因而使得國內進口替代財的生產增加，進口數量因而減少，(2)消費的價格效果：關稅後，進口品的國內價格上升，致使對出口品的消費增加，進口品的消費減少，貿易量因而減少，此為進口品價格變動的替代效果；關稅後，進口品的國內價格上升，表示實質所得減少，對出口品及進口品的消費同時減少，貿易量因而減少，此為進口品價格變動的所得效果。

　　由以上的分析可知，小國課徵進口關稅並不能改善貿易條件，徒然導致其社會福利水準的下降。課徵的關稅稅率愈高，生產與消費受到的扭曲愈大，社會福利水準下降的程度愈大。

● 四、大國課徵進口關稅的一般均衡分析

　　圖 8–4，設 A、B 兩國均為大國，縱軸代表 A 國的出口品 (X)、B 國的進口品 (M)——布，橫軸代表 A 國的進口品、B 國的出口品——酒。自由貿易下，兩國的提供曲線交於 E 點，均衡貿易條件為 TOT^*，兩國國內的相對產品價格亦均為 TOT^*。現設 A 國課徵進口關稅而 B 國則否，A 國關稅後的提供曲線 OA′ 與 B 國沒有課徵關稅的提供曲線 OB 交於 E′ 點，貿易條件變為 $TOT′$。

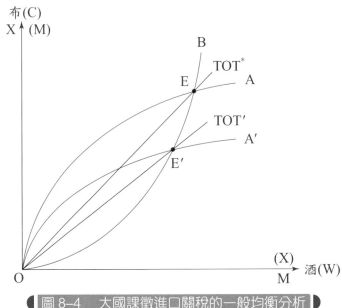

圖 8-4　大國課徵進口關稅的一般均衡分析

　　比較大國與小國課徵關稅之一般均衡，不同之處主要在於大國
課徵關稅後，國內進口品的價格提高，對進口品的需求因此減少，
因而致使進口品的國際價格下降，而使貿易條件獲得改善。在貿易
對手國沒有採取報復手段的情況下，大國課徵關稅，貿易條件改善
的結果，即使貿易量減少，仍使得其社會福利水準提高，而小國由
於無法影響貿易條件，故課徵關稅、貿易量減少的結果，總會使其
社會福利水準降低。

❖ 第三節　最適關稅與關稅報復 ❖

● 一、最適關稅理論

　　一國課徵關稅的結果，若貿易條件因而改善，在其他情況不變
下，社會福利水準將提高；若貿易量因而減少，在其他情況不變下，

社會福利水準將降低。最後，社會福利水準會提高或降低，則視貿易條件變動效果與貿易量減少效果的大小而定。若一國為小國，則其課徵關稅不能改變貿易條件，而只有貿易量減少的效果，故課徵關稅的結果，使其社會福利水準下降；若一國為大國，則其課徵關稅而使貿易條件改善效果大於貿易量減少效果，結果將使其社會福利水準提高。

　　若課徵關稅能使一國福利水準提高，則關稅之能使一國福利水準達到最大的關稅水準，稱之為最適關稅，該稅率稱之為最適關稅稅率 (optimum tariff rate)。由於小國課徵關稅會使其福利水準下降，故小國的最適關稅等於零，即實施自由貿易政策對小國而言是最為有利的。由於大國課徵關稅能夠改善貿易條件，提高其福利水準，故只有大國才有最適關稅存在。

　　一個國家應該根據什麼標準課徵多高的關稅稅率，才能使其福利水準達於最大呢？最適關稅稅率 (t^*) 的計算公式為：

$$t^* = \frac{1}{\eta^* - 1}$$

上式中，η^* 代表貿易對手國之進口需求價格彈性（絕對值）。上式顯示，一國之最適關稅（進口關稅或出口關稅）稅率與貿易對手國的進口需求價格彈性呈減函數的關係，即貿易對手國的進口需求價格彈性愈大，最適關稅的稅率愈低。

● 二、關稅報復

　　大國課徵關稅，使其貿易條件改善，福利水準提高，但這是以貿易對手國的福利水準下降所換取得的利益。再者，這種大國課徵關稅使其福利水準提高的結果，是在貿易對手國沒有採取關稅報復 (tariff retaliation) 的假設下才能成立。但事實上，一國絕不甘於貿易

對手國課徵關稅而使其福利水準下降，必然採取報復措施，期使損失減至最小的程度。

　　各國相互採取報復關稅的結果，使貿易量減少，最後全世界及各國的福利水準均比自由貿易下來得低。在極端的情況下，各國競相採取報復關稅的結果，貿易量等於零，全世界及各國又回復到自給自足、沒有國際貿易發生的情況。

摘　要

1. 理論上，自由貿易將使每個國家及國際社會的經濟福利水準提高，但現實的國際經濟社會往往有許多的貿易障礙存在，自由貿易成為一種理論的理想，限制貿易反而是一種事實的常態。

2. 保護主義者往往提出幼稚工業論、國家安全論、經濟多樣化論、保護就業論、保護工資論、技術擴散論、國際收支論、貿易條件論、關稅收入論、資源耗竭論、所得重分配論、保持社會良風善俗論、反傾銷論，及其他各種的論點，來為限制貿易作辯護，但這些論點大都只考慮到限制貿易的短期、直接效果，而沒有顧及到長期、間接的不良影響。

3. 社會人群基於維護自身利益的動機，任何國家裡隨時都會有自由貿易與限制貿易的爭論存在。自由貿易偏向者主要為消費者、進口商、出口商、及出口從業人員，限制貿易者主要為缺乏效率的進口替代業者及國內市場獨佔者。

4. 限制貿易的政策工具可分為價格政策工具——進、出口關稅與進、出口補貼、及數量政策工具——進、出口配額；亦可分為關稅及非關稅貿易障礙，後者包括補貼、配額、政府採購條款、行政留難、關口估價或分類、進口平衡稅、調整協助、官方貿易獨佔、管制外匯、預先存款要求、附帶條件貿易、環保與人權要求、關稅稅率配額、自動出口設限、及國內自製率條款等；亦可根據米德的觀點分為貨幣管制、

財政管制、及貿易管制。

5. 關稅為國際間最為普遍使用的貿易政策工具，按其課徵的方法，可分為從量關稅、從價關稅及聯合關稅；按其課徵的目的，可分為收入關稅與保護關稅，保護關稅又可分為禁止性關稅與非禁止性關稅。

6. 一個經濟社會，對某一產品課徵相同稅率的進口關稅或出口關稅，在長期、靜態均衡分析下，將產生相同的經濟後果，此一假說稱之為婁勒對稱性定理。

7. 小國課徵進口關稅，根據部分均衡分析，將會產生生產效果、消費效果、關稅收入效果、國際收支效果、所得重分配效果、消費稅效果、所得效果、及福利效果，但小國課徵關稅並不影響貿易條件，且關稅完全由小國人民所負擔。

8. 大國課徵進口關稅，根據部分均衡分析，將會產生與小國課徵進口關稅大致相同的經濟後果，所不同者在於其具有貿易條件效果，即大國課徵進口關稅會使其貿易條件改善，而使關稅由兩國共同負擔。

9. 關稅負擔的原則為：進口需求價格彈性愈小，關稅負擔愈重；出口供給價格彈性愈大，關稅負擔愈輕。由於對小國而言，大國的出口供給價格彈性無限大，故關稅完全由小國人民所負擔。

10. 小國課徵進口關稅，根據一般均衡分析，由於其不能影響貿易條件，徒然導致生產扭曲與消費扭曲，而使貿易量減少，社會福利水準下降。

11. 大國課徵進口關稅，根據一般均衡分析，可以使其貿易條件改善，社會福利水準提高。

12. 若課徵關稅能使一國福利水準提高，則關稅之能使一國福利水準達到最大的關稅水準，稱之為最適關稅，其稅率稱之為最適關稅稅率。小國的最適關稅等於零，只有大國才有最適關稅存在。

13. 一國之最適關稅稅率與貿易對手國的進口需求價格彈性呈減函數的關係。

14.一國課徵關稅，將會引起貿易對手國的關稅報復，各國相互採取關稅報復的結果，使貿易量減少，全世界及各國的福利水準均比自由貿易下來得低。在極端的情況下，各國競相採取報復關稅的結果，貿易量等於零，全世界及各國又回復到自給自足、沒有國際貿易發生的情況。

重要名詞

幼稚工業論	國家安全論
經濟多樣化論	保護就業論
保護工資論	技術擴散論
國際收支論	貿易條件論
關稅收入論	資源耗竭論
所得重分配論	社會論點
反傾銷論	價格政策工具
數量政策工具	關稅
非關稅貿易障礙	配額
從量關稅	從價關稅
聯合關稅	收入關稅
保護關稅	禁止性關稅
非禁止性關稅	婁勒對稱性定理
無謂的損失	最適關稅

習題

1.你個人對自由貿易與限制貿易的看法如何？

2.一個經濟社會何以經常有自由貿易與限制貿易之爭論？兩者各有那些論點？

3.貿易政策工具有那些？有那幾種不同的分類方法？

4. 何謂關稅？按課徵方法與目的可以怎樣劃分？

5. 何謂娄勒對稱性定理？

6. 試以圖形剖述小國課徵進口關稅的部分均衡分析。

7. 試以圖形剖示大國課徵進口關稅的部分均衡分析。

8. 試說明關稅負擔的原則。

9. 小國課徵關稅，其福利水準為何一定下降？

10. 大國課徵關稅，其福利水準可能的變化如何？

11. 何謂最適關稅？小國有最適關稅否？大國的最適關稅稅率如何計算？

12. 關稅、關稅報復與經濟福利之間的關係如何？

第九章　關稅、經濟福利與所得分配

▶▶▶▶

本章將進一步繼續討論關稅的課徵，對一個國家，乃至全世界經濟福利的影響，並分析怎樣的關稅課徵才能達到有效保護本國產業的目的。最後，我們分析關稅收入的支配對貿易條件、國內價格以至所得分配的影響。

◆ 第一節　關稅與經濟福利 ◆

● 一、關稅與個別國家的經濟福利

由前面的分析可知，關稅的課徵，使一國產品的國內價格與國際價格不一致，因而產生生產的扭曲，即一國資源將由出口部門移轉到進口替代部門生產，減少了具有比較利益之產品的產出，資源的派用效率因而降低；也產生消費的扭曲，也就是說消費者對進口品必須支付比關稅前或貿易對手國消費者較高的價格，表示消費發生不當的移轉，即對進口品的消費減少、出口品的消費增加。生產扭曲與消費扭曲的綜合效果即反映在貿易量的減少之上。

對小國而言，課徵關稅，貿易條件不變，但貿易量減少，其福利水準因而下降，故小國的最適關稅等於零。對大國而言，課徵關稅，若貿易對手國沒有報復，貿易條件改善，只要貿易條件改善效果大於貿易量減少效果，則其福利水準提高；若貿易對手國採取報復手段，貿易條件可能無法改善，甚至惡化。在此情況下，貿易量減少的結果，必然使其福利水準下降。

🔘 二、關稅與世界經濟福利

關稅的課徵雖然可能使一個國家的福利水準提高，但對全世界而言，關稅課徵的結果，世界貿易量減少，全世界的福利水準必然下降。將全世界看成一體，關稅課徵的結果，扭曲了各國的比較利益，使兩國的產品價格不再相等，兩國的要素報酬不再均等，世界的生產水準較自由貿易下為低。關稅課徵的結果，兩國的產品價格不再相等，世界的消費福利水準因而較自由貿易下為低。全世界生產及消費水準下降的程度視關稅的大小而定，關稅愈高，價格扭曲愈嚴重，生產與消費水準下降的程度愈大，世界福利水準也就降低得愈多。

❖ 第二節　關稅結構 ❖

以上我們所討論的，均只針對可作消費或投資之用的最終產品課徵關稅。但在真實的經濟社會，各國不僅對最終產品課徵關稅，也對中間投入或原料課徵關稅，且對不同的產品、中間投入、原料課徵輕重不同的關稅，故關稅實際上是一種稅則結構而非是單一的稅率。

勞動、土地、資本、及企業家精神配合中間投入、原料之後，才能製成最終產品，因此吾人不能單由一種產品的名目關稅來決定其受到保護的程度，而必須藉由整個關稅結構才能瞭解一種產品真正受到保護的程度，這種對中間投入及最終產品課徵關稅與產品因關稅而受保護程度高低的相關分析，稱為關稅結構理論或有效保護理論 (effective protection theory)。

課徵進口關稅的目的在於提高進口品的國內價格，以保護本國進口替代產業，使其產出增加。但是，如果對用之於生產進口替代

財的中間投入亦課徵進口關稅，則將使中間投入的進口成本提高，因而提高生產成本，使本國進口替代產業的生產因而遭受不利之影響，從而減輕了原先對最終產品課徵關稅所產生的保護效果。是故，要瞭解一種產品真正受到保護的程度，必須同時考慮對該產品課徵的名目關稅稅率 (nominal tariff rate) 及對使用於生產該產品之中間投入所課徵的關稅稅率之後，才能得到正確的答案。

　　如何根據產品的名目關稅連同其中間投入關稅，計算產品真正受到保護的程度呢？根據對產品課徵名目關稅及中間投入關稅，而使產品之附加價值 (value-added) 發生的變化，即可瞭解於產品的名目關稅背後所隱含的有效保護率 (effective rate of protection, ERP) 的高低。對產品課徵關稅，產品的國內價格上升，在對中間投入沒有課徵關稅下，產品的附加價值提高，產品受到保護，名目關稅愈高，附加價值提高愈多，產品受到保護的程度愈大。對中間投入課徵關稅，中間投入的國內價格上升，在對產品沒有課徵關稅下，產品的附加價值降低，對產品產生反保護的作用，中間投入的關稅愈高，附加價值降低愈多，產品遭受反保護的程度愈大。若同時對產品及中間投入課徵關稅，對附加價值的影響則視關稅後產品價格及中間投入價格兩者提高的程度而定。

　　有效保護率的計算公式為：

$$\text{ERP} = \frac{V' - V}{V}$$

上式中，V' 代表課徵關稅後的附加價值，V 代表課徵關稅前的附加價值。例如，自由貿易下，進口替代品的價格 10 元，中間投入成本 8 元，現對進口品課徵 10% 的關稅，關稅完全由本國消費者負擔，則進口替代品的價格上升至 11 元。若對中間投入沒有課徵關稅，則

$$ERP = \frac{(10 \times 1.1 - 8) - (10 - 8)}{(10 - 8)} = \frac{3 - 2}{2} = 50\%$$

因此，產品的名目保護（關稅）率雖然只有 10%，但實際的有效保護率卻高至 50%。若對中間投入也課徵 5% 的關稅，關稅完全由本國生產者負擔，則

$$ERP = \frac{(10 \times 1.1 - 8 \times 1.05) - (10 - 8)}{(10 - 8)} = \frac{2.6 - 2}{2} = 30\%$$

以上證實對中間投入課徵關稅會使有效保護率下降。但由於產品關稅稅率大於中間投入關稅稅率，有效保護率 (30%) 因此大於名目保護率 (10%)。

以上分析顯示，唯有同時考慮產品及中間投入的關稅結構，才能瞭解一種產品實際受到保護的程度。實證研究的結果發現，大部分已開發國家的有效保護率均遠大於名目關稅保護率，因而不利於開發中國家初級工業產品的出口，對於開發中國家以出口擴張帶動經濟發展之工業化政策的推行，產生相當大的阻力。

❖ 第三節　關稅、產品貿易與要素移動 ❖

● 一、稅率、國民所得與關稅收入

在貿易對手國沒有採取報復手段下，大國課徵最適關稅可以使其國民所得達到最大。但是，吾人知道關稅稅率愈高，貿易量愈少，關稅稅基 (tax base) 也就愈大。在極端的情況下，過高的關稅稅率將使貿易量等於零，一個國家不僅因此沒有關稅收入，且其國民所得終將降至自給自足狀態的水準。圖 9–1，EFY 代表國民所得曲線，OHt_p 代表關稅收入曲線。當關稅稅率 t_o 時，一國的國民所得達於最大，故 t_o 為最適關稅稅率。當關稅稅率進一步提高至 t_m 時，國民所

得下降，但關稅收入達於極大，因之，關稅收入最大之關稅稅率高於最適關稅稅率。若關稅稅率進一步提高至 t_p 時，關稅收入等於零，故 t_p 為禁止性關稅稅率，此時，國民所得水準 t_pG 等於自給自足狀態下的國民所得水準，遠低於自由貿易下的國民所得水準 OE。

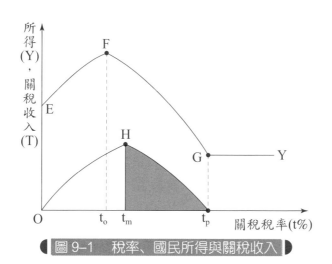

◀ 圖 9-1　稅率、國民所得與關稅收入 ▶

　　OHt_p 為表示稅率與關稅收入之間關係的曲線，依供給面經濟學的用語，被稱之為拉佛爾曲線 (Laffer curve)。稅率介於 O 及 t_m 之間，隨稅率提高，關稅收入增加，稱之為正常區域 (normal range)；稅率超過 t_m，隨稅率提高，關稅稅基銳減，關稅收入因此減少，稱為禁區 (prohibitive range)。是故，如同過度的累進所得稅稅率將導致工作意願低落、國民所得減少、稅收減少一樣，過高的關稅稅率亦將導致進口意願下降、進口數量減少、關稅收入因而減少。

● 二、關稅與要素移動

　　一國課徵禁止性關稅的結果，將使得兩國之間的產品貿易完全停止。此時，若生產要素在兩國之間可以完全自由的移動，則縱然

沒有產品貿易存在，仍可得到與產品自由貿易下相同的結果，即產品價格及要素價格仍會趨於完全的均等，亦即要素的自由移動可以取代產品的自由貿易。

假設自由貿易下，我國出口布、進口酒，美國出口酒、進口布。貿易後，我國與美國的產品價格與要素價格均處於完全均等的狀態。現我國課徵禁止性的進口關稅，酒不再進口，酒的國際價格仍然不變（此乃假設我國為一小國），但我國酒的國內價格因此大幅上升。為供應國內酒的消費需求，我國必須增加酒的生產，設酒為資本密集財，根據斯托帕一薩繆爾遜定理，酒的價格提高、生產增加的結果，導致資本報酬——利率提高。假設資本可以在兩國之間自由移動，則我國利率上漲將吸引美國的資本流入到我國，我國的利率因而下跌，直到兩國的要素報酬恢復到關稅前的均等水準，兩國的資本才會停止流動。美國的資本流入我國，使我國酒的產量增加、布的產量減少——瑞畢曾斯基定理，而使酒的價格下跌，布的價格上升，直到酒與布的價格恢復到關稅前而與美國均等的水準，酒與布的消費量再度與自由貿易下相同，酒與布的產量不再變動。是故，在兩國、兩種產品、兩種生產要素，及赫克紹一歐林模型的假設下，產品自由貿易而致產品價格均等，將使要素價格均等；要素自由移動而致要素價格均等，亦將使產品價格均等。要素自由移動可以取代產品自由貿易，兩國的要素價格與產品價格最後仍趨於與自由貿易下相同的完全均等。

由於要素自由移動具有取代產品自由貿易的功能，因之，一國若要有效改變其產品的價格結構及要素的報酬，必須同時限制產品的貿易與要素的移動。例如，為了提高勞動密集財的價格，以提高工資，除了限制勞動密集財的進口之外，還需限制外國勞動者的移入本國才能達到目的。

❖ 第四節　關稅、產品價格與所得分配 ❖

產品價格的變動是要素價格變動的加權平均，根據擴大效果，要素價格變動的幅度大於產品價格變動的幅度。國際貿易後，產品的價格發生變動，根據斯托帕─薩繆爾遜定理，密集使用於相對價格上升之產品（出口品）的要素，其相對報酬會上升，密集使用於相對價格下降之產品（進口替代品）的要素，其相對報酬會下降，要素相對報酬的變化並有著擴大效果存在。最後，根據要素價格均等化定理，自由貿易下，兩國的要素報酬會趨於完全的均等，即一國相對豐富的要素的報酬會上升，相對稀少的要素的報酬會下降。是故，自由貿易導致一國的所得分配有利於相對豐富的生產要素，而不利於相對稀少的生產要素。

一國課徵關稅，會使國內產品的價格發生改變，根據斯托帕─薩繆爾遜定理可知要素的報酬會發生改變，所得分配亦隨之發生改變。課徵關稅對貿易條件、國內價格以至所得分配的影響，與關稅稅率的高低及關稅收入的如何支用──即多大比例用於購買出口財，多大比例用於購買進口財，有相當密切的關係。

在一般的情況下，一國課徵關稅，而後將關稅收入均勻地使用於購買進口財與出口財，則進口財的國內相對價格將會上漲，因而達到保護進口替代產業及其密集使用之生產要素的目的。但是，在貿易對手國的進口需求缺乏彈性下，一國課徵進口或出口關稅，而將關稅收入大部分用於購買出口財，將導致國內進口財的相對價格反而下降，一國的進口替代產業及其密集使用的生產要素並未因為關稅的課徵而受到保護，反而因為關稅的課徵而遭受不利的影響，此一關稅課徵而產生反保護作用的現象，稱之為梅支勒矛盾 (Metzler's paradox)。

本節的分析告訴我們，課徵關稅，經由斯托帕－薩繆爾遜定理，以達到保護一國進口替代產業及相對稀少要素的目的，並非是經常可以實現的。如果梅支勒矛盾存在，實施自由貿易反而較限制貿易對一國的進口替代產業及相對稀少的生產要素更為有利。

❖ 第五節　市場扭曲、關稅與經濟目標 ❖

自由貿易可使一個國家的福利水準達於極大，但這是以國內及國際市場均為完全競爭、沒有任何外部效果的假設為基礎。若國內或國際市場發生扭曲，自由貿易的結果不再使一國的福利水準達於極大，此時採取關稅措施以改正市場扭曲，增進社會福利，通常被認為是正當可行的措施。但若作廣泛的探討，吾人將發現在大部分的情況下，利用其他的國內政策來改正市場扭曲或達成其他的經濟目標，其效果較採取關稅政策為佳，且能使社會福利水準提高得更多。

● 一、改正市場扭曲的原則

開放經濟下，市場扭曲 (market distortion) 可區分為國外市場扭曲——如一國為大國，對國際產品市場具有影響價格的獨佔力；國內市場扭曲，其又可區分為要素市場扭曲——如要素報酬不等於要素的邊際生產力或部門間要素的報酬不均等；產品市場扭曲，其又可區分為消費扭曲——如消費行為有外部經濟或不經濟存在，生產扭曲——如生產行為有外部經濟或不經濟存在。對於改正這些扭曲的基本原則為：

1.就改正國外市場扭曲而言，國內的租稅或補貼政策並非最佳政策 (optimum policy)，一國（大國）直接以關稅提高其出口品（或降低其進口品）的相對價格，是一種較為有效的改正國外市場扭曲

的政策措施，關稅是改正國外市場扭曲的最佳政策。

2.就改正國內產品生產扭曲而言，租稅與補貼政策聯合運用比關稅（或出口補貼）政策來得好。租稅與補貼政策為改正產品生產扭曲的最佳政策。

3.就改正國內產品消費扭曲而言，租稅與補貼政策聯合運用比關稅（或出口補貼）政策來得好。租稅與補貼政策為改正產品消費扭曲的最佳政策。

4.就改正國內要素市場扭曲而言，對生產要素的雇用直接課稅或補貼，可消除扭曲的根源，是為改正要素市場扭曲的最佳政策。

因之，改正市場扭曲的基本原則乃：當市場有任何扭曲存在時，最佳的改正策略乃是針對扭曲之所在，直接消除扭曲，而使社會福利水準達於最大，而非導入一種政策使扭曲仍然存在，或更加嚴重，社會福利水準因此無法達於最大。

● 二、非經濟目標與關稅

經濟目標的追求，有時並非完全基於使社會經濟福利達於最大的純經濟因素考慮，而是基於政治、社會、或國防等與經濟福利無關的因素考慮而產生，這種經濟目標並非根據經濟模型的最適化分析而來，故稱為非經濟目標。例如，一個國家為追求某種產品的一定產量——國防安全考慮；一定消費量——限制奢侈品消費，以維護社會風氣；一定的自給自足率——減少對外依賴程度；或一定的就業水準——維持社會與政治的穩定。為達成這些非經濟目標，必然要犧牲某些的經濟利益，主張採行關稅限制貿易的理由之一即是在於達成這些非經濟目標。但是，理論分析顯示，為了達成對內的非經濟目標，租稅與補貼政策總是較關稅政策來得好。

例如，為達到一定的產量目標，國內租稅及補貼政策將較關稅

政策為佳。因為採行關稅政策的結果，生產及消費同時受到扭曲；採行租稅及補貼政策只扭曲了生產，消費並沒有受到扭曲。為達到一定的限制消費量目標，國內租稅及補貼政策將較關稅為佳。其關鍵同樣是關稅的課徵同時扭曲了生產及消費，而對產品的消費課徵租稅只扭曲了消費，生產並沒有受到扭曲。

追求對內非經濟目標的達成，國內的租稅及補貼政策優於關稅政策。但是，如果要追求對外非經濟目標的達成——如一定的自給自足率，則以關稅限制進、出口數量，是為最佳政策；如果要達到一定的就業或生產要素雇用的目標，則以對生產要素的雇用予以直接補貼或課稅，是為最佳政策。這種政策與目標（或消除扭曲）之間的關係，乃是本乎國際貿易比較利益的原則，即政策應該施用於其最具效力的地方，或針對目標而採取對其能夠發揮最大功效的政策。

以上的分析，完全是從經濟效能的觀點評斷，未涉及政府財稅收支的盈虧負荷問題，亦未涉及稅負在國內國外分擔的問題。但在現實的經濟社會裡，財政得失與能力仍為重要的決策因素，因之，經濟政策大多是次佳抉擇，很難會是純經濟的最佳解，這是要特別指出的。

摘 要

1. 關稅的課徵，對小國而言，福利水準下降；對大國而言，福利水準可能上升或下降，視貿易對手國有無採取報復措施、貿易條件改善或惡化而定；對世界而言，由於生產與消費同時受到扭曲，福利水準一定下降。

2. 對中間投入及最後產品課徵關稅與產品因關稅而受保護程度高低的相關分析，稱為關稅結構理論或有效保護理論。

3. 由於對產品及其生產所需之中間投入同時課徵關稅，而使課徵關稅對該產品的名目關稅稅率不等於其有效保護率。根據對產品及其生產所需之中間投入課徵關稅後引起之產品附加價值的變化，即可計算出該產品名目關稅背後所隱含的有效保護率的高低。

4. 最適關稅的課徵可以使國民所得達於最大，適度的關稅稅率可以使關稅收入達到最大，而關稅收入最大之關稅稅率高於最適關稅稅率。

5. 一國課徵禁止性關稅，使兩國之間的產品貿易完全停止，但若允許生產要素於兩國之間完全自由移動，則產品貿易縱然不存在，仍可得到與產品自由貿易下完全相同的結果，即產品價格與要素價格仍會趨於完全的均等，要素的自由移動具有取代產品自由貿易的功能。

6. 由於要素自由移動具有取代產品自由貿易的作用，因此一國若要有效改變其產品的價格結構及要素的報酬，必須同時限制產品的貿易與要素的移動。

7. 自由貿易使得一國出口品的價格上升，進口替代品的價格下跌，根據斯托帕—薩繆爾遜定理，這將導致所得分配有利於相對豐富的生產要素，而不利於相對稀少的生產要素。

8. 課徵關稅，若因而使得進口品的國內價格回升，出口品的價格回跌，根據斯托帕—薩繆爾遜定理，將可以達到保護進口替代產業及相對稀少生產要素的目的。

9. 課徵關稅，若關稅收入的支用導致進口品的國內相對價格不僅沒有上升反而下跌，將使進口替代產業及其密集使用的生產要素（即相對稀少的生產要素）並未因為關稅的課徵而受到保護，反而因為關稅的課徵而遭受不利的影響，此一現象稱之為梅支勒矛盾。

10. 當市場有任何扭曲存在時，採行改正策略的原則乃是針對扭曲之根源所在，採取對其最具效力的政策，直接消除扭曲，而非導入一種政策使扭曲仍然存在，或更加嚴重。

11.根據非經濟目標的性質，凡對外之非經濟目標以關稅政策追求之，對內之非經濟目標則以租稅與補貼政策追求之，如此，將使扭曲的程度減至最小，社會福利水準下降的程度減至最輕。

重要名詞

關稅結構理論　　　　　　有效保護理論

名目關稅稅率　　　　　　有效保護率

最適關稅稅率　　　　　　禁止性關稅稅率

拉佛爾曲線　　　　　　　正常區域

禁　　區　　　　　　　　梅支勒矛盾

非經濟目標

習題

1.關稅的課徵對個別國家及全世界經濟福利的影響各如何？

2.何謂有效保護理論？如何計算有效保護率？

3.關稅稅率、國民所得與關稅收入三者之間的關係如何？

4.何謂梅支勒矛盾？

5.試以要素價格均等化定理、斯托帕－薩繆爾遜定理及梅支勒矛盾說明自由貿易及限制貿易對產品價格及要素價格的影響。

6.何謂非經濟目標？為何追求達到一定的生產或消費目標，租稅與補貼政策優於關稅政策？

7.對於扭曲之改正與非經濟目標之追求，經濟政策的採行應遵循怎樣的原則？

第十章　非關稅貿易障礙

▶▶▶▶

非關稅貿易障礙是指關稅——尤其是進口關稅之外的貿易障礙，諸如進、出口配額，進、出口補貼，官方貿易獨佔，外匯管制，行政及檢疫的留難等均是，其中以配額為主。由於非關稅貿易障礙的效果有時較關稅貿易障礙更為直接、有效，且非關稅貿易障礙通常較不易為人們所察覺、重視，因而較不會招致報復，所以自從第二次世界大戰之後，非關稅貿易障礙的重要性與日俱增，在各國不斷舉行會議研商減讓關稅的同時，非關稅貿易障礙的採行卻日益增加，因而抵銷了關稅減讓的效果。是故，就整體而言，國際的貿易障礙並未見得減少。

根據婁勒對稱性定理，在長期比較靜態分析下，進口關稅與出口關稅的課徵具有相同的經濟後果。同樣地，對非關稅貿易障礙而言，進口補貼與出口補貼或進口配額與出口配額等措施，於長期比較靜態分析下，亦將產生相同的經濟後果，即婁勒對稱性定理仍然成立。由於配額為最主要的非關稅貿易障礙，故本章只就進口配額進行分析，並比較其與關稅貿易障礙的異同。

❖ 第一節　實施配額的原因與方式 ❖

除上述所提非關稅貿易障礙日漸盛行的原因外，主張實施配額者的主要論點為：

■ 改善國際收支與維護匯率

當一國試圖以關稅限制進口以改善國際收支而無以奏效時，採取進口配額可以收到使進口數量減少的立竿見影的效果。一國課徵

進口關稅，以圖提高進口品的國內價格而減少進口數量，但外國可能減價出售其出口品而抵銷本國課徵關稅的效果；在本國進口需求彈性或外國出口供給彈性等於零的情況下，課徵關稅對進口數量並沒有影響。在此情況下，只有訴諸於直接配額管制，才可以達到減少進口、改善國際收支、及穩定匯率的目的。

■ 給予政府更大的韌性與權力

配額不像關稅須經過立法的程序才能實施，行政部門視經濟情況的需要，可以隨時機動改變配額的數量，以達到所要追求的經濟目標。

一國決定實施配額之後，其實施的方式有以下幾種：

■ 公開性或全面性配額 (open or global quota)

即政府只規定每種產品於一段時間之內准許進口的數量，而不規定由何國進口，由誰進口。此種方式的配額將造成進口商於限定數量之前競相進口，而造成以下的缺失：

1.先進口者有利，後進口者不利。可能物品已在運送途中，但配額數量已滿，則進口商必須負擔將物品運回及毀約的損失。

2.耗費大量貯藏成本，從物品進口到銷售這一段時間可能很長，進口商因此必須支出大量的貯藏、管理及耗損的成本。

3.對大進口商比較有利，因為大進口商擁有較為完善的訊息、採購及融資系統，故可迅速進口配額的物品；再者，由不同的地區進口所需的運輸時間不同，亦會形成不公平的現象。

4.價格容易波動，爭相搶先進口與囤積惜售的心理相互作用的結果，將使得進口配額產品的價格波動不定，尤其是不易久存、易腐壞的物品，其價格更是容易波動。

■ 進口許可證 (import licenses)

即以公開競爭價格出售或以先到先獲得的方式取得進口許可

證，以進口一定數量的產品。進口許可證可能只規定進口數量，但亦可能同時規定進口地區。進口許可證如何分配與一國福利水準的高低有關，通常分配進口許可證有以下幾種方式：

1.競爭性的拍賣：即將進口許可證在市場上公開銷售、拍賣。理論上，進口許可證競爭性拍賣的最高價格為產品進口成本與其國內銷售所得的差額。在此情況下，進口許可證競爭性拍賣所得收入將與進口對等數量的關稅收入相同，且兩者的經濟後果亦將相同。競爭性的拍賣又可分為公開性的拍賣及議價兩種方式，前者競爭性較大、流弊較少，後者容易產生官商勾結、貪污的流弊。

2.固定的偏愛或徇私：即政府將進口許可證分配給限額前之進口商或特定的進口商，而不經任何的競爭、拍賣、議價或申請的程序。這種方式的進口許可證分配將使得到配額的進口商坐享其利，形成不公平的所得重分配，政府則喪失了關稅或拍賣進口許可證可得到的收入。

3.申請分配：即向政府提出申請以獲得進口許可證，有先到先獲得及根據生產能量大小分配投入要素進口許可證數額兩種方式。採行先到先獲得方式，將耗費進口商大量排隊等待的時間；根據生產能量分配，將造成廠商盲目地擴大生產能量，產生生產能量過剩，資源閒置、浪費的現象，兩種方式均造成社會實質資源的損失。除此之外，賄賂經辦人員以取得配額或較多的配額，造成官員操守的敗壞；政府為實施進口許可證的分配，必須增加行政人員來處理配額的申請，亦均構成社會實質資源的損失。

❖ 第二節　配額與關稅的比較 ❖

配額的實施與課徵關稅比較，有行政手續較麻煩、行政成本較大、容易形成不公平、走私、及關稅收入減少等缺點。姑且不論這

些缺失，若配額的結果造成國內獨佔或配額的分配缺乏效率，則對社會整體而言，配額的經濟後果不見得優於課徵關稅。以下，我們就配額與課徵進口關稅以限制達到同等進口量作相互比較，以分析其對等性及差異性之所在。

就配額與進口關稅的對等性而言，同課徵關稅一樣，小國實施進口配額，無法影響產品的國際價格，所以貿易條件不變，但進口品的國內價格上升；大國實施進口配額，將使進口品的國際價格下降，所以貿易條件改善，但進口品的國內價格仍然上升。

就配額與進口關稅的差異性而言，配額與進口關稅的主要差異在於配額可能使一國潛在的獨佔者成為實際的獨佔者，而關稅則否。以小國為例，小國課徵關稅後，仍然是國際價格的接受者，國際的價格機能對小國的國內價格仍然有相當的影響力，故國內生產者的獨佔力量無法形成。但若小國實施配額，而國內只有一位生產者生產進口替代品，則獨佔力量可以形成。當配額的實施導致國內生產者獨佔時，一國社會福利的損失總是較對等的關稅課徵來得大。即使本國實施進口配額並沒有導致本國潛在獨佔者成為實際的獨佔者，但可能導致外國出口商實行自動出口設限 (voluntary export restraint, VER)，形成外國出口商的獨佔或聯合獨佔，而同樣使本國遭受不利的影響。例如，美國對我國的紡織品實施進口設限，我國紡織業者因此協商自動減少出口數量，而形成一種聯合獨佔。準此，關稅為優於配額的限制貿易政策工具。除此之外，配額與關稅比較尚有以下幾點可能不同的經濟後果：

1.除非將配額以進口許可證方式公開出售，否則，政府將無法如課徵進口關稅般地得到收入。與進口關稅對等的收入，在實施配額下可能歸於：

(1)本國進口商。若本國進口商形成獨佔組織，而外國出口商完

全競爭，且進口許可證是免費的，則所有的配額利得全歸本國進口商。

(2)本國政府。外國出口商完全競爭，而本國政府對進口許可證實施公開性的競爭銷售。

(3)本國消費者。若本國為小國，實施配額後，政府管制進口品的國內價格，不准其上漲。

(4)政府官員。外國出口商為完全競爭，而本國進口商賄賂官員以取得進口許可證。

(5)外國出口商。若外國出口商形成獨佔組織，而本國進口商完全競爭，則所有的關稅對等收入全歸外國出口商所得。

(6)外國政府。若本國進口商完全競爭，而外國政府課徵對等的出口關稅，則其可得到全部的收入。

　2.進口配額較進口關稅的效果確定。因為關稅的經濟後果與本國進口需求及外國出口供給兩種彈性的大小有密切的關係，而彈性的大小並不易估測，所以關稅的經濟後果無法事先預測。如圖 10–1，在本國進口需求完全缺乏彈性下，課徵 EF 數量的從量進口關稅，徒然使本國進口品的國內價格由自由貿易的 OP_f 上漲至 OP_t，關稅完全由本國消費者負擔，進口維持於 $\overline{OM}$ 數量，完全不變。圖 10–2，在外國出口供給完全缺乏彈性下，課徵 EF 數量的從量進口關稅，使本國進口品的進口價格由自由貿易的 OP_f 下降至 OP_t，關稅完全由外國出口商負擔，進口仍然維持於 $\overline{OM}$ 數量，完全不變。是故，在此兩種情況下，唯有採取配額措施才能改變進口數量。

　3.若對中間投入的進口實施配額，則生產成本提高，利潤減少；若對中間投入的進口課徵關稅，於其投入生產的成品出口時，通常會再退稅，對利潤並無影響。

　4.就受限之產品的貿易而言，關稅只是使市場價格機能扭曲，

但市場價格機能仍然存在、運行，而使國外市場與國內市場仍然相聯繫；配額則使市場價格機能完全停頓，而使國內市場與國外市場分離。尤其是在對不同國家採取不同配額限制的差別配額下，配額對國際市場價格機能的損害較關稅尤大。再者，若以人為的方式取代市場價格機能來分配配額，除了無法實現公平與效率外，更容易造成官員操守與社會風氣的敗壞，社會必須為配額的實施付出實質資源損失的代價。

5.配額的實施在行政上較關稅具有更大的韌性，易於實行，亦易於取消。且貿易對手國通常認為配額只是一種暫時的權宜措施而不是一種長期的貿易障礙，故配額的採行較不會招致報復。

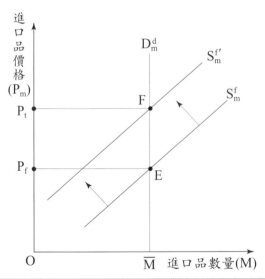

圖 10-1　本國進口需求完全缺乏彈性下，課徵進口關稅的影響

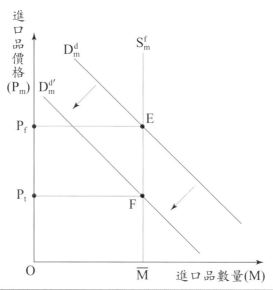

進口品價格 (P_m)

D_m^d　S_m^f

$D_m^{d'}$

P_f　　　　E

P_t　　　　F

O　　　　$\overline{M}$　進口品數量(M)

圖 10-2　外國出口供給完全缺乏彈性下，課徵進口關稅的影響

6.在避免外國經濟衰退傳遞到本國而言，配額是較關稅為更快速、有效的措施。外國經濟衰退，會設法增加出口──即向本國傾銷，因而造成本國經濟隨之衰退。有鑒於此，若以關稅政策對付之，須經費時甚長的立法程序，且效果不確定，唯有採行配額限制，才能及時有效地防止外國不利經濟情勢的傳遞。在此情況下，以配額維持本國經濟穩定的利得可能較其致使市場價格機能停頓的損失為大。

7.因為關稅的課徵無法確實有效減少進口數量，故配額通常被認為較關稅能夠有效改善國際收支。但是，如同關稅一樣，即使配額使進口減少，亦無法確保國際收支一定獲得改善。因為在實施配額、進口減少之後，若國內發生需求移轉，而使本國對出口品需求的增加大於對進口品需求的減少，則國際收支反而惡化而無法獲得改善。

❖ 第三節　出口關稅與出口補貼 ❖

至此，我們已經對關稅貿易障礙的進口關稅及非關稅貿易障礙的配額，作了詳細的討論，現在我們再分析另兩種比較特殊的貿易障礙：出口關稅與出口補貼。

當一個國家發覺其某種產品的國內供給短缺，通貨膨脹壓力增加；或某種出口品的生產具有外部不經濟，而肇致其社會成本大於社會受益；或發覺其某種無法再生的資源逐漸耗竭時，可能對這些產品或資源的出口課徵關稅，以減少其出口。現以部分均衡分析小國課徵出口關稅的經濟後果。圖 10–3，S_x 及 D_x 分別代表小國國內出口品的供給與需求。自由貿易下，出口品的國際價格為 OP_i 時，出口 EH=AJ 的數量。現小國課徵 P_iP_d 的從量出口關稅，則出口品的國際價格仍為 OP_i，但出口商的實際單位收入卻只得到 OP_d，出口數量由 EH 減為 FG=CK。

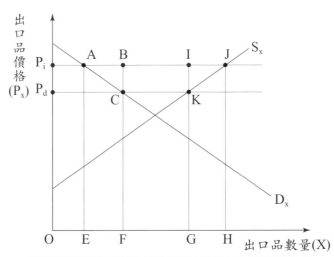

圖 10–3　小國課徵出口關稅的部分均衡分析

　　根據圖 10–3，課徵出口關稅的結果，小國出口品的生產由 OH 減少至 OG，生產者剩餘損失 $\square P_d P_i JK$，其中 $\square P_d P_i AC$ 為消費者所得到──即消費者剩餘的增加，$\square CBIK$ 為政府的出口關稅收入，$\triangle ABC$ 及 $\triangle JIK$ 為課徵出口關稅所引起的社會福利的淨損失。

　　根據一般均衡分析，同進口關稅一樣，在大國的情況下，亦有能使大國福利水準達於最大的最適出口關稅存在。但是，各國法律通常都禁止政府對出口品課徵出口關稅──如美國，故通常使用出口配額來限制出口的數量。不過，也有課徵出口關稅的實例，如中南美洲國家於農產品大豐收之際，為維持農產品的出口價格，便曾對農產品的出口課徵關稅，以減少出口數量，維持其農產品國際價格的穩定。

　　與出口關稅相反的為出口補貼。事實上，各國為增強其出口品的國際競爭能力，對其出口品通常是補貼而鮮有課稅的。但是，補貼出口品的結果，造成國際市場上產品的不公平競爭，而有傾銷的情事發生，因此世界貿易組織 (WTO) 禁止會員國採取出口補貼政策，並允許會員國對採取出口補貼的貿易對手國課徵進口平衡稅或反傾銷關稅。事實上，出口補貼有各種不同的方式，如直接補貼、低利貸款、租稅減讓，及政府的保險、船運、廣告促銷等。因此，有無出口補貼的認定，往往成為各國限制貿易與關稅談判爭論之所在。

　　出口補貼的實施將使世界貿易量過多，肇致世界資源的浪費，而使世界福利水準下降。如果進口國課徵進口平衡稅，將可提高世界的福利水準，但會發生實施出口補貼的國家移轉所得給課徵進口平衡稅的國家及課徵進口平衡稅的國家進口減少等經濟後果。

❖ 第四節　環保要求與關稅稅率配額 ❖

環保要求與關稅稅率配額在烏拉圭回合談判之後，成為國際間主要的非關稅貿易障礙措施，故在本節特予以較為詳盡的介紹。

● 一、環保與國際貿易

環境標準 (environmental standards) 乃一國對於空氣、水、噪音、垃圾處理等污染所允許的標準，各國不同的環境標準將對國際貿易產生影響。如果「環境」被用來作為財貨生產或消費過程中所產生之廢棄物的一種方便、廉價的傾倒場所，勢必導致環境污染，如果貿易財無法充分反映社會環境成本，環境污染將導致嚴重的國際貿易問題。環保標準較低的國家事實上將環境視為一種豐富的要素稟賦，或一種便宜的生產要素，而致其對污染密集 (pollution-intensive) 產品的生產具有成本的比較優勢。因此，各國環境管制 (environmental regulation) 標準（寬嚴）的不同將扭曲國際貿易型態，而使環保標準較高的國家有理由採行環境政策來減輕或抵銷環保標準較低之國家的生產成本優勢。

有人認為環保與貿易不僅互補，甚至可能互蒙其利。因為嚴格的環保標準能夠激勵比較利益的創造與提升，它將迫使廠商改善品質，提升技術。先進國家對於環保政策通常採污染者付費原則 (polluter-pays principle)，即污染防治與控制措施成本應納入產品的價格中，這種方法目的在於給予生產者誘因，以發展更有效率之污染控制的技術與生產過程。但是，採行嚴格環保管制之國家的生產成本將提高，而削弱其產品的國際競爭力。在這種情況下，政府可能給予國內生產者補貼以抵銷嚴格環境管制所導致的生產成本劣勢，但補貼必須以較高的租稅來融通，這可能也與國家利益不符。因此，

各國的另一種可能作法為對污染產業的進口品課以關稅或國內稅，以消除各國環境管制標準不同所導致的生產成本差異，但這樣的政策可能導致外國的關稅報復。

　　污染密集產業一般多屬於勞力或自然資源密集產業，而這往往是開發中國家的主要產業，開發中國家因此被認為較先進國家有更為嚴重的環境污染問題。但是，隨著經濟發展程度的提高，產業結構轉向低或無污染產業，人們要求更為良好的生態環境，環境污染的問題通常是會逐漸減輕的。事實上，各國的社會偏好與環境目標不同，採行嚴格一致的國際環保標準並非最適的，只要一國的經濟能夠持續成長，其將逐漸關心永續發展的問題，而將自動採行更有利於環保的經濟發展策略。但是，隨著地球村觀念的興起與對抗環境因素可能引起的不公平競爭，將環保政策與國際貿易相結合已成為一種國際趨勢，世界貿易組織 (World Trade Organization, WTO) 在「例外條款」中也提到，任何締約方都可以採取「為保障人類、動植物的生命或健康所必需的措施」。

　　1995 年 1 月世界貿易組織 (WTO) 成立後，國際間因關稅問題產生的摩擦將愈來愈少，取而代之的將是環保問題所造成的非關稅性貿易障礙。由蒙特婁公約限制氟氯碳化物 (CFC) 的使用量，以及近年來國際經貿情勢發展狀況來看，未來國際貿易的糾紛，環保將是主要問題之一。聯合國也將推行國際環保標準製程 ISO–14000，對不符合環保總品質標準的產品予以輸出入限制，而國際氣候公約的實施，聯合國可能以貿易制裁為手段，對各國二氧化碳排放總量做嚴格的限制❶。

---

❶ 聯合國在 1992 年通過「氣候變化綱要公約」，要求各國防止溫室效應擴大；隨後在 1997 年 12 月於日本京都召開的第三次簽約國會議通過「京都議定書」，要求 38 個已開發國家在 2008 至 2012 年間將溫室氣體排

　　過去國際貿易對環保產品的定義，是針對產品在食用與使用的安全性，而近年來，環保產品的定義，不但針對產品使用的安全性，連產品生產過程對環境、生態（包括動植物保護）、員工的安全健康、以及對資源的利用，都在評估的標準之列。

　　以國際環保製程標準 ISO–14000 為例，聯合國從 1990 年起，即由其工業發展組織 (UNIDO) 與環境規劃署 (UNEP) 積極推動 ISO–14000 的製程，而各國財長會議並已明確決定將支持 20 個開發中國家成立國家清潔生產中心，輔導各種產品製程符合 ISO–14000 的標準，此項國際性環保共識一旦付諸實施，對不符合標準的產品，將予以抵制。

● 二、關稅稅率配額

　　根據 WTO「數量限制之普遍消除」的規定，除課徵關稅、內地稅、或其他規費外，任一締約國不得藉由制定或維持配額、輸出入許可證、或其他措施，來禁止或限制其他締約國任一產品之輸出入。關稅稅率配額制度並未禁止產品輸入或限制產品輸入數量，其應屬 WTO 所容許之「課徵關稅」範圍，故只要關稅稅率配額在執行上符合 WTO 相關規定則為合法措施。

　　關稅稅率配額雖係屬 WTO 所容許課徵關稅的範圍，惟其係屬對國內產業之保護措施，對市場競爭具有扭曲效果，故關稅稅率配額制度被歸類為非關稅措施之一，其通常被視為貿易自由化過渡期間的一種措施，使原先的數量配額限制措施，能夠以順利漸進的方

　　放量減至 1990 年的水準，且平均再減 5.2%，違反者可能遭到貿易報復。在俄羅斯國會正式批准「京都議定書」後，這項延宕紛爭多時的國際環保公約終於在 127 個國家的批准下，從 2004 年 1 月正式生效。各國為因應「京都議定書」，發展「綠色產業」已成為一種趨勢。

式予以關稅化。

　　基本上，關稅稅率配額制度係利用複式關稅稅率作為對某一特定商品所採之一種貿易保護手段，通常此一制度常視產業結構的需要，以行政命令手段藉關稅稅率之提高遏止該項產品進入本國市場，以避免對本國相關產業造成傷害。此種貿易障礙的主要功能，在於調整國內生產者與消費者雙方之間的利害關係，亦即事先訂定一數量，對於設定數量範圍內的進口貨品，完全免稅或採用低關稅稅率，以謀取消費者的利益，對於超過該數量的進口貨品則採用高關稅稅率以保護生產者。

　　關稅稅率配額本質上是非關稅措施的一種，非關稅措施在 1970 年代新保護主義興起後，更為普遍被採行，多數為一國政府以行政命令、貿易法令、及實務所造成之多樣化限制貿易措施，由於直接干預到貿易活動，特別是在限制進口上，因此被視為是一種貿易障礙。自 GATT 的東京回合談判後，凡是不屬於關稅性質而有阻礙或禁止貿易正常流通效果的措施，皆可稱為非關稅措施，但事實上並非所有非關稅措施都必然構成貿易障礙。

　　與關稅稅率配額很類似的一種限制貿易措施為季節性關稅，它是對同一產品在不同進口時期適用高低不同的關稅稅率，此種關稅措施通常用於生產具季節性的農產品，為避免某一特定的產品在國外生產旺季時大量輸入國內而課以較高之關稅。但是，關稅稅率配額制度所涵蓋之產品範圍則較無限制，農、工、礦等產品皆為目前各國實施此項制度所涵蓋，惟仍以農產品為主。

1. 主張實施非關稅貿易障礙者認為配額具有更為直接、有效、較不會招致報復、可以有效改善國際收支與維護匯率、及給予政府更大的韌性與權力等優點。

2. 配額實施的方式有公開性或全面性配額及進口許可證兩種，進口許可證又有競爭性拍賣、固定的偏愛或徇私、及申請分配等幾種分配方式。

3. 配額與關稅比較，兩者同樣有使進口品的國內價格上升及進口數量減少的對等性存在，但配額可能使一國潛在的獨佔者成為實際的獨佔者與外國出口商因而實行自願性的出口限制，這是兩者主要的差異之所在。

4. 與關稅比較，配額可能導致國內獨佔或外國出口獨佔，故其所肇致的社會福利損失較對等的關稅課徵為大，準此，關稅為優於配額的限制貿易政策工具。但是，基於進口配額較進口關稅的效果確定、行政上的韌性、國際收支的改善、及避免外國經濟波動的傳遞等因素考慮，配額倒時常成為權宜性的限制貿易的政策工具。

5. 出口關稅的課徵將使出口商的收入減少、出口品的生產與出口的數量減少，社會福利水準因而下降；出口補貼的實施將使世界貿易量過多，肇致世界資源的浪費，而使世界福利水準下降，如果進口國課徵進口平衡稅，將可提高世界的福利水準，但會發生實施出口補貼的國家移轉所得給課徵進口平衡稅的國家及課徵進口平衡稅的國家進口減少等經濟後果。

6. 環保問題將成為未來國際間主要的非關稅性貿易障礙；關稅稅率配額亦是一種非關稅貿易障礙措施，其通常被視為貿易自由化過渡期間的措施，使原先之數量配額限制措施，能夠以順利漸進的方式予以關稅化。

重要名詞

非關稅貿易障礙　　　　　　公開性配額

進口許可證　　　　　　　　自動出口設限

出口補貼　　　　　　　　　進口平衡稅

環境標準　　　　　　　　　關稅稅率配額

習　題

1. 實施配額的原因為何？方式有那些？

2. 試述配額與進口關稅的對等性。

3. 試述配額與進口關稅的差異性。

4. 配額的實施與關稅的課徵可能產生那些不同的經濟後果？

5. 試以圖形剖示小國課徵出口關稅的部分均衡分析。

6. 試分析實施出口補貼與課徵進口平衡稅的經濟後果。

第十一章　貿易政策與貿易自由化

　　自由貿易能使世界及各國的資源派用效率提高、產出增加、消費增加、社會福利水準提高的事實是無庸置疑的。但是，事實上各國由於經濟及非經濟因素的考慮，往往採行各種的關稅及非關稅的貿易政策來妨礙國際貿易的進行。因此，全世界及各國並無法完全獲得理論上可能享有的最大國際貿易利得，貿易障礙成為事實的常態，自由貿易反而成為理論上的理想。雖然各國不斷採行各式各樣的貿易障礙，但自由貿易的理想仍然深植於大家的心目中，推動各國朝向貿易自由化目標的努力一直未曾中斷。本章即在於簡要介紹各國朝向貿易自由化所作的一些重大的努力與成就。

❖ 第一節　國際貿易的歷史回顧與演變 ❖

　　約自西元 1500 至 1750 年的 250 年期間，為重商主義思想盛行的時期。重商主義者視貴重金屬為國家財富與國力的象徵，因此各國莫不設法盡量增加出口，減少進口，以產生貿易順差，累積貴重金屬。在此情況下，歐洲各國的君主便利用其君權來限制貿易，希望經由對外貿易的順差來鞏固君權，擴張國勢。是故，重商主義可說是限制貿易思想的起源。到了 18 世紀中期開始，歐洲個人主義興起，自由思想盛行，表現在經濟上的便是亞當史密斯開始的古典學派的自由經濟思想。於此同時，英國產業革命成功，生產力大增，經濟開始快速工業化，再加上海上運輸的蓬勃發展，新領地的不斷發現，以英國為重心的古典學派經濟學者適時力主對內與對外自由

貿易的可貴與利得，重商主義漸遭摒棄，取而代之的為自由放任、完全競爭的自由貿易思想，終於造成國際貿易的快速擴展。但是，這種自由貿易的黃金時期相當的短暫，當美國獨立與德國成為統一的國家之後，為發展國內工業而提出保護幼稚工業的口號，美國的漢彌爾頓 (A. Hamilton) 與德國的李士特 (F. List) 便是倡導限制自由貿易、保護本國幼稚工業發展的代表。是故，到了 19 世紀中期之後，自由貿易的思潮為國家主義所取代，各國紛紛築起貿易障礙壁壘，防衛本國市場，保護本國產業的發展，國際貿易的擴展因而緩慢下來。

到了 20 世紀初期，由於歐洲各國擴充軍備與推展殖民地貿易，國際貿易又開始快速成長，但旋即於 1914 年爆發第一次世界大戰，國際貿易因而停頓。戰後，由於面臨歐洲各國經濟受到戰爭的破壞、英國幣值高估引起國際收支持續逆差、德國必須支付大量賠款、及採行浮動匯率制度引起匯率不穩定等不利因素，國際貿易因此無法開展，大部分的國家均築起關稅壁壘，進行戰後復員與重建的工作。1929 年秋天，世界經濟大蕭條 (Great Depression) 爆發，整個 1930 年代全世界的經濟陷於嚴重蕭條的境界，再加上美國於 1930 年通過斯莫特─哈萊關稅法案 (Smoot-Hawley Tariff Act)，對進口品課徵平均高達 53% 的進口關稅，而招致外國的報復。因此，整個 1930 年代全世界國際貿易的成長率相當的低，美國佔全世界貿易量的比例也告下降。

為了挽救世界經濟大蕭條，並刺激國際貿易的成長，美國遂改變其保護主義的態度而轉趨自由貿易，因而在 1934 年美國國會通過互惠貿易協定法案 (Reciprocal Trade Agreements Act)。此一法案將關稅課徵權由政治氣氛濃厚的國會移轉到總統的手中，並授權總統與外國協商降低關稅，降低的幅度可達斯莫特─哈萊法案所訂稅率的 50%。自此而後，美國即根據互惠貿易協定法案推展貿易自由化的進

行。互惠貿易協定法案是建立在兩個重要的原則之上：(1)任何的關稅減讓是雙邊互惠的，因此導致兩國只就雙邊較為重要的貿易商品談判關稅減讓；(2)為了避免行政手續的麻煩以及每一種進口品存在不同稅率的困擾，任何兩國所達成的關稅減讓應擴展到適用於她們所有的貿易對手國（夥伴），此一原則遂被稱之為最惠國原則 (most-favored-nation principle)。為避免誤解並使名實相符，美國乃於 1999 年將最惠國原則改名為正常貿易關係 (normal trade relations)。

根據互惠貿易協定法案及其最惠國原則，至 1940 年，美國先後與 20 個國家達成雙邊的關稅減讓協議，至 1947 年，美國的平均關稅稅率只及 1934 年的二分之一。根據互惠貿易協定法案推動貿易自由化的結果，雖然有了重大的成就，但也逐漸顯示出此一法案的缺失。因為美國與其貿易對手國根據雙邊關稅減讓及最惠國原則進行關稅談判的結果，使得許多其他的第三國坐享關稅減讓之利，而這些國家本身並沒有對她們自己的關稅作任何的減讓，因而導致美國與其貿易對手國將關稅減讓談判限於兩國雙邊貿易特別重要的幾項產品之上，而使根據最惠國原則獲得關稅減讓談判之利的其他國家減至最少。此種依據互惠貿易協定法案進行雙邊關稅減讓談判所產生的困境，終因多邊關稅減讓談判的推展而獲得解決。

第二次世界大戰爆發之後，世界經濟關係陷於混亂，國際分工與貿易大都陷於停頓，鑒於第一次世界大戰後國際經濟不景氣的歷史教訓，早在戰爭結束之前，美國及其他重要的貿易國家即著手籌組不同的國際機構，以利於處理戰後國際的貨幣、金融、投資、及貿易等問題，因而在戰後有國際貨幣基金 (International Monetary Fund, IMF)、國際貿易組織 (International Trade Organization, ITO)、及國際復興暨開發銀行 (International Bank for Reconstruction and Development, IBRD)——即世界銀行 (World Bank) 等三大國際合作

機構的籌組。其中國際貿易組織為 1947 至 1948 年在古巴首都哈瓦那所召開的貿易暨就業國際會議中所創設，其功能在增進國際貿易、解決貿易糾紛、協調貿易政策、及促進貿易自由化。但是，由於此一組織所含蓋的範圍過於廣泛，因而沒有得到美國國會及其他國家的一致贊同，經過各國再度協商的結果，終於成立另一推動國際貿易自由化的國際組織，稱之為關稅暨貿易總協定 (GATT)。

根據 GATT，各國舉行過多次的多邊貿易談判，其中以 1964 至 1967 年在日內瓦舉行的「甘迺迪回合」(Kennedy Round) 及 1973 至 1979 年在東京進行的「東京回合」(Tokyo Round) 最為著名，其成就也最大❶。在 GATT 下，已開發國家主要針對彼此之間重要的工業產品的貿易進行關稅減讓談判，因此以出口初級工業產品與農礦產品為主的開發中國家並無法享有 GATT 下多邊關稅減讓談判的好處，於是導致開發中國家的不滿與抗議。因之，為維持 GATT 的繼續存在，針對開發中國家貿易的特性與需要，終在 1964 年於日內瓦 (Geneva) 召開聯合國貿易暨發展會議 (United Nations Conference on Trade and Development, UNCTAD)，而達成了針對開發中國家的要求所作的優惠關稅安排，稱之為優惠一般化制度 (Generalized System of Preference, GSP)。自此而後，與開發中國家有關的貿易談判在 UNCTAD 下進行，而一般的多邊貿易談判仍在 GATT 下進行。

在各國致力於消除貿易障礙、推動貿易自由化的努力之後，尤其重要的是，自第二次世界大戰以來，世界各國──尤其是先進工

---

❶ 甘迺迪回合乃因美國總統甘迺迪 (J. F. Kennedy) 推動此一談判而得名。東京回合乃美國總統尼克森 (R. Nixon) 推動，故本名尼克森回合 (Nixon Round)，但後來尼克森因水門案去職，而改以 1974 年各國貿易部長會議的地點──東京──命名。甘迺迪回合與東京回合實際談判的地點均在 GATT 的總部──日內瓦──舉行。

業國家的經濟快速成長，因此造成自 1950 年代開始，國際貿易呈現空前快速的擴張。同時由於交通運輸與資訊傳播事業的快速發展，導致各國經濟關係的密切結合，再加上美國的經濟力量在全世界居於主導地位，因此，自第二次世界大戰之後，全世界的貿易便與美國的經濟情況及對外貿易的盈虧，呈現著高度相關的關係。

　　1960 年代開始的持續、巨額國際收支逆差與 1970 年代的經濟不景氣，導致 1970 年代美國新的保護主義抬頭。美國國會雖然沒有通過極具保護色彩的柏基一哈特基議案 (Burke-Hartke Bill)，但 1984 年通過的貿易與關稅法案 (Trade and Tariff Act) 與 1988 年 8 月 23 日經雷根 (R. Reagan) 總統簽署，正式成為美國法律的 1988 年綜合貿易與競爭力法案 (Omnibus Trade and Competitiveness Act of 1988) 卻有濃厚的保護色彩，保護主義的議案近年來也不斷的增加。這使得全世界籠罩在保護主義隨時可能盛行的不安之中。

　　由於戰後經濟思潮轉變，各國趨向於將對內經濟穩定置於維持對外國際收支平衡之上，致使國際貿易的趨向隨國際經濟榮枯的循環而變動，即當國際經濟繁榮時，國際貿易障礙減低，各國傾向於貿易自由化；國際經濟衰退時，國際貿易障礙增加，各國傾向於保護主義。在此情況下，各國將對外貿易視之為調節國內經濟的一種策略，國際貿易的變化自然與國際及各國的經濟情況產生密不可分的關係。

❖ 第二節　關稅暨貿易總協定的成果與困境 ❖

◉ 一、基本原則

　　關稅暨貿易總協定 (GATT) 是聯合國於 1947 至 1948 年間在哈瓦那 (Havana) 召開貿易暨就業會議時籌設成立的，其總部設於瑞士

的日內瓦。GATT 為國際間的一種協定 (agreement) 而非一種組織 (organization)，其範圍與目標較當初擬成立的國際貿易組織 (ITO) 為小，參與的主體為獨立關稅領域的政府，稱為締約成員 (contracting party)，而不稱為會員國 (member)。

GATT 主要的活動為推動國際間多邊關稅減讓、非關稅貿易障礙減消、數量限制消除、及貿易糾紛的協調。GATT 各項條款所依據的為以下的四個基本原則：

■ 無歧視原則

又稱最惠國原則，這是 GATT 的基石。凡 GATT 的締約成員必須接受最惠國條款，即 GATT 締約成員的貿易政策（或關稅減讓）應公平普遍地施用於所有的 GATT 的締約成員，而不可以對任何單獨的國家有不同的差別待遇存在，亦即最惠國條款原則上排除締約成員間貿易政策有任何差別優惠待遇存在，但關稅同盟、自由貿易區等區域經濟合作組織的內部優惠待遇則不在此限。

任何的貿易政策歧視存在，其後果將是：(1)導致國際資源派用的扭曲，而使資源派用效率與世界福利水準下降；(2)遭受歧視的國家將會採取報復，而導致全面性貿易障礙的提高。是故，消除貿易政策歧視是達到全面降低關稅，促進貿易自由化的首要步驟。根據無歧視原則，GATT 締約成員採行複式關稅制度 (multiple tariff system) 而非單一關稅制度 (unified tariff system)，即締約成員之間依據最惠國條款，彼此相互採用優惠稅率，而對非締約成員則採用較高的一般稅率（又稱基本或國定稅率）。

■ 唯關稅保護原則

締約成員保護其國內工業只限於使用關稅貿易政策工具，而不得以配額或其他直接管制為之。但是，有兩個重要的例外情形：(1)准許以配額保護本國農業，(2)准許以非關稅手段——如配額、補貼、

外匯管制解決國際收支困境。

■ 諮商原則

締約成員應在 GATT 所安排的架構下，進行多邊的關稅減讓談判與貿易糾紛的協調，以使貿易障礙所肇致的損失減至最小。

■ 國民待遇原則 (national treatment)

GATT 締約成員在國內市場對進口品及本國（進口替代）產品必須給予相同的待遇，任何適用於進口品的限制必須同樣適用於本國的產品。

根據這些基本原則，GATT 的締約成員於戰後便開始進行多邊的關稅減讓談判。

● 二、多邊關稅減讓談判

1947 年 GATT 成立之後，隨即在日內瓦舉行第一回合的多邊關稅減讓談判，並獲致重大關稅減讓的成就。例如，美國有 54% 的進口品降低關稅，減讓的幅度平均達 21% 以上。隨即在 1949、1950、1955 及 1962 年又舉行四個回合的多邊關稅減讓談判會議，但這四次談判的成效並不彰，僅導致小幅度的關稅減讓。不過，由於關稅減讓談判不斷地進行，使得全世界成千成萬項目的貿易產品的關稅稅率陸續降低或不再提高，再加上通貨膨脹因素，遂使美國關稅平均稅率由 1934 年的 46.7% 降低至 1962 年的 12% 左右。

1947 年之後的四次關稅減讓談判，其成效不彰乃是因為：(1)經 1947 年的關稅減讓之後，各國的關稅已經降低至正常的水準，進口替代業者反對政府進一步的減讓關稅，政府也希望維持其當時現行的關稅水準，以作為進一步關稅談判的籌碼。(2)一國的關稅降至某一低水準之後，將使外國進一步要求降低關稅的誘因降低。再者，1957 年羅馬條約成立歐洲共同市場之後，其締約成員也不願意降低

對外的共同關稅。⑶ 1950 年代美國國會重新修訂 1934 年的互惠貿易協定法案，使得總統無法輕易與外國進行重大的關稅減讓談判。

　　1950 年代美國保護主義再度抬頭，因而導致美國國會修改 1934 年的互惠貿易協定法案，其重點為增列特定與一般的保護條款。特定的保護條款主要為保護特定的產業——如農業，因此有所謂的國家安全條款 (national security clause)，指出當進口替代產業的發展為國家的安全所必需時，政府不僅不可減讓關稅，甚至可以撤銷已經減讓的關稅。一般的保護條款主要為保護國內所有受到進口競爭傷害的產業，其主要包括危險點規定 (peril point provisions)——禁止總統將關稅稅率減讓至嚴重傷害國內產業的程度；免除條款 (escape clause)〔又稱防衛但書 (safeguard provisions)〕——當關稅減讓談判確定後，國內產業可以向關稅委員會 (Tariff Commission)（即現在的國際貿易委員會）訴願，申述其受到進口競爭的傷害而請求救濟。當關稅委員會確定國內產業遭受進口競爭的嚴重傷害後，可以建議總統再度提高關稅。危險點規定與免除條款所指的傷害，均是指國外進口品在國內市場佔有率的提高，這種標準往往導致對產業是否受到傷害的認定的爭論。但是，無論如何，危險點規定與免除條款削弱了總統減讓關稅的權力，使得關稅無法大幅減讓，貿易自由化的推展因此受到阻礙。

　　為避免歐洲共同市場的成立導致工業化國家分裂成不同的貿易集團與 1950 年代修訂互惠貿易協定法案所導致貿易政策的偏差，美國總統甘迺迪遂於 1962 年向國會提出貿易擴張法案 (Trade Expansion Act) 並獲得通過。此一法案具有以下幾個重要的特點：⑴美國總統有權對所有的產品減讓 50% 的關稅；⑵關稅減讓談判以全面性的方式 (across-the-board approach) 而不再是依逐項產品的方式 (commodity-by-commodity approach) 進行；⑶對於進口競爭傷害重新

定義，以使關稅委員會無法輕易認定產業受到傷害；⑷即使關稅委員會認定某一產業受到進口競爭的傷害，總統並不一定要給予關稅保護；⑸採行貿易調整協助 (trade adjustment assistance)，對於受到進口競爭傷害的產業及其從業人員，給予低利貸款、租稅減免、技術協助或再訓練等協助，使其生產力提高或移轉至其他部門生產，而不援用免除條款提高關稅，使進口替代產業免於受到進口競爭。

　　根據 1962 年的貿易擴張法案，美國與其他工業國家從 1964 年開始進行全面性的多邊關稅減讓談判，至 1967 年始完成，關稅減讓的幅度平均達 1962 年關稅的 35%，此即所謂的「甘迺迪回合」談判，是 GATT 成立以來關稅減讓談判成就最大的。「甘迺迪回合」所達成的關稅減讓幅度雖較貿易擴張法案所允許的 50% 為小，但世界工業產品的關稅水準因而大幅下降，貿易自由化的程度提高，從而擴大世界貿易數量與範圍，對於增進國際資源派用效率，提高世界所得水準，其成效確實空前。

　　美國於 1974 年制訂貿易改革法案 (Trade Reform Act) 取代 1962 年的貿易擴張法案。此一法案授權總統減讓關稅達「甘迺迪回合」後關稅稅率的 60%，對於 5% 及其以下的關稅可以完全免除，並授權總統進行非關稅貿易障礙的減讓談判。根據貿易改革法案，在 GATT 的架構下，締約成員於 1973 年開始進行在東京開幕而實際於日內瓦舉行的「東京回合」多邊貿易談判，以接續「甘迺迪回合」談判。至 1979 年 12 月，由於大部分的開發中國家認為 GATT 的最惠國關稅減讓，將會損及她們根據 GSP 所爭取到的片面優惠關稅待遇的利得，因此所有的開發中國家均拒絕在「東京回合」談判的協定上簽字。因之，原來參加談判的 99 個國家中只有 41 個國家簽定關稅減讓及削除非關稅貿易障礙的協定。在關稅減讓方面，締約成員同意簽訂協議，以過去 8 年的關稅為基準，從 1980 年 1 月開始，工業產

品削減大約 34% 的關稅。在非關稅貿易障礙的消除方面，主要集中於以下幾項：

■ 技術貿易障礙協定

一般又稱規格標準法規 (Standards Code)，締約成員不應利用工業生產的規格標準作為限制貿易的障礙，對於進口品與國內產品應一視同仁，尤其應該協助開發中國家建立起工業產品生產的規格與技術標準。

■ 政府採購協定

各國政府應公開、沒有歧視地執行採購政策，以使外國廠商能與國內廠商機會均等地參與政府採購的投標競爭。

■ 補貼與平衡稅法規

締約成員可以補貼政策促進其國內產業的發展，但是，如果一國對其出口品實施補貼而使其他國家的產業遭受進口競爭的不利傷害時，遭受對手國出口補貼傷害的國家可以課徵進口平衡稅。

■ 進口許可程序協定

又稱許可核發法規 (Licensing Code)，締約成員政府對於進口許可的核准應該簡化、迅速、公平，而不應因為進口對象的不同而有任何的留難、限制。

■ 海關估價法規

締約成員應根據離岸價格 (free on board, FOB) 或到岸價格 (cost, insurance and freight, CIF) 對進口品估價、課稅，而不應採用使進口品價格偏高的方式估價。

「東京回合」多邊貿易談判的成果較「甘迺迪回合」為大，但各工業國家對於面臨進口競爭壓力日漸增加的產品，仍可以暫時保護這些產業為由而拒絕大幅減讓關稅。這些產業往往是已開發國家生產力日漸低落，但是開發中國家作為出口導向成長的領先產業

(leading industry)。如何降低這些工業國家的進口敏感產業的關稅，成為「東京回合」談判後 GATT 努力的重點所在。1982 年 11 月 27 日，GATT 的 88 個締約成員於日內瓦召開「東京回合」談判後的一次規模最大的多邊貿易政策高階層會議，會中締約成員對保護條款、農產品貿易、貿易糾紛仲裁、及擴大總協定項目等問題發生了激烈的爭議，尤其是開發中國家與已開發國家之間的貿易政策歧見更是深鉅，最後雖經延長會期 1 天而達成折衷的共同宣言，但也顯示國際貿易問題的日益複雜與難以解決。

在美國的力促下，1986 年於烏拉圭 (Uruguay) 舉行的一項各國貿易部長會議中決定召開另一新回合的多邊貿易談判，此一談判於 GATT 的日內瓦總部進行，稱之為「烏拉圭回合」(Uruguay Round)。同前面幾回合的談判一樣，烏拉圭回合主要目標在於促進世界貿易的自由化與擴張，但談判的重點不在於關稅減讓，而是在於減消非關稅障礙、開放勞務貿易（如銀行、保險及資訊）、排除農產品貿易障礙、保障智慧財產權（如專利權、版權及商標）、及放寬國外直接投資等各別問題之上。烏拉圭回合可說是 GATT 曾經推動的各回合談判中，最具野心與最複雜的一次多邊貿易談判，但由於參與談判的國家眾多，討論的問題範圍廣泛，因此要達成一致的協議殊為困難。

● 三、烏拉圭回合談判結果

從 1986 年開始的烏拉圭回合談判，在歷經 7 年的艱辛談判過程後，終於 1993 年 12 月達成協議。這項被譽為本世紀最偉大的國際多邊貿易協定的主要內容如下：

■ 關　稅

締約成員保證降低工業製品及農產品關稅平均約 37%。美國與

歐洲同盟 (European Union)（前身為歐洲共同體）則同意調降彼此間的關稅 50%。

■ 服務業

估計每年貿易額達 40 億美元的銀行、保險、旅遊、及勞力等服務業將開始納入規範。關於開放金融服務業市場，美國將至少享有18 個月的緩衝期，而後再以 6 個月時間決定如何開放其市場。美國有可能對所有國家開放市場，也有可能只向那些對美國銀行及保險公司採取相對開放措施的國家開放市場❷。

■ 農　業

農業與服務業同為首度納入法規規範，主要內容為：

1.所有進口限額等非關稅性貿易障礙，將改換為課徵關稅措施。工業化國家必須在 6 年內降低 36% 的關稅，而開發中國家則必須於10 年內降低 24% 的關稅。

2.各禁止農產品進口的國家，至少須開放其國內 3% 的農產品消費市場，並於 6 年內提高到 5%。而日本將開放 4% 的稻米進口市場，並於 6 年內提高到 8%。南韓則將開放 1% 的稻米進口市場，並於 1999 年提高為 2%。

3.對農業的直接出口補貼總值於 6 年內降低 20%，開發中國家則於 6 年內減少為 13.3%。

4.對直接出口補貼金額於 6 年內降低 36%，總額則降低 21%。

5.最貧窮的國家得免除這些農業變革措施。

---

❷ 由於美國和歐洲聯盟未能解決在視聽產品方面的歧見，因此這項協定只作最小的市場開放承諾。此外，在 1994 年 4 月於摩洛哥簽署（約 120 個國家）的「落實烏拉圭回合多邊貿易談判成果最後協定」中，金融服務業暫時沒有列入協定內。

■ 紡織業

1974 年以來「多邊纖維協定」(Multi-Fiber Arrangement) 所實施的紡織品及成衣進口配額，將於 10 年內逐漸取消。

■ 反傾銷

關於「以低於國內市場價格向外國傾銷」的認定將進一步釐清。關於「傾銷」、傾銷對提出控訴國市場的損害及解決爭議的方式均有較明確的定義。

■ 智慧財產權

強化對專利、著作權（版權）、錄音資料演出及製作者權利、商標及原產地標示的保護。所有的新發明將享有 20 年的專利權。

■ 世界貿易組織

1995 年 1 月正式成立永久性的「世界貿易組織」(WTO) 取代 GATT，其地位將等同於國際貨幣基金及世界銀行，在日後各種國際貿易爭端中扮演類似國際貿易仲裁法庭的角色，以負責仲裁及解決未來 WTO 成員之間的貿易糾紛。

2001 年 11 月 14 日，於卡達 (Qatar) 所舉行的 WTO 第四屆部長會議圓滿落幕，正式啟動 WTO 成立後的首次貿易談判——杜哈回合 (Doha Round) 談判，於 2002 年 1 月開始進行。此回合談判內容集中在「市場進入」、「境內支持」、及「出口補貼」等議題上，且需考慮開發中國家與低度開發國家的特殊與差別待遇。杜哈回合談判原預訂於 2005 年 1 月 1 日前完成，但至 2006 年 12 月，談判仍陷入僵局，無法達成具體進展。

● 四、新保護主義的興起

自第二次世界大戰結束後，以美國為首所推動的貿易自由化運動，到了 1970 年代的中期，逐漸停頓下來。兩次的石油危機（1973

至 1974 年與 1979 至 1980 年)、1980 年代初期美元幣值堅挺及美國產品國際競爭力的減弱導致美國長期巨額的貿易逆差、及工業國家相互之間經濟依存關係的提高等因素導致世界主要 3 個貿易集團——美國、歐洲同盟（前身為歐洲共同市場）、及日本——保護主義的復活。就美國而言，1970 年代中期抬頭的所謂新保護主義，其不同於傳統保護主義者為：

1.限制貿易的工具以非關稅貿易障礙為主，其中以自動出口設限與秩序行銷協定 (orderly marketing agreements) 最為著名。為達到這些限制貿易的目標，在新保護主義下美國最常使用的限制貿易工具有免除條款、反傾銷關稅、平衡關稅、及不公平貿易行徑 (unfair trade practices) 懲處條款。免除條款、反傾銷關稅、及平衡關稅在前面均已有提及，而不公平貿易行徑懲處條款即為 1974 年貿易改革法案中的 301 條款 (Section 301)，它授權美國總統對美國出口施予不公平待遇的國家進行報復——如配額或提高進口關稅。301 條款不同於其他的限制貿易工具，它並不在於保護美國的進口替代產業，而是在於清除外國對美國出口品的各種不合理的限制，這樣亦可達到滿足美國國內保護主義者的要求。

2.要求限制某些特定產品而非所有產品的貿易。保護的對象著重於衰退產業，保護的目的在滿足利益團體的要求。

3.雙邊的貿易限制而非 GATT 的無歧視原則，即新保護主義所著重的是個別國家之間而非所有貿易與國之間的貿易限制。

4.給予行政部門更大的裁量權。這將使得採行限制貿易之國家的許多保護措施不易為外國所查覺。

美國新保護主義最主要的限制貿易工具為 301 條款。美國總統柯林頓於 1994 年 3 月 3 日簽署一項行政命令，決定恢復超級 301 條款 2 年（1994 及 1995 年），引起全世界的關注。所謂「超級 301」

條款是指美國於 1988 年頒布之綜合貿易法的第 1302 條，其所以被稱為超級 301，是因為該條款涵蓋貿易報復的層面廣泛，不只針對貿易夥伴國商品方面不公平的貿易，還包括各類相關的貿易障礙，例如出口獎勵措施、勞工保護法令、及智慧財產權。但是，在實施程序方面與原條款略有不同，行政部門於貿易障礙公布（3 月 31 日）後，在 6 個月之內（即 9 月 30 日以前）必須公布優先國家障礙措施，並於 21 天內進行調查，並依照 301 程序進行諮商，若調查的措施涉及世界貿易組織 (WTO) 有關協定，則將提交 WTO 爭端解決程序進行裁決，否則將依 301 條款進行報復。

　　超級 301 條款與特別 301 條款相同的是，美國貿易代表署每年排定日期公告檢討報告，且在限期內迫使貿易對手國讓步，但和特別 301 條款不同的是，特別 301 條款每年檢討，而超級 301 則有實施年度的限制。

　　在布希 (G. Bush) 擔任美國總統的後期，美國就有要求恢復超級 301 法案的聲浪，但由於這項法案與當時關稅暨貿易總協定 (GATT) 多邊協定的精神相違背，容易引起其他貿易對手的反感，因此並未恢復，直到保護色彩濃厚的柯林頓總統上任後，恢復超級 301 法案的聲浪再起，才促使柯林頓政府重新考慮。有關美國普通 301 條款、特別 301 條款、及超級 301 條款三者的比較，請參閱表 11–1。

◀ 表 11-1　美國各種 301 條款之比較 ▶

條款 內容	普通 301 條款	特別 301 條款	超級 301 條款
立法依據	1974 年貿易改革法	1988 年綜合貿易法修正增加 301 條款	1988 年綜合貿易法第 1302 條
指定報復對象	一般商品貿易不公平措施	與智財權有關的措施	各類貿易障礙，包括出口獎勵措施、勞工保護法令等
曾被威脅的國家	巴西、臺灣等數十個國家	中國大陸、臺灣、印度、泰國、巴西等數十個國家	日本、巴西、印度
期限	每年檢討 每年實施	每年檢討 每年實施	1989 與 1990 年曾實施，柯林頓總統又決定於 1994 與 1995 年實施兩年
美國行政部門權責	行政部門可自行決定	行政部門在期限內必須向立法部門報告	行政部門在期限內必須向立法部門報告
報復優先順序	無優先順序	分優先國家、優先觀察國家、一般觀察國家三級	分優先國家、優先措施

資料來源：經濟部國貿局。

第三節　貿易自由化與開發中國家的貿易政策

GATT 推動貿易自由化所根據的最重要基本原則為非歧視原則，即對所有 GATT 締約成員均給予公平待遇的橫的公平 (horizontal equity)。但是，開發中國家認為 GATT 歷次關稅減讓談判所達成的協議違反了此一原則。因為工業先進國家只就她們彼此之間重要的貿易商品商討關稅減讓，對於初級工業產品與農產品則不

在多邊關稅減讓談判之內。

例如，美國 1962 年的貿易擴張法案授權總統，對於美國與歐洲共同市場之間貿易量達世界 80% 的產品，可以完全免除關稅，而對其他國家或地區的產品最多只能減讓 50% 的關稅；「甘迺迪回合」談判的結果，美國與歐洲共同市場之間許多重要的貿易商品均取消關稅，但許多開發中國家出口品的貿易障礙仍然維持。再者，GATT 的無歧視原則及最惠國條款，亦使得開發中國家裹足不前，不敢輕易參加 GATT 的多邊關稅減讓談判，以維持其對幼稚工業的關稅保護壁壘。是故，開發中國家在對 GATT 感到失望之餘，遂在聯合國的贊助之下，於 1964 年自己召開了聯合國貿易暨發展會議 (UNCTAD)。

開發中國家認為在 GATT 歷次的關稅減讓談判中，她們均受到歧視，因而透過 UNCTAD，要求已開發國家考慮開發中國家比較不利的經濟情勢與國際競爭能力，而對她們的初級工業產品的出口，給予片面優惠關稅減讓，以實現縱的公平 (vertical equity)──即對經濟條件較差者，應給予較優的關稅待遇。此一行動導致工業國家訂定優惠一般化制度 (GSP)，對開發中國家大部分的製造業及半製造業產品的出口，完全免除關稅或課徵較其他工業國家產品為低的關稅。

但是，GSP 的應用有許多的限制，其中主要為：(1)不包括農、漁業產品及紡織品；(2)只限於一定數量的進口範圍之內；及(3)期限為 10 年。開發中國家要求工業國家給予片面優惠關稅減讓，乃是基於：(1)優惠關稅乃是暫時的，待其出口產業茁壯成長而具有國際競爭能力時，即可取消；及(2)片面優惠關稅的施行，可以將原先為工業國家所收取的關稅收入，透過增加開發中國家出口廠商之利潤的方式，移轉至開發中國家的手中。是故，工業國家的片面優惠關稅減讓對於開發中國家的經濟發展，較之直接援助有更大的助益，「貿

易，而非援助」(Trade, not Aid) 的口號，最能反映出開發中國家對要求片面優惠關稅減讓的看法。

由於國內的反對，美國遲至 1976 年才開始實行 GSP。但實施的結果，由於產品項目的選定、數量與時間的限制、及優惠受益集中於少數「新興工業化國家」（我國為其中之一），真正低度開發的國家並未能真正享有 GSP 免稅的優惠。GSP 實施的目的在於增加開發中國家出口產品的競爭力，以協助開發中國家的經濟發展。因此，當開發中國家出口品的競爭能力達到相當水準之後，GSP 的援用便受到相當的限制。除 10 年的時間限制外，GSP 的實施尚有所謂的「個別產品畢業」及「國家畢業」兩種方式，因此開發中國家大部分的產品實難以依賴 GSP 而建立起國際競爭的比較優勢。

以美國為例，當某一受惠產品的進口佔美國進口該產品總額的比例超過某一比例（修訂前為 50%），或進口的數量超過某一特定的金額（修訂前為 5,770 萬美元），次年即予刪除 GSP 的免稅優惠待遇，即受惠國就該項產品而言，將不再享有免稅的優惠待遇，該產品自 GSP 中自動畢業。

自 1987 年 1 月 4 日起，GSP 之受益國輸往美國單項產品的金額若超過 2,500 萬美元，或佔該項產品總進口值比例 25% 以上（兩者合稱為二十五／二十五標準），除非美國總統判定該項產品未具競爭能力，否則將自動喪失免稅待遇（即個別產品畢業），但美國總統豁免這些國家輸美產品「畢業」的總金額，不准超過美國免稅進口總金額的 30%，而我國、香港、新加坡、韓國及以色列等能被免除「畢業」的金額合計不能超過總免稅進口額的 15%❸。自動喪失免稅待遇的產品在連續 2 年輸美金額跌至 2,500 萬美元或 25% 的基準以下，

---

❸ 在美國的 GSP 名單中有所謂的最低度開發 (least-developed) 國家，這些國家出口到美國享有免稅優惠的單項產品沒有數量的上限。

將有被重新指定為受益項目的資格。新制度將原有「微量條款」的金額由 100 萬美元提高到 500 萬美元，使進口金額低於 500 萬美元，而佔總進口值比例高於 50% 的產品仍可享受免稅待遇，這項條款將使包括我國在內之新興工業化國家的許多產品免除自動喪失免稅待遇的命運。

新制度尚規定，當受益國的國民所得平均達每年 8,500 美元之後，該國即被取消免稅地位（即國家畢業）。但是，此一標準將依美國國民所得增加額的半數，每年向上調整一次。在 GSP 修訂法案開始實施的 2 年內，美國總統對優惠免稅的裁量權將擴大，視受惠國國內市場開放程度、勞工福利措施、執行及反仿冒效率等情況，而決定是否給予輸美產品免稅待遇。在 1994 年，美國給予 119 個開發中國家及 26 個地區 GSP 的待遇，目前我國、韓國、新加坡、及香港均已自美國的這項免稅名單中畢業。

摘　要

1. 自由貿易能使各國及全世界的福利水準提高，但這僅止於理論的理想，各種貿易障礙的採行反而是事實的常態，為了追求理論的理想，故在貿易政策不斷採行的同時，貿易自由化的運動也一直在進行之中。

2. 歷史上，由於經濟思潮的轉變與經濟活動榮枯的循環，而導致國際貿易活動時而順暢，時而受阻，限制貿易與自由貿易之風，總是在不停地交替、變化之中。

3. 二次大戰後推動國際貿易自由化的主要機構為關稅暨貿易總協定 (GATT)，在其召開的多次多邊貿易談判中，以 1964 至 1967 年的甘迺迪回合，1973 至 1979 年的東京回合，及 1986 至 1993 年的烏拉圭回合，最為著名，成就也最大。這三次的多邊貿易談判，對於促進國際貿易自由化有相當大的貢獻。

4. 關稅暨貿易總協定各項條款所依據的四個基本原則為：無歧視原則、唯關稅保護原則、諮商原則、及國民待遇原則。

5. 甘迺迪回合談判使各國關稅水準大幅下降，是 GATT 成立以來關稅減讓談判重大的成就。東京回合談判仍使各國關稅水準大幅下降，但在技術貿易障礙協定、政府採購協定、補貼與平衡稅法規、進口許可程序協定、及海關估價法規等非關稅貿易障礙的消除，是其特殊成就。烏拉圭回合談判在減消非關稅障礙、開放勞務貿易、排除農產品貿易障礙、保障智慧財產權、及放寬國外直接投資等問題上有長足的進展，這次談判並決定成立永久性的「世界貿易組織」取代關稅暨貿易總協定，以負責仲裁及解決未來國際間的貿易糾紛。

6. 由於非歧視原則與工業先進國家只就彼此之間重要的貿易商品商討關稅減讓，導致開發中國家對 GATT 組織的不滿，因而自行召開聯合國貿易暨發展會議 (UNCTAD)，UNCTAD 遂成為開發中國家進行貿易談判的主要機構。

7. 在 UNCTAD 下，開發中國家要求已開發國家給予片面優惠關稅減讓，以實現縱的公平，因而導致先進工業國家訂定優惠一般化制度 (GSP)。

8. 優惠一般化制度的應用有許多的限制，其對真正低度開發之國家的助益相當有限，但對於一些開發程度比較高的新興工業化國家的國際貿易及經濟發展，卻有重大的貢獻。

重要名詞

斯莫特─哈萊關稅法案	互惠貿易協定法案
最惠國原則	關稅暨貿易總協定
甘迺迪回合	東京回合
烏拉圭回合	新保護主義
聯合國貿易暨發展會議	複式關稅制度

單一關稅制度	優惠稅率
一般稅率	特定保護條款
一般保護條款	危險點規定
免除條款	貿易擴張法案
貿易改革法案	橫的公平
縱的公平	優惠一般化制度
個別產品畢業	國家畢業

習　題

1. 試就國際貿易發展的歷史，作一扼要的敍述。

2. 第一次世界大戰之後至 1930 年代，國際貿易活動為何無法有效開展？

3. 何謂最惠國原則？其對貿易自由化有何影響？

4. 關稅暨貿易總協定各條款所依據的基本原則有那些？

5. 無歧視原則為何是關稅暨貿易總協定推動貿易自由化最主要的依據？

6. 美國為何會於 1962 年制訂貿易擴張法案？此一法案的特點有那些？其對貿易自由化的推展有何影響？

7. 東京回合多邊貿易談判在關稅減讓及非關稅貿易障礙的消除，有何成就？

8. 新保護主義為何會興起？它與傳統的保護主義有那些不同之處？

9. 烏拉圭回合談判的成就主要有那些？它成立什麼組織？

10. 開發中國家為何排斥關稅暨貿易總協定的多邊關稅減讓談判？她們為何杯葛東京回合多邊貿易談判？

11. 聯合國貿易暨發展會議為何會產生？其與關稅暨貿易總協定的功能有何異同？

12. 什麼是優惠一般化制度？為何開發中國家極力爭取此一制度？它的實施對開發中國家經濟發展的實際影響如何？

第十二章　區域經濟整合——關稅同盟理論

▶▶▶▶

自由貿易可以使世界及各國的福利水準達到最大，但是，在現實的經濟社會，貿易障礙處處存在，全世界及各國的經濟福利因而降低。各國為了謀求提高社會福利水準，而尋求貿易自由化。為達到此一目標，國際間大致朝兩個不同的途徑進行，一是國際性的途徑，即透過 GATT 與 UNCTAD 尋求各國關稅與非關稅貿易障礙的消除或減讓，例如甘迺迪回合、東京回合、烏拉圭回合、及優惠一般化制度等均是；一是區域性的途徑，即尋求區域經濟整合，形成區域性的貿易集團，對內自由貿易，對外仍維持貿易障礙。關於國際間貿易障礙的消減已於前一章討論，本章即在探討區域經濟整合對國際貿易與全世界和會員國經濟福利的影響。

❖ 第一節　區域經濟整合的種類與發展 ❖

區域經濟整合 (regional economic integration) 可說是自由貿易與保護主義的結合，屬於一種地區性歧視的優惠貿易協定。全世界在不同的地區，於不同的時期，均曾有不同的區域經濟整合組織出現。這些組織有的很成功，對於促進國際貿易確實發揮很大的功用，有的則是組織鬆散，對於促進國際貿易未曾發揮任何重大的影響。

● 一、區域經濟整合的種類

按組織性質的不同，區域經濟整合可以分為以下幾類：

■ 優惠貿易集團 (preferential trading group)

　　即會員國彼此之間相互降低貿易障礙（關稅），但對非會員國仍然個別維持原來較高的貿易障礙。例如，英國與其以前的殖民地曾於 1932 年成立大英國協優惠制度 (Commonwealth Preference System)。

■ 自由貿易區 (free-trade area)

　　即兩個以上的國家，彼此之間商品貿易的關稅完全去除，但對外仍然個別維持原來的關稅。例如，1960 年成立的歐洲自由貿易區（或協會）(European Free Trade Area or Association, EFTA) 即是。自由貿易區會產生貿易偏轉 (trade deflection) 的問題，即非會員國的產品將由關稅較低的會員國進口，而後再間接轉運至關稅較高的會員國，如此將形成關稅收入與所得重分配不公平的現象。為防止此一缺失，必須嚴格巡查邊界，或是要求產地證明書 (certificates of origin)，以減少轉運的發生，但並無法完全禁絕貿易偏轉的發生。

■ 關稅同盟 (customs union)

　　即兩個以上的國家，不僅彼此之間商品貿易的關稅完全廢除，並且對外採取共同一致的關稅。與自由貿易區比較，關稅同盟將無貿易偏轉的問題存在。

■ 共同市場 (common market)

　　即較關稅同盟再更進一步，將合作推展至生產要素在會員國之間可以自由移動而沒有任何的限制。

■ 經濟同盟 (economic union)

　　即由共同市場再更進一步推展至會員國採行一致的財政、貨幣及社會經濟政策。這是經濟整合的最高境界，會員國使用共同的通貨（或會員國通貨之間匯率永久完全固定），建立單一的貨幣銀行制度，放棄經濟政策的自主權，而由超國家的機構決定同盟內及同盟

對外的一切經濟決策。一種組織較為不完全的經濟同盟為貨幣同盟
(monetary union)——會員國使用共同的通貨（或會員國通貨之間的
匯率永久完全固定）並採行協調的貨幣與財政政策。但完全的經濟
同盟不僅是要求會員國之經濟政策的協調而已，更進一步要求會員
國經濟政策自主權的放棄，故經濟同盟是較貨幣同盟範圍更廣、要
求更嚴的一種經濟整合組織。比利時、盧森堡、及荷蘭曾於 1960 年
組成經濟同盟，美國的聯邦組織被視為是經濟同盟的典範，歐洲共
同市場的長期目標即在於達成經濟同盟的理想。

　　目前全世界最為成功，著名的區域經濟整合組織為歐洲同盟，
但鑒於要素自由移動與產品自由貿易具有相同經濟後果的特性，故
一般為簡化分析，通常只就關稅同盟進行討論，其結論加以適當的
修正即可適用於各種不同的區域經濟整合組織。

● 二、區域經濟整合的發展

　　近代國際間尋求建立區域經濟整合組織的努力開始甚早，比利
時與盧森堡於 1921 年即已形成經濟同盟；然後於 1948 年再加入荷
蘭，組成三國關稅同盟〔稱之為比荷盧同盟 (Benelux Union)〕，再於
1960 年轉變成經濟同盟；英國與其以前的殖民地也早於 1932 年成立
大英國協優惠制度，國協會員彼此之間相互減讓關稅，但對非國協
的國家仍然個別維持原來較高的關稅，形成一種優惠貿易集團
(preferential trading group)。但是，區域經濟整合運動的盛行，實始自
第二次世界大戰之後。

　　戰後，歐洲泰半的生產設備俱毀於炮火之中，對於如何重建歐
洲經濟的問題，有人從合作的觀點主張成立區域經濟整合組織，不
過當時有兩種看法：一種主張認為西歐國家應成立組織較為嚴謹、
關係較為密切而只包含少數國家的小集團區域經濟整合組織；另一

種主張認為西歐國家應成立組織較為鬆散、關係較為薄弱但包含多數國家的大集團區域經濟整合組織。前者主要為歐洲大陸的核心國家所贊同，後者主要為歐洲大陸的外圍國家所贊同。由於有這兩種不同的主張存在，因而導致後來發展出不同的區域經濟整合型態。1948 年，共產集團外的歐洲國家成立了歐洲經濟合作組織 (Organization for European Economic Cooperation, OEEC)，對於促進美國與西歐國家之間的經濟關係，發揮了相當大的功用，尤其是使馬歇爾援助 (Marshall Aid) 計畫能夠順利進行，而使西歐經濟快速復甦。1951 年 4 月，法國、義大利、比利時、盧森堡、荷蘭、及西德等 6 國成立歐洲煤鋼共同體 (European Coal and Steel Community, ECSC)，協調 6 國煤、鐵的生產與銷售，是導致這些國家之間進行密切經濟合作關係的開始。

至 1955 年，法國強烈主張少數歐洲國家成立小集團的歐洲經濟共同體 (EEC)，英國強烈主張多數歐洲國家成立大集團的歐洲工業產品自由貿易區。至 1957 年，歐陸西歐法國、西德、義大利、比利時、盧森堡、及荷蘭等 6 國 (即 ECSC 會員國) 簽定羅馬條約 (Treaty of Rome)，奠定歐洲經濟共同體成立的基礎，至 1958 年 1 月 1 日起這 6 國正式成立歐洲經濟共同體 (EEC)，通常稱之為歐洲共同市場 (European Common Market) 或簡稱歐體。為對抗歐洲共同市場的成立，歐陸外圍的英國、丹麥、挪威、葡萄牙、瑞典、瑞士、及奧地利等 7 國於 1959 年簽定斯德哥爾摩條約 (Stockholm Treaty)，而於 1960 年 1 月成立歐洲自由貿易區（或協會）。

EFTA 成立的目的之一在於與 EEC 抗衡、談判，但 EEC 的組織較為嚴謹，會員國之間的關係較為密切，故較為成功。自 1973 年 1 月英國、愛爾蘭及丹麥加入 EEC 之後，EEC 增至 9 個國家，力量更加強大，EFTA 減至 5 個國家，力量更趨薄弱。至此，歐洲區域經濟

整合變化的趨勢已至為明顯，即主張由少數國家形成小集團區域經濟整合組織的計畫獲得優勢。但是，1981 年希臘正式加入 EEC 之後，EEC 會員國增至 10 國，葡萄牙與西班牙亦於 1986 年加入成為正式的會員，EEC 遂有逐漸擴大的趨勢。至 1993 年，歐洲經濟共同體有 12 個會員國，歐洲自由貿易協會有奧地利、瑞士、挪威、列支敦斯登 (Liechtenstein)、瑞典、冰島、及芬蘭等 7 個國家。

由於 EEC 對外採取共同的關稅，故以單一主體的形式參與 GATT 的多邊貿易談判；EFTA 的會員國對外仍然維持個別不同的關稅，故並非以單一主體的形式參與 GATT 的多邊貿易談判，而是會員國各自參與。無論是 EEC 或 EFTA，會員國彼此之間的商品貿易均完全免除關稅，而對非會員國仍然課徵關稅，故均違反了 GATT 的無歧視原則或最惠國條款，因而增加了推動世界貿易自由化的困難。

為朝向經濟同盟發展，歐洲經濟共同體於 1987 年通過單一歐洲法案 (Single European Act, SEA)，計畫從 1993 年開始成為單一的市場──廢除所有的貿易障礙，整個區域不再有內部的疆界，所有的財貨、勞務、人員及資本均可於區域內自由移動，任何一國的國民都可自由地在他國工作，企業也有同樣的自由遷移權。

在比預計時間晚了 1 年，12 個歐洲共同市場國家及 5 個歐洲自由貿易協會國家（瑞士及列支敦斯登除外）終於從 1994 年 1 月開始組成世界最大的單一市場──歐洲經濟區 (European Economic Area, EEA)。這個經濟區包括 3 億 7 千萬人口，涵蓋地區北起北極海，南迄地中海，東起大西洋，西迄中歐，貿易量將佔全球的 40%，而超過北美自由貿易協定。可以預期，會有其他歐洲國家陸續加入歐洲經濟區的組織。此外，歐洲經濟共同體於 1991 年通過歐洲同盟條約〔一般稱為馬斯垂克條約 (Maastricht Treaty)〕，從 1999 年起實施歐洲單一貨幣──歐元 (euro)（實體歐元從 2002 年起開始實施），以及

進行外交與安全等其他事務上的合作。馬斯垂克條約於 1993 年 11 月生效後，歐洲經濟共同體正式名稱改為歐洲同盟 (European Union, EU)，簡稱歐盟。至 2006 年 8 月，歐盟計有 25 個成員國，其中的 12 個成員國形成經濟暨貨幣同盟 (economic and monetary union)，使用單一通貨──歐元，並成立單一的中央銀行──歐洲中央銀行 (European Central Bank) 執行共同的貨幣政策與匯率政策。

在歐盟與歐洲自由貿易區之外，目前全世界主要的區域經濟整合組織為 1994 年 1 月 1 日開始生效之美國、加拿大、及墨西哥的北美自由貿易區 (NAFTA)。這個組織是由 1989 年 1 月 1 日開始生效之加拿大─美國自由貿易協定，再加入墨西哥而形成的。除了歐盟與北美自由貿易區這兩大區域經濟整合組織外，世界其他地區亦有相同的組織，但不是規模不大，就是組織過於鬆散、流於形式，而沒有具體的成效產生。

自第二次世界大戰之後，區域經濟合作組織的形成對全世界貿易自由化運動的推展有很大的影響。以美國為首、無歧視為宗旨的 GATT 無法達到其當初成立的預期理想，因而導致在 GATT 之外，以歧視為原則的區域經濟合作組織的成立，這對於促進自由國家之間的貿易自由化當然有相當不利的影響。雖然區域經濟合作組織的成立在經濟上對美國及非會員國有不利的影響，但因其使自由民主國家之間由經濟關係的結合而更趨於團結合作，連帶會產生政治與軍事上的共同利益，故對於區域經濟合作組織的創立、茁壯，美國基本上還是相當贊同、樂見其成的。

❖ 第二節　關稅同盟的經濟後果 ❖

前面所討論的關稅理論係假設關稅是一般化、無差異性的，即不論何種產品、由任何國家進口，均課徵相同的單一關稅稅率。但

事實上，關稅的課徵可能會有差別待遇，即對同一國家不同的產品課徵不同的關稅──產品歧視 (commodity discrimination)，或對不同國家或地區的相同產品課徵不同的關稅──國家或地區歧視 (country or geographical discrimination)。關稅同盟是屬國家歧視的關稅課徵，是一般關稅理論的一種特例。

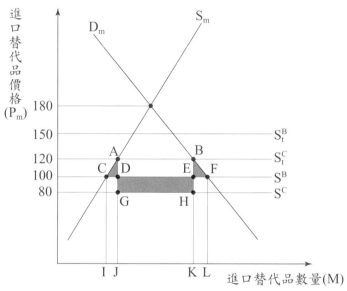

▌圖 12-1　關稅同盟的部分均衡分析▐

假設全世界只有 A、B、及 C 3 個國家，現 A 與 B 形成關稅同盟，C 成為同盟外唯一的國家。圖 12-1，D_m 及 S_m 代表同盟國 A 對某一種進口替代品的需求與供給的情況。設 A 國為小國，因此對貿易條件沒有影響力。同盟前，自由貿易下，對 A 國而言，B 國的出口供給曲線為水平的 S^B，C 國的出口供給曲線為水平的 S^C；若 A 國對 B 國及 C 國的出口品無歧視地課徵 50% 的進口關稅，則 B 國及 C 國的出口供給曲線仍然維持不變，但由於關稅全部由 A 國消費者所負擔，故對 A 國人民而言，關稅後 B 國的出口供給曲線升高至 S_t^B，C

國的出口供給曲線升高至 S_t^C，在此情況下，A 國會向 C 國進口 AB＝JK 數量的產品。同盟後，A 國對 C 國的關稅仍然維持，對 B 國的關稅完全去除，故對 A 國人民而言，B 國的出口供給曲線為 S^B，C 國的出口供給曲線仍為 S_t^C，在此情況下，A 國會向 B 國進口 CF＝IL 數量的產品。

　　同盟前與同盟後相比較，同盟後 A 國的進口增加了 IJ＋KL＝CD＋EF 的數量。其中 IJ 為同盟後，A 國國內進口替代產業所面對的價格由 JA 降至 IC 而使生產減少 IJ＝CD 的數量所致。減少 IJ 數量進口替代財的生產，節省了生產成本 □ICAJ，而進口此一數量只須支出 □ICDJ 的代價，故社會福利增加 △ADC，此為關稅同盟所產生使資源派用效率提高的生產利得，又稱之為關稅同盟的生產效果。另外 KL 則為同盟後，A 國國內進口品的價格由 KB 降至 LF，而使消費增加 KL＝EF 的數量所致。增加 KL 數量進口財的消費，消費者受益（效用）增加了 □KBFL，而進口此一數量只須支付 □KEFL 的代價，故社會福利增加 △BEF，此為關稅同盟使消費者福利增加的消費利得，又稱之為關稅同盟的消費效果。是故，關稅同盟後，由於進口品的國內價格下降，進口數量增加，而使社會福利水準增加了 △ADC＋△BEF，此即為關稅同盟之生產效果與消費效果總合的貿易創造效果 (trade creation effect)。

　　同盟前，進口 JK 數量，A 國人民總支出為 □JABK，其中 □JGHK 支付給外國出口商，□GABH 為政府的關稅收入。同盟後，這一部分的數量改由同盟夥伴——B 國進口，而進口 JK 的數量，A 國人民的總支出為 □JDEK，這些總支出全部為外國出口商所得。與同盟前比較，進口 JK 的數量，A 國人民的總支出減少 □DABE，但支付給外國出口商的金額較同盟前多出 □GDEH，□GDEH＋□DABE＝□GABH。表示同盟前由 A 國政府所得到的關稅收入，同

盟後一部分移轉給本國的人民（□DABE），一部分移轉給外國的出口商（□GDEH）。這一移轉給外國出口商的部分乃是因為會員國在同盟前由價格較低的非會員國進口，同盟後轉由價格較高的會員國進口，同盟國取代同盟外的國家成為進口品供給的來源，而使進口總支出增加，社會福利水準下降，此即為關稅同盟的貿易轉向效果 (trade diversion effect)。因之，關稅同盟的淨福利效果為貿易創造效果與貿易轉向效果的差額，即（△ADC + △BEF）－□GDEH。若不考慮其他因素，如果貿易創造效果大於貿易轉向效果，則關稅同盟使會員國的福利水準提高；若貿易創造效果小於貿易轉向效果，則關稅同盟使會員國的福利水準下降。

　　由圖 12-1 的分析可知，關稅同盟形成之後，A 國與 B 國對該產品的貿易量由同盟前的完全沒有增加至 IL 數量，A 國與 C 國對該產品的貿易量由同盟前 JK 數量減少至完全沒有。由此可知，關稅同盟可以使會員國之間的貿易量增加，而與非同盟國之間的貿易量減少。但是，同盟國之間貿易量的增加，一部分來自貿易創造效果 (IJ+KL)，一部分來自貿易轉向效果 (JK)，前者使同盟國的社會福利水準提高，後者使同盟國的社會福利水準下降。是故，同盟後，同盟國之間的貿易量雖然增加，但社會福利水準卻不一定會比同盟前來得高。

❖ 第三節　關稅同盟與經濟福利 ❖

　　關稅同盟形成之後，對會員國經濟福利的影響，可分為靜態效果 (static effect) 及動態效果 (dynamic effect)，以下我們就這兩方面進行分析。

◉ 一、關稅同盟的靜態效果

　　就比較靜態分析的觀點而言，關稅同盟的形成具有以下的靜態

效果：

■ 貿易創造效果

由生產利得與消費利得所構成。同盟後，進口品的國內產量減少，資源使用效率提高——生產利得；進口品的消費增加，消費者福利提高——消費利得，因此貿易量增加，貿易創造效果使同盟國的社會福利水準提高。

■ 貿易轉向效果

同盟前，同盟國由世界上生產效率最高、成本最低的國家進口；同盟後，同盟國轉由同盟內生產效率最高的國家購買。如果同盟內生產效率最高的國家不是世界上生產效率最高的國家，則進口成本增加，同盟國的社會福利水準下降。

■ 減少行政支出

同盟國彼此之間廢除關稅，故可以減少徵收關稅的行政支出。

■ 減少走私

產品可以在同盟國之間自由流動，同盟國之間沒有產品走私的問題存在，不僅可以減少查緝走私的費用支出，亦有助於提高社會的道德水準。

■ 加強談判力量

同盟國形成一體，經濟力量增強，統一對外進行關稅談判，自有利於同盟國貿易條件的改善。

● 二、關稅同盟的動態效果

若不考慮形成關稅同盟對一國就業、產出、國民所得、國際收支、及物價水準的影響，單就福利效果而言，除以上所提到的靜態效果外，關稅同盟尚有動態效果，又稱之為次級效果 (secondary effect)，其主要為：

■ 提高資源派用效率

關稅同盟使同盟國之間的競爭程度加強，專業程度加深，資源派用效率因而提高。西托斯基 (T. Scitovsky) 認為形成關稅同盟，同盟國之間彼此打破國界，可以加強競爭，打破獨佔，經濟福利因此可以提高。但是，有人持相反的看法，認為打破國界，市場擴大，容易獲取生產的規模經濟，反而容易產生獨佔，而使經濟福利下降。

■ 獲取規模經濟

同盟後，同盟國成為一體，自由貿易市場擴大，因而能夠獲致專業與規模經濟之利。巴拉薩 (B. Balassa) 認為形成同盟可以使廠商獲得重大的內部與外部規模經濟之利，但詹森卻認為如果英國參加歐洲共同市場只能獲得微小的規模經濟之利，金德伯格 (C. P. Kindleberger) 亦認為 EEC 國家廠商的原有生產規模已經不小，同盟後生產規模再擴大不一定更為有利，因為生產規模太大，效率反而會下降。

■ 刺激投資

同盟後，市場擴大、投資機會增加、風險與不確定性降低，會吸引同盟國新的廠商投資增加。同盟後，競爭程度加強，為增進競爭能力，會促使同盟國原有的廠商增加投資，以改進產品品質、降低生產成本。同盟後，同盟國之間關稅完全免除，會吸引同盟外的國家至同盟內設立避免關稅工廠 (tariff factory)，以求獲得豁免關稅之利，這被認為是 EEC 成立之後，美國至 EEC 國家投資激增的主要原因。但是，亦有人認為同盟後，同盟國之間彼此侵佔對方的市場，一國遭受貿易創造打擊的產業（即進口增加，進口替代業受到不利的影響）將會減少投資；同盟外國家至同盟內投資，將會使投資機會減少、同盟內廠商遭受不利影響，因而使同盟內廠商的投資減少。是故，同盟形成後，同盟國的投資不一定會增加。

■ 促進技術進步

　　同盟後，市場擴大，競爭程度加強，投資增加，生產規模擴大等因素，均使得廠商愈有能力且願意投資於研究與發展計畫，因而加速技術的進步與創新的產生。

■ 提高要素的流動性

　　在共同市場下，生產要素可於國界間自由移動，因而提高要素的流動性，促進要素的派用效率，降低要素低度就業或失業的可能性。

■ 加速經濟成長

　　如果以上各有利之點均能成立，則形成同盟後，同盟國的經濟必可加速成長。

摘　要

1. 國際貿易自由化的途徑有二：一是經由全球性的途徑，尋求各國關稅與非關稅貿易障礙的消減；一是經由區域性的途徑，尋求區域經濟整合，形成區域性的貿易集團。

2. 區域經濟整合是自由貿易與保護主義的結合，屬於一種地區性歧視的優惠貿易協定。按組織性質的不同，區域經濟整合可以分為優惠貿易集團、自由貿易區、關稅同盟、共同市場、貨幣同盟、及經濟同盟等幾類。

3. 區域經濟整合的組織開始甚早，全世界在不同的地區，於不同的時期，均曾有不同的區域經濟整合組織出現，在目前眾多的區域經濟整合組織中，以歐洲同盟最為健全，其成就也最大。

4. 根據部分均衡分析，關稅同盟的結果產生使福利水準提高的貿易創造效果，同時也產生使福利水準下降的貿易轉向效果，故同盟後，同盟國之間的貿易量雖然增加，但會員國的社會福利水準卻不一定會比同

盟前來得高。

5. 關稅同盟的形成具有靜態與動態的福利效果。靜態效果主要有：貿易創造效果、貿易轉向效果、減少行政支出、減少走私、及加強談判力量等。

6. 關稅同盟的動態效果又稱次級效果，其主要為：提高資源派用效率、獲取規模經濟之利、刺激投資、促進技術進步、提高要素流動性、及加速經濟成長。

重要名詞

區域經濟整合	自由貿易區
貿易偏轉	關稅同盟
共同市場	經濟同盟
貨幣同盟	歐洲經濟合作組織
歐洲經濟共同體	歐洲自由貿易區
歐洲經濟區	歐洲同盟
產品歧視	地區歧視
貿易轉向效果	貿易創造效果

習題

1. 什麼是區域經濟整合？其與關稅及非關稅減讓談判對於促進國際貿易自由化的影響有何不同？

2. 區域經濟整合有那幾類？其特性各為何？

3. 試簡述歐洲區域經濟整合組織的發展。

4. 何謂貿易創造效果？何謂貿易轉向效果？試以圖形剖示之。

5. 關稅同盟的靜態福利效果有那些？

6. 關稅同盟的動態福利效果有那些？

第十三章　國際卡特爾與國際商品協定

▶▶▶▶

　　傳統的國際貿易理論，均以假定參與貿易之國家的國內市場為完全競爭為分析之基礎，即參與貿易的廠商數目相當多，每一單獨廠商對於國內及國際產品的價格與產量均不具有影響力，每一廠商均是國內及國際產品價格的接受者而非價格的決定者。但是，在現實的經濟社會，國際貿易發生之前，國內很多產品的市場並非完全競爭，獨佔的情況雖然比較少，但寡佔的情況卻普遍存在。在此情況下，國際貿易之門一開之後，有些不完全競爭的產品市場，因為國際的競爭而降低了獨佔性，成為近乎完全競爭的市場。但是也有些產業，國內的獨佔或寡佔者不僅沒有因為國際的競爭而降低其獨佔性，卻反而與國外的獨佔者或寡佔者串通起來，成為國際卡特爾 (international cartel)；有些產業的國內獨佔者或寡佔者甚至一本己身之力，在國外設立分（子）公司，而將獨佔力量延伸至國外，此乃第二次世界大戰之後逐漸興起的多國公司或企業 (multinational corporations or enterprises)。本章即在於討論國際卡特爾對國際貿易的影響及其產生的經濟後果。

◆ 第一節　國際卡特爾的理論基礎 ◆

　　與國內卡特爾的形成一樣，國際卡特爾的動機也在於減少廠商之間的競爭，提高廠商的利潤。以下我們分析國際卡特爾如何追求最大利潤，其利潤最大化的價格是如何決定的。

● 一、國際卡特爾利潤最大化的追求

當各國獨佔者或寡佔者形成國際卡特爾之後，它們就實際上成為一國際的聯合獨佔。為達到增加卡特爾會員利潤的目的，國際卡特爾必先依據獨佔利潤最大法則，決定卡特爾的均衡價格與產量，以使國際卡特爾的利潤達到最大，而後再決定卡特爾產量在會員之間的分配，以使會員們賺取更多的利潤。

圖 13-1，國際卡特爾形成之後，MC_C 代表卡特爾的邊際成本曲線，是由各會員邊際成本的併總而來，D_C 及 MR_C 分別代表卡特爾的需求曲線及邊際收入曲線。依邊際均等法則，卡特爾以邊際成本與邊際收入的交點 E 決定使卡特爾利潤最大的價格 OP_C^*、產量 OQ_C^*。若卡特爾各會員在未成立卡特爾之前是完全競爭，則 MC_C 成為此一產業的供給曲線 (S_C)，故此一產品的完全競爭均衡價格為 OP_C'，產量為 OQ_C'。是故，與完全競爭比較，國際卡特爾的形成，使此一產品的國際價格由 OP_C' 上升至 OP_C^*，產量由 OQ_C' 減少至 OQ_C^*。減少 $Q_C'Q_C^*$ 的產量，使卡特爾增加 $\triangle EFG$ 的利潤（等於減少 $Q_C'Q_C^*$ 產量而使邊際成本減少與邊際收入減少之間的差額），但卻使得全世界的消費者剩餘由完全競爭的 $\triangle AP_C'F$ 減少至 $\triangle AP_C^*B$。除此之外，國際卡特爾的形成，破壞了完全競爭，導入獨佔因素，因而使得國際資源的派用受到扭曲，社會福利水準因此無法達到最大。

就圖 13-1 而言，國際卡特爾使產量減少 $Q_C'Q_C^*$，此在一產量範圍內，產品的需求價格（邊際受益）均大於邊際成本，表示全世界派用於此一產品的資源過少，而使全世界因資源派用的不當而損失了 $\triangle BEF$ 的福利〔等於減少 $Q_C'Q_C^*$ 產量而使社會受益（需求價格代表）減少與社會成本（邊際成本代表）減少之間的差額〕。因之，國際卡特爾的形成雖使會員增加了 $\triangle EFG$ 的利潤，但卻使全世界的消

費福利損失 □P′_CP_C*BF，生產效率（資源派用）損失 △BEF。顯然地，
國際卡特爾的形成使得全世界的福利水準下降。

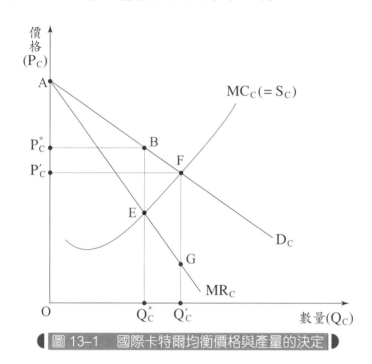

圖 13–1　國際卡特爾均衡價格與產量的決定

　　國際卡特爾組織的價格與產量一經決定之後，所有會員均以
OP_C*的價格出售其產品，而 OQ_C*的總產量則以非價格競爭或按各會
員在卡特爾形成之前的市場佔有率來進行分配。為求卡特爾組織及
會員的利潤最大，卡特爾組織乃採取分配產量、分派市場及共同價
格的策略。一般而言，卡特爾組織的成員愈少，彼此之間愈能遵守
協定，組織也就能夠維持愈久；經濟景氣，產品銷售順暢，會員均
能獲得利潤，卡特爾組織比較容易維持；經濟不景氣，產品銷售困
難，會員無法獲利，甚至虧損，為求自保，難免相互蒙騙，各自祕
密地降低價格以求增加銷售量，甚至公開違背卡特爾協議而爆發激
烈的價格競爭，如此，卡特爾組織終將趨於瓦解。

● 二、決定國際卡特爾價格的因素

如同獨佔力量的衡量一樣，吾人可以婁勒指標 (Lerner index) 來衡量卡特爾組織的獨佔力量。婁勒指標的計算公式為：

$$婁勒指標 = \frac{價格 - 邊際成本}{價格} = \frac{P - MC}{P}$$

產品的價格代表社會受益，邊際成本代表社會成本，以兩者差異的程度（百分比）來衡量獨佔力量，其值介於 0 與 1 之間，值愈大表示獨佔力量愈大。完全競爭下，產品的價格等於其邊際成本，故婁勒指標等於零；在不需生產成本的完全獨佔情況下——例如全社會只有一家廠商出售不需成本的自然礦泉，婁勒指標等於 1。由於婁勒指標是以價格與邊際成本的差額作為衡量獨佔力量的標準，故又稱之為獨佔加成取價 (monopoly markup pricing)，即用以測量獨佔廠商的價格超過其最後一單位產品成本 (即邊際成本) 的百分比數。

除婁勒指標外，吾人亦可以產品的價格與邊際收入之間的差額來作為衡量獨佔力量的標準。根據邊際收入與價格之間關係的公式：

$$MR = P(1 - \frac{1}{e})$$

上式中，e 代表產品的需求價格彈性（絕對值）。完全競爭下，廠商所面對的產品需求價格彈性無限大，所以產品的價格等於邊際收入；若獨佔性愈大，則廠商所面對的產品需求價格彈性愈小，產品的價格與邊際收入的差額愈大。將 $MR=P(1-\frac{1}{e})$ 化簡，得到：

$$e = \frac{P}{P - MR}$$

將上式與婁勒指標 (LI) 相比較，再加上獨佔廠商達於利潤最大均衡時 MR=MC，吾人可以發現兩者的關係為：

$$LI = \frac{P - MC}{P} = \frac{1}{\dfrac{P}{P - MR}} = \frac{1}{e}$$

上式表示婁勒指標（獨佔加成取價）等於需求價格彈性的倒數，即需求價格彈性愈小，婁勒指標（獨佔加成取價）愈大，獨佔性愈大；需求價格彈性愈大，婁勒指標（獨佔加成取價）愈小，獨佔性愈小。

❖ 第二節　國際商品協定 ❖

如果一種產品的需求彈性和供給彈性均很低，且這種產品的供給主要集中於幾個國家或生產者，則可以有效地形成此種產品的國際卡特爾組織。鑒於理論分析上，國際卡特爾可以獲取重大的經濟利益，因此長久以來，生產不同產品的廠商或國家均曾不斷試圖籌組國際卡特爾組織。就國家而言，國際之間根據籌組國際卡特爾所需的條件，嘗試組成農、礦初級產品出口之國際卡特爾的行動最為普遍，雖然能夠成功的少之又少，但石油輸出國家組織 (OPEC) 的成功卻對全世界經濟造成重大的影響，甚至因而改變了世界經濟的思潮與發展的方向。

大部分開發中國家以出口初級產品為主，外匯收入主要來自於初級產品的出口所得。因之，經濟發展計畫能否有效順利推展，便維繫於能否有足夠穩定的出口收入之上。但是，開發中國家時常抱怨其初級產品的出口價格偏低且不穩定，導致其外匯收入的短缺與變化無常，因而阻礙其經濟發展計畫的推行，如要去除發展的障礙、提高實質所得，首應穩定初級產品的出口價格。

初級產品的國際價格是否較工業產品不穩定，為一實證的問題。經濟學家們實證研究的結果，並不支持初級產品的國際價格較不穩

定的說法。初級產品的價格穩定並不表示初級產品的出口收入一定穩定，初級產品的出口收入穩定，也並不表示開發中國家的實質所得一定穩定。是故，初級產品的價格獲得穩定是否就能產生如開發中國家所預期般的重大經濟利益，不無值得懷疑。再者，初級產品的國際價格乃由國際的供需情況所決定，它是國際經濟體系內的一個內生變數，不論供給、需求或其他經濟變數（如政策、預期）的任何改變，終將導致初級產品價格的改變。何況初級產品為一供給與需求均缺乏彈性的產品，無論供給或需求任何一方受到干擾而發生變動，終將使初級產品的價格發生重大的波動，長期間人為組織的力量實不足以對抗市場經濟的力量。

雖然經濟學家們對於穩定初級產品的國際價格持著如此的悲觀看法，但開發中國家對於其外匯主要來源之初級產品價格的獲致穩定，一直耿耿於懷，乃不斷尋求籌組初級產品出口的卡特爾組織。因此，以開發中國家為主的出口初級產品的國家之間乃達成各種不同農、礦初級產品出口的國際商品協定 (International Commodity Agreement)，以求穩定初級產品的國際價格，從而奠定開發中國家的發展大道。但是，事實的發展證明，除 OPEC 與國際鐵礬土協會（International Bauxite Association, IBA，1974 年成立）因具有特殊的條件而成為成功的國際卡特爾組織外，其他的國際商品協定只能產生暫時而微小的效果，甚至流於名存實亡而未曾發生過任何穩定產品價格的功效。

國際商品協定成立之後的首要之務為謀求穩定初級產品的國際價格，其中最為普遍使用的方法為常平存貨 (buffer stock)，即籌措一筆常平基金，當產品價格偏低時，即買進產品以避免價格下跌；當產品價格偏高時，即拋售產品以抑制價格上漲，如此自可將產品價格維持於所希望的穩定水準。但是，這種計畫要能成功的先決條件，

必須能夠事先準確預測產品長期均衡價格的變動趨勢，而後才能進行市場買進、賣出的平準干預。如果所訂定的價格與長期市場均衡價格偏離過大，則平準計畫必然無法長久實施，而終告失敗。如所訂價格高於長期均衡價格甚多，必然產生大量的超額供給，收購這些產品必須支出大量的費用，收購之後的貯藏、管理、維護與腐壞又是一筆很大的開支，故沒有任何國家或組織能夠長期不斷地收購超額供給；如果所訂價格低於長期均衡價格甚多（這種情況比較不可能，同時也違反成立商品協定的初衷），必然產生大量的超額需求，同樣沒有任何國家或組織能夠長期不斷地補貼供應超額需求。

在所訂定的價格與市場均衡價格不相一致下，若各會員國能夠自行抑制，視實際情況的需要而減產或增產，則價格穩定還是可以實現的。但是，大部分初級產品的出口國家很多，在商品協定的組織並非十分嚴謹下，實很難要求會員國在價格高時不增產、價格低時不減產。再者，初級產品（尤其是農產品）的生產往往受到天候、時間、季節的限制而非人力所能左右，故吾人實難以控制產量來達到穩定初級產品價格的目標。就需求而言，除非人口或科技有重大的變動，否則對初級產品需求的變動是相當小的。短期間人口的變動可能不大，但在一個不斷進步的動態社會，科技的變動往往是相當快速、頻繁的，再加上對產品的長、短期需求彈性不同，變動無常的需求因素亦不利於常平存貨計畫的實行。

再就貨幣因素而言，任何產品的國際價格必須以不同的貨幣表示，因此即使以實物表示的實質價格穩定，若國際金融不穩定，匯率波動無常，則以貨幣表示的名目貨幣價格亦無法穩定。因之，即使商品協定組織能使初級產品的供需維持穩定，但國際金融的波動則非其所能掌握，故初級產品的貨幣價格也就難以穩定。據此，常平存貨計畫充其量只能用之於緩和短期的價格波動，而無法用之於

維持初級產品長期價格的穩定。

除常平存貨計畫外，另有人主張對商品協定會員國實施生產配額。如果此一計畫能夠獲得成功，對於初級產品價格的穩定倒有很大的幫助，因為初級產品的需求相對於供給來得穩定。但是，前面提到過，如果所訂價格偏高，會員國必然有著違背協定、暗自增加生產的誘因存在，亦容易刺激非會員國增加生產、發展新的替代品、或設法減少需求，同樣無法達到穩定價格於高水平的目的。若嚴格執行限制生產的計畫，又將導致資源的閒置或派用效率的降低。如此，穩定價格計畫並無法達到提高實質所得的最終目標。

最後，值得一提的是，米德 (J. E. Meade) 曾於 1964 年的 UNCTAD 會議中提出價格補償方案 (price-compensation scheme)，即貿易國之間對初級產品的貿易達成一基準價格與平均貿易量，而從兩國之間再就實際價格與基準價格之間的差額和平均貿易量的乘積，進行補償或退款。但是，此一方案同樣遭遇到基準價格與平均貿易量如何決定、雙方對產品價格影響力的大小、及雙方對產品供需數量的控制等問題，故其在實際的執行上亦是相當窒礙難行的。

由以上的分析可知，開發中國家想以國際商品協定組織來達到穩定其初級產品的國際價格是相當難以實現的。例如，1956 年成立的國際錫協定 (International Tin Agreement)，1963 年成立的國際咖啡協定 (International Coffee Agreement)，1973 年成立的國際可可協定 (International Cocoa Agreement)，及其他的小麥協定、蔗糖協定等。這些協定最多只對產品的短期價格發揮了一些穩定的功用，對於長期價格的穩定並無法發生任何重大的作用，有些協定甚至於從成立後就形同具文，對於該產品價格的穩定未曾發生任何作用。

開發中國家初級產品的出口是一相當複雜的問題，吾人在此只作簡要的介紹。國際貨幣基金 (IMF)、世界貿易組織 (WTO)、聯合國

貿易暨發展會議 (UNCTAD)、及世界銀行等國際組織，均不斷致力於國際間初級產品貿易問題的解決，但至今日，此一問題仍無獲得解決或緩和的跡象，許多國際貿易的紛爭與貿易障礙的樹立，均因初級產品的貿易而引起。唯有初級產品的貿易問題獲得解決，全世界自由貿易的理想，才有可能實現的一天。

摘　要

1. 現實的國際貿易並非完全競爭，而是有國際卡特爾及多國公司等不完全競爭的獨佔因素存在。

2. 國際卡特爾的形式雖使會員的利潤增加，但對全世界而言，卻產生價格提高、產量減少、消費者剩餘減少、及國際資源派用扭曲，而有使全世界福利水準下降的不利經濟後果。

3. 開發中國家為求穩定初級產品的國際價格，乃成立各種不同農、礦初級產品出口的國際商品協定，但除石油輸出國家組織與國際鐵礬土協會因具有特殊的條件而成為成功的國際卡特爾外，大部分的協定最多只對產品的短期價格發揮一些穩定作用，對於長期價格的穩定並無法發生任何重大的影響，有些協定甚至於從成立之後就形同具文，對於該產品價格的穩定未曾發生任何作用。

4. 初級產品因供給與需求俱缺乏彈性、供給與需求的變動難以有效控制、及國際金融的波動無常等因素，致使其國際價格難以獲得穩定。

5. 會員國數目不多、出口數量佔全世界總需求的比例很高、有效控制產量、及卡特爾外之國家對石油的供給與需求的彈性都很低，是造成石油輸出國家組織 (OPEC) 成為空前成功的國際卡特爾組織的主要因素。

重要名詞

國際卡特爾　　　　　　　　　婁勒指標

石油輸出國家組織　　　　　　國際商品協定

常平存貨　　　　　　　　　　價格補償方案

習題

1. 國際貿易發生之後，何以會產生國際卡特爾？

2. 國際卡特爾的產量與價格如何決定？其對全世界的福利水準有何影響？

3. 國際卡特爾獨佔力量的大小如何衡量？它與需求價格彈性之間的關係如何？

4. 什麼是「國際商品協定」？其成立的原因與目的為何？

5. 「國際商品協定」的成立為何無法有效達到穩定初級產品之國際價格的目標？

6. 何謂「常平存貨」？能否用以有效達到穩定初級產品之國際價格的目標？

7. 成功組織「國際卡特爾」所需的條件有那些？為何「石油輸出國家組織」(OPEC) 能夠成為成功的「國際卡特爾」？

第十四章　直接國外投資與國際多國公司

　　傳統的國際貿易理論均假設產品可以在國際間自由貿易，而生產要素在國際間則完全缺乏流動性。事實上，現實的經濟社會，國際間產品既非完全自由貿易，生產要素亦非完全缺乏流動性。基於比較利益所在，國際間進行產品自由貿易的結果，縱使生產要素於國際間完全缺乏流動性，貨品的流通仍可以使國際間的產品價格與要素報酬趨於完全的均等。前面討論關稅時也提到過，基於要素報酬的不同，允許國際間生產要素自由移動的結果，縱使產品在國際間完全沒有貿易發生，仍可以使國際間的產品價格與要素報酬趨於完全的均等，即國際間要素的自由移動具有取代產品自由貿易的功能。

　　第二次世界大戰之後，國際經濟有一趨勢興起，那就是國際間許多具有獨佔性或寡佔性的大企業超越國界，進行對外直接投資。這種經濟行為，同時將國際間產品的貿易與要素的移動結合在一起，本章即在於討論國際間獨佔性或寡佔性大企業，對外進行直接投資，形成國際多國公司 (multinational corporation)〔有時又稱為多國企業 (multinational enterprise)，或跨國 (transnational) 公司或企業〕，對全世界及各國所產生的後果。

❖ 第一節　要素移動、要素報酬與經濟福利 ❖

　　勞動、土地、資本及企業家精神四大生產要素中，除土地無法於國際間移動外，其餘三大生產要素均可於國際間移動。國際間可

以有各種不同的形式進行生產要素的移動，就資本移動而言，其大致的區分為證券（資產）投資 (portfolio investment)、經濟援助 (economic assistance) 及直接國外投資 (direct foreign investment) 三種形式。因此，要瞭解直接國外投資的經濟後果，應從國際間要素移動的探討著手。

國際間要素的移動，有時是基於追求要素報酬而產生的誘發性移動，有時是基於政治、軍事、人道等非經濟因素所產生的片面無償移動。無論基於何種原因，國際間發生要素移動，總是使國際間現有的要素存量發生重分配的改變，因此可以要素增長或消滅的情況，來分析要素移動對全世界及當事國所產生的經濟後果。

國際間發生資產（資本）的移轉，讓與國的貿易條件是否必須發生改變，以使國際收支經常帳重新恢復均衡、或產生足夠的順差以實現資產移轉，這是屬於傳統國際金融理論移轉問題 (transfer problem) 的探討，目前不予討論。在此，吾人只就國際間發生要素移動對全世界及當事國之產出、要素報酬、和福利水準的影響進行討論。

根據要素稟賦及技術差異所產生的比較利益進行國際專業分工，而後進行自由貿易，可使全世界的產出增加（生產效果）、消費增加（消費效果），因而提高全世界的福利水準，這是產品自由貿易間接導致全世界資源派用效率提高所肇致的後果。因之，即使國際間並沒有產品的貿易存在，只要能夠直接提高全世界資源派用的效率，同樣能夠達到提升世界福利水準的目標，亦即國際間雖沒有產品貿易的存在，但只要讓全世界的生產要素自由移動，同樣可以達到提高世界資源派用效率、增加全世界產出、消費與提高世界福利水準的目標。

國際產品貿易與要素移動均能使全世界的產出增加、福利水準

提高。但是，對個別國家而言，社會福利水準的高低，不僅決定於實質所得的高低，更決定於所得分配的狀態。產品貿易或要素移動均使一國之要素報酬發生改變而肇致所得重分配，其變動均將有利於一國相對豐富之生產要素的報酬，而不利於一國相對稀少之生產要素的報酬。若是產品與要素兩者之一能夠完全自由貿易或自由移動，最後都能導致國際產品與要素價格之完全均等。無論是產品貿易或要素移動終將導致要素報酬發生改變，有些人因此得利，有些人因此損失，社會福利水準的變動因而難以遽下判斷。雖然效用或福利滿足完全為個人主觀的心理感受，而無從比較、加總，但若能採取適當之所得重分配的政策，使蒙受損失者能由獲得利益者獲取完全的補償，而獲利者自覺所受利益比支付的補償還多，則全社會的福利水準必能因產品貿易或要素移動而提高。

❖ 第二節　直接國外投資的特性與原因 ❖

在現實的國際經濟社會，生產要素雖無法完全自由移動，但至少具有某種程度的移動性。在四大生產要素中，於國際間土地完全無法移動；勞動受到種種法規、語言、制度、及風俗習慣的影響，移動性也很小；資本除了受到外匯管制或租稅的課徵外，受到的限制比較少，其移動性比勞動高；企業家精神往往是與資本密不可分而結合在一起的聯合生產要素，故企業家精神與資本同樣具有高度的移動性，直接投資便是一種企業家精神隱藏在資本之內的國際資本移動。

● 一、直接國外投資的特性

國際間資本的移動主要有國外資產投資與國外直接投資兩種方式。國外證券（資產）投資是指一個國家的人民購買（進口）另一

個國家的長、短期有價證券，其目的在於追求更高的資本報酬與更多樣化的資產組合以分散投資風險。直接國外投資是指一個國家的人民取得或增加對另一個國家的企業控制權，其動機仍在於追求更高的資本報酬。但是，與國外證券投資或一般國際間的資本移動相比較，直接國外投資具有以下幾個特點：

1.直接投資不只是國際間的資本移動而已，而且更包括企業家精神、管理技巧、生產技術、市場行銷、商標等要素的移動。因此，直接投資甚至無須資本移動發生，有時只需向地主國 (host country) 融資，或動用國外子公司的盈餘再投資，或只提供管理與生產技術的投入，都可算是母公司的直接國外投資。晚近由於投資國懼怕地主國突然實施國有化、強迫徵收、或為了逃避租稅負擔，上述方式愈加普遍，而現今普遍流行的國際生產與管理技術合作，亦是一種重要型態的直接國外投資。

2.國外資產（證券）投資目的之一在於使資產組合多樣化，以分散風險。但由於風俗習慣、法律制度、需求偏好的不同、政治情況的變化、及市場的隔離，直接國外投資的風險大於國內投資，因此，與國外資產投資比較，直接國外投資並不在於規避風險，而是有意承擔風險。是故，國外資產（證券）投資只有資本生產力的報酬，而直接國外投資則除資本生產力的報酬外，尚有企業決策或承擔風險的報酬——即企業經濟利潤。

3.直接國外投資本質上是產業定向投資 (industry-specific investment)，即直接國外投資並非資本在國際間沒有特定用途的移動，它通常是由一國某一種產業將資本移轉投於外國相同或相關的產業。因之，根據對外直接投資產業與母國 (source country) 產業之間的關係，產業定向投資可以分為橫式整合 (horizontal integration) 投資及縱式整合 (vertical integration) 投資兩類。

　　橫式整合投資是指母國（資本移出國）公司在地主國成立附屬公司（子公司），生產相同的產品，以擴大產品的世界銷售網。橫式整合投資通常以掠奪性的方式進行，即母公司以其雄厚的資本兼併地主國現有的廠商，使其子公司在地主國成為獨佔或寡佔的廠商。

　　縱式整合投資是指母公司在地主國成立子公司，以製造及銷售母公司產品之向前連鎖或向後連鎖的產品。向前連鎖的縱式整合投資是將母公司的產品在地主國的子公司進一步加工、改良而後出售，其功能主要為替母公司的產品在地主國進行分配、銷售的活動。向後連鎖的縱式整合投資是指在地主國成立子公司，製造母公司生產所需的中間投入，其功能主要為提供母公司生產所需的中間投入以穩定、可靠的供給來源，以減少母公司的生產風險，降低母公司的生產成本。因此，對母公司而言，縱式整合投資可以完成一貫作業的生產程序、提高生產效率、降低要素成本、更有力地控制市場，減少中間投入供應不穩定的風險，故可以提高其獨佔性，增加其利潤。

　　4.任何個人或企業均可進行國外證券（資產）投資，但直接國外投資通常只有在母國具有獨佔或寡佔地位的大廠商才有能力進行，因此本質上應以不完全競爭理論，而非完全競爭或資本移動理論來分析直接國外投資行為。一般理性的投資均具有規避風險的特性存在，而直接國外投資由於風俗習慣，法律制度，政治情況，資本集中，國外市場的生疏、隔閡，交通、運輸、通訊的不便、及匯率的變動等因素，其風險總是較國內投資或國外資產投資來得大，可是直接國外投資仍不斷擴張，這表示母公司不僅能在國外較在國內賺取更高的利潤，亦表示子公司能與地主國當地的公司競爭而賺取更高的利潤。其所以能夠如此，表示母公司為一經濟力量龐大的獨佔或寡佔廠商，其生產與銷售的技術與規模經濟之利足以超越直

接國外投資風險較大、競爭條件較為不利之弊，直接國外投資才可能發生，若在完全競爭下，該產業的直接國外投資是不可能發生的❶。

事實上，就現實的經濟社會觀察，國際間直接國外投資的產業主要集中於生產相同產品的同質寡佔 (homogeneous oligopoly) 廠商——如鋼鐵、鋁、石油，或生產類似異樣化產品的異質寡佔 (heterogeneous oligopoly) 廠商——如汽車、家電用品。完全競爭廠商的生產規模小、沒有經濟利潤，是無法累積足夠的資本以超越國界而進行直接國外投資的。

● 二、直接國外投資的原因

為何一個國家的企業願意將其資本直接投資於國外呢？就投資環境（條件）而言，除地主國制訂有獎勵外國投資條例而提供特別優惠條件外，在一般的情形下，由於種種不利的因素存在，直接國外投資環境總是較國內投資環境為差。在此情況下，廠商還是願意進行直接國外投資，基於廠商追求最大利潤動機的假設，必然有某些因素或原因存在，使得廠商進行直接國外投資較進行國外資產投資、直接出口、或國內投資來得有利，這些誘使廠商進行直接國外投資的因素可以歸納為以下幾點：

1.就橫式整合投資而言，當母公司於國內獲得足夠的生產技術、管理技巧、商譽、專利權、市場訊息等有形及無形的資產，而建立起國內穩固的地位後，將這些資產透過直接投資，經由地主國的子公司加以適當、必要的修正，可以移植於國外，透過國外市場而獲

---

❶ 這是就先進國家之間的直接國外投資而言，先進國家對開發中國家的直接國外投資可能基於利用廉價生產要素的考慮。在此情況下，即使是小規模廠商亦可能進行直接國外投資。

取這些資產的額外報酬。

2.就縱式整合投資而言，在地主國設立子公司直接生產、取得母公司生產所需的原料、中間投入，不僅可以確保中間投入的供應來源、降低要素投入的成本而減少母公司可能面臨的風險與不確定性，更由於直接控制了母公司產品生產所需投入的來源，而增加其他廠商可能加入與母公司競爭的障礙，因此加強了母公司的獨佔性。

3.當銷售至地主國的產品數量日增時，考慮運輸成本與市場訊息，進行直接國外投資在地主國設立子公司，直接生產或配銷產品，較由母公司直接出口產品，更容易掌握國外市場、更能增加利潤。

4.當母國的通貨相對於地主國的通貨升值時，不僅直接國外投資的資金成本下降，同時母國出口品以地主國通貨表示的價格上升，不利於母公司產品的出口，但若在地主國設立子公司，則以地主國通貨表示的產品價格不變，故在母國通貨不斷升值的情況下，進行直接國外投資較為有利。但是，一國大量進行直接國外投資、資金外流的結果，將導致該國通貨的幣值下跌，1950 年代中期之後，美元幣值下跌的主要原因之一便是美國企業對外進行大量直接投資，導致大量美元外流的結果。

5.對於貿易障礙高築、關稅不斷提高的國外市場，惟有經由直接國外投資設立避免關稅工廠，才能突破貿易障礙、賺取外匯收入。許多開發中國家也經常以提高關稅作為吸引直接投資的手段。

6.若設立在地主國的子公司能夠成為當地獨佔或寡佔的廠商，則直接投資將較直接出口而使地主國市場仍然維持完全競爭，可以賺取更多的利潤。

7.直接投資有時並不是基於追求更高的資本報酬的動機，而是希望藉由直接投資設立子公司來打擊地主國廠商、侵佔地主國市場，以增強母公司的國際獨佔地位。

8.直接投資的重要誘因之一為母公司希望利用多國公司跨越國界的特性，以規避租稅負擔和母國及地主國的政策管制，以擴大其經濟力量、增強其國際競爭力、增加其經濟利潤。

❖ 第三節　多國公司的興起及其演變 ❖

直接國外投資是國際資本移動的方式之一，惟其更包括管理與生產技術及企業家精神的一同移動，故國際多國公司便是直接國外投資存在的具體表現。由於各國經濟相互依存的程度日益提高，國際經濟的重點已由單純的商品貿易轉變為直接國外投資。一國財力龐大的獨佔或寡佔廠商，經由直接國外投資在地主國創設一個附屬的子公司，或取得對地主國現存廠商的控制權，而逐漸發展成多國性的企業。多國公司的興起與蓬勃發展已成為目前國際經濟的主流，各國及全世界均受其影響。

● 一、多國公司的歷史演變

國際多國公司的存在可遠溯至 1555 年的莫斯科維公司 (Muscovy Company)、1600 年的東印度公司 (East India Company)、及 20 世紀前一些在各國設有商業據點的大企業❷。但自第二次世界大戰之後，多國公司始快速發展，其對於國際各產業的影響力也逐漸增加。多國公司本身母公司與各子公司之間製造品的貿易佔全世界貿易相當大的比例。多國公司逐漸成為全球購物中心 (global shopping center)，其對於結合世界經濟所扮演的角色日益重要，無怪乎美國關稅委員會曾說：多國公司的擴展堪與蒸汽機、電力、及汽車的發展媲美，成為現代歷史主要的事件之一。

由於工業國家的技術水準是因產業的不同而異，因此，工業國

---

❷ 莫斯科維為古俄羅斯之名。

家之間的直接投資是雙向的，彼此之間相互創設附屬公司，突破對方的市場。但是，由於開發中國家與工業國家之間存在絕大的生產與管理的技術差距，因此兩者間的直接投資是單向的，即工業國家對開發中國家進行直接國外投資，開發中國家若有資本移到工業國家，則都屬資產（證券）投資的性質。全世界 90% 以上的直接國外投資來自經濟合作暨發展組織 (Organization of Economic Cooperation and Development, OECD)──為一先進工業國家的經濟合作組織──的國家，其中又以美國為全世界最主要對外進行直接投資的國家。

　　國際多國公司的演變及發展趨勢大致從 16 世紀的帝國貿易商、至 19 世紀的帝國投資商、20 世紀初期英國學者馬肯茲 (F. A. Mckenzie) 所稱的「美國的侵略」(American Invasion)，二次大戰後在製造業方面的大量投資、再到 1960 年代初期服務業方面投資的進行，以至 1960 年代末期法國學者沙文─蘇瑞伯 (J. J. Servan-Schreiber) 所稱的「美國的挑戰」(American Challenge) 等演變。由此可知，多國公司的投資方向由帝國的商品貿易朝向殖民地的開發，再從殖民地的開發轉向歐洲先進國家，再至開發中國家；投資的產業由純粹的商品貿易轉到農產作物的培植，再轉到農礦自然資源的開採，進而投資於勞力密集製造業，並逐漸轉向服務業及技術密集製造業。在風險的承擔及經營的決策上，最初借助政府的聲威及軍事力量的保護，政府對國外投資承擔了相當的風險，子公司對於母公司經營決策的影響力相當的小；演變到後來，廠商必須自己承擔大部分的風險，子公司對於母公司經營決策的影響力也愈趨顯著。

　　與單國性企業比較，多國公司對於資源的派用與產品的配銷，具有因地制宜、全球整合效果 (global integration effect) 的優勢，這是

一個國家的企業發展到了相當的程度之後，致力尋求成為多國化的重要因素。一個國家的企業一旦成了多國化，活動的範圍不再限於本國，可資運用的資源也比多國化之前來得多，故其可以因地制宜、就地取材，從全球的觀點制定最適的產銷策略，以使其整體的經濟利益達到最大。展望未來，由於運輸、資訊事業的快速發展，世界各國的經濟將愈加緊密的結合在一起，多國公司的發展將為單國公司的擴展提供良好的途徑。

● 二、直接國外投資資金的來源與流向

根據聯合國貿易暨發展會議 (UNCTAD) 出版的《世界投資報告》(*World Investment Report*) 估計，在 1982 至 2004 年這段期間，全球跨國公司的海外子公司，無論是在銷售額、總產值、總資產、出口額及雇用人數等方面均呈現快速的成長，尤其是總資產，在 20 年間，成長了 16 倍以上（表 14–1）。這些數據顯示當今跨國公司的蓬勃發展，而這有一大部分要歸功於各國競相制訂與修改法規來吸引跨國公司的投資。

◀ 表 14–1　跨國公司的成長 ▶

項　　目	1982 年	1990 年	2003 年	2004 年
海外子公司銷售額（10 億美元）	2,765	5,727	16,963	18,677
海外子公司總產值（10 億美元）	647	1,476	3,573	3,911
海外子公司總資產（10 億美元）	2,113	5,937	32,186	36,008
海外子公司出口額（10 億美元）	730	1,498	3,073	3,690
海外子公司雇用人數（千人）	19,579	24,471	53,196	57,394

資料來源：UNCTAD, *World Investment Report 2005*。

由於先進工業國家的企業擁有雄厚的資金、先進的生產技術與管理技巧、及研究與創新的能力，因此直接對外投資大部分由先進

工業國家（即 OECD 國家）所從事。承受直接投資資金的國家主要
為已開發國家，幾乎主要從事直接國外投資的國家（母國），本身亦
是直接投資資金的流入國（地主國），顯示先進國家之間有著雙向交
流的直接投資存在。

　　表 14-2 為 2002 至 2004 年全世界各地區的直接國外投資資金
流向。直接投資與一個國家的經濟力量有密切的關係。一個國家的
經濟力量愈強大、在國際經濟的地位愈重要，則其在國際間對外直
接投資所佔的比例將愈高。就直接國外投資資金的流向觀察，幾乎
主要從事直接國外投資的國家（母國），本身亦是直接投資資金的流
入國（地主國），顯示先進國家之間有著雙向交流的直接投資存在，
但開發中國家所得到直接國外投資資金流入有逐年增加的趨勢。這
種資金流向隱含國際間直接投資主要集中於獨佔或寡佔的先進工業
產品，這些產品以在工業國家生產較為有利；開發中國家一方面經
濟發展遲緩，一方面投資環境不良，故吸收到的已開發國家的直接
投資資金流入相對較少❸。但是，隨著自由化與國際化的世界經貿趨
勢，開發中國家的直接國外投資日漸增加。

　　從事直接國外投資的典型為獨佔或寡佔的廠商，例如，石油、
化學、汽車、鋼鐵、及電子等產業。這些產業大都需要高度的生產
技術、龐大的研究發展部門，生產技術與管理技巧的創新扮演著重
要的角色，這也說明為何這些產業具有強烈的直接國外投資意願，
其目的在於將創新的成果推展至國外，以求創新的報酬達於最大。
但是，隨著服務業貿易自由化，金融及商業活動的直接國外投資金
額也逐年快速成長。

---

❸　中國大陸可說是一例外。在持續營造有利企業發展的經營環境下，2004
　　年，中國大陸直接國外投資流入資金高達 600 億美元以上，成為直接國
　　外投資主要的地區。

◀ 表 14-2　　直接國外投資的資金流向──2002 至 2004 年 ▶

單位：10 億美元

國家／地區	資金流入			資金流出		
	2002	2003	2004	2002	2003	2004
全世界	716	633	648	652	617	730
已開發國家	548	442	380	600	577	637
歐洲	428	359	223	397	390	309
北美	93	62	102	161	141	277
（美國）	(71)	(57)	(96)	(135)	(119)	(229)
其他已開發國家	27	20	54	41	46	51
（澳大利亞）	(16)	(7)	(43)	(8)	(15)	(16)
（日本）	(9)	(6)	(8)	(32)	(29)	(31)
開發中國家	156	166	233	48	29	83
非洲	13	18	18	0.4	1	3
拉丁美洲及加勒比海	50	47	68	11	11	11
亞洲及大洋洲	92	101	148	36	17	69
（中國大陸）	53	54	61	3	0.2	2
（香港）	10	14	34	17	5	40
（韓國）	3	4	8	3	3	5
（臺灣）	1	0.5	2	5	6	7
東南歐及獨立國協	13	24	35	5	11	10

資料來源：UNCTAD, *World Investment Report 2005*。

　　根據美國《財富雜誌》(*Fortune Magazine*) 的統計，全世界最大的 500 家產業公司絕大多數為多國公司，這些廠商每年的營業額相當的龐大，甚至超過許多小國家的國民生產毛額。這種多國公司雄厚經濟力量發展的結果，導致許多地主國的某些產業完全為多國公司所控制，許多地主國對於多國公司的發展憂懼日增，因而採取各種措施，限制或禁止多國公司的設立或取得本國企業的所有權，這

將是未來國際多國公司的發展所面臨的主要障礙。如何消除地主國的疑慮、取得地主國的合作，以增進彼此之間的利益，將是未來國際多國公司能否進一步發展的重要決定因素。

❖ 第四節　多國公司對國際經濟的影響 ❖

多國公司的興起對國際經濟產生了很大的衝擊，也導致了人們對多國公司存在的重大爭論，這些爭論大致可以區分為國際全面性的影響及母國與地主國之間的爭論，其所牽涉的不僅是經濟後果之爭，更涉及政治、社會及文化因素之爭。

多國公司的發展對國際經濟整體的影響，大致可歸納為以下幾方面：

㈠效率的問題

多國公司對國際經濟可能產生的效率影響為：

1.多國公司將一個國家（母國）相對豐富的生產要素（資本及生產與管理技術），移至另一個國家（地主國），猶如根據比較利益進行產品的國際貿易一般，根據要素稟賦比較利益直接進行要素移動，可以提高世界資源派用的效率、增加世界的產出與消費水準。

2.國際多國公司可以根據地主國子公司生產與銷售之比較利益所在，進行公司間的分工專業生產，因此可以提高產銷效率、降低生產風險，不僅可以增加多國公司的利潤，亦可促進國際間的分工專業生產與增加國際貿易利得。

3.子公司的成立如果能提高地主國市場的競爭性、降低獨佔性，則市場效率提高，世界福利水準增加。但是，如果子公司的設立降低地主國市場的競爭性、提高獨佔性（如合併地主國原有的公司或阻礙地主國提高市場競爭的決策），則市場效率降低，世界福利水準

下降。

4. 多國公司可以將研究發展、資金運用、產銷計畫及外匯資產等統籌運用、管理，因而實現規模經濟的營運效率 (operational efficiency)，這將有助於提高世界的福利水準。

5. 經由橫式或縱式整合直接投資，多國公司可能加強其獨佔力量，而使全世界資源派用與產品消費的效率降低。

6. 多國公司可能以其雄厚的經濟力量影響地主國的決策，以增強其獨佔力量，而使全世界資源派用與產品消費的效率降低。

㈡投資的問題

1. 如果直接投資使母國投資的減少小於地主國投資的增加，或直接投資能夠促進國際貿易及世界經濟的成長，則多國公司的存在將增加全世界的資本累積；反之，則多國公司的存在將減緩全世界的資本累積。

2. 如果直接投資是針對母國比較利益所在之產業，則多國公司的存在可以提高世界資源派用效率與專業分工程度。但是，如果直接投資是為了規避母國對於生態環境的限制而將污染帶到對生態環境保護限制較寬的地主國，則全世界將因直接國外投資而蒙受更大外部不經濟的損失。

3. 與將全部資金集中投資於國內產業比較，如果直接國外投資能夠使母公司的經營分散、投資風險降低、利潤提高而產生股票價格提高的資產增值效果，則股東的財富增加，全世界的福利水準因而提高。

㈢公平的問題

基於追求利潤最大的動機，直接國外投資的進行通常是能夠增

加世界產出、提高多國公司利潤的。接連的問題是，這一部分因直接投資所增加的產出（利潤）如何在母國與地主國之間分配呢？這便牽涉到利益的分配是否公平的問題。

根據要素移動理論，直接投資使母國的資本報酬——利率上升，勞動報酬——工資下降；使地主國的資本報酬下降，勞動報酬上升。又根據凱因斯的有效需求理論，直接投資可能使母國的有效需求減少、發生失業，且直接國外投資利潤是以母國的資本與生產及管理技術所創造的，故母國認為應得到直接投資利得的報酬，以補償直接投資對其所造成的損失。但是，地主國卻認為直接投資的利得是利用其有利的投資環境所創造，故應得到直接投資利得的報酬。

事實如何呢？直接投資的利得最後可能大部分歸於多國公司所獲得，既非母國亦非地主國能夠得到直接投資利得的報酬。畢竟母公司進行直接投資的初衷之一便是成立多國公司能夠超越國界，免除各國政府的管制及規避租稅的負擔。近年來，為因應各國貿易政策自由化及區域經濟整合之風，多國公司紛紛調整投資策略，推行更複雜的統合體系（如福特汽車公司將在歐洲各國原先獨立運作的行銷公司，改組成歐洲福特公司統籌運作），更加重視由區域總部負責統合區域活動的營運，而逐步邁向統合的國際經濟生產體系。事實上，在歐洲單一市場及北美自由貿易協定形成之前，兩地的多國公司即已進行營運的區域整合。

直接投資的利得如何在母國與地主國之間分配，視母國與地主國對子公司利潤課徵租稅的規定而言。美國法律規定：除非美國所屬子公司將其利潤匯回母公司，是不必課徵所得稅的。為了避免重複課稅 (double taxation)，對於在地主國已經繳納所得稅的利潤匯回美國時，不再對其徵收所得稅。例如，美國公司利潤稅稅率為 46%，如果地主國的公司利潤稅稅率亦為 46%，則利潤匯回美國時不必再

負擔任何的租稅。如果地主國為了吸引國外投資而訂定低稅率，則美國所屬的子公司只要將其利潤再投資於地主國，亦可免除美國的租稅課徵。

　　由於目前這種租稅扣抵 (tax credit) 制度，使得美國由海外子公司所徵得的租稅收入相當的少。因此，曾有人建議實施國外租稅寬減 (deduction)，即以直接投資利潤扣減繳納給地主國所得稅後的金額作為美國國內的稅基。例如，海外子公司賺取 100 萬元的利潤，地主國課 46% 的稅後，剩餘 54 萬元匯回美國後再課徵 46% 的稅，即必須再繳納給美國政府約 25 萬元的稅。如此 100 萬元的直接投資利潤，地主國得到 46 萬元，母國（美國）政府得到 25 萬元，母公司得到 29 萬元。如採租稅扣抵制度，則地主國得到 46 萬元，母公司得到 54 萬元，母國（美國）政府完全沒有得到任何利益。由於採取國外租稅寬減辦法將產生重複課徵及使母公司利潤大幅減少的後果，故這一建議並未獲得美國國會的認同。

　　雖然在美國目前的租稅制度下，地主國對美國所屬多國公司的直接投資利潤課稅較居有利地位，但這些地主國仍抱怨多國公司時常利用移轉報價 (transfer pricing) 及分攤成本的技巧，將直接投資利潤轉移到稅率最低的國家，以減輕租稅負擔，因此有些地主國根本無法課徵到多國公司的利潤所得稅。移轉報價是指多國公司本身母公司與子公司之間相互進行交易時，故意抬高或降低價格，以使母公司或某一家子公司的利潤提高或降低。經常成本 (overhead cost) 的分攤亦可以使母公司或子公司的利潤發生改變，而使母國與地主國的稅收發生改變。例如，將研究發展費用全部由母公司負擔，則母國政府的稅收減少，全部由子公司負擔，則地主國的稅收減少。所有地主國與母國對多國公司的租稅課徵是相互競爭的，一方租稅收入多，另一方租稅收入就減少。為減少國際間的衝突、確保未來國

際多國公司的順利擴展，各國應致力於達成國際協議、制定規則，以便直接投資利潤能由母公司、地主國及母國所共同公平分享。

㈣主權的問題

　　顧名思義，多國公司是一超越國界的經濟主體，許多的多國公司由於分支機構（子公司）遍布全球，其所涉及的國家更不在少數。許多多國公司的經濟力量（營業額）甚至不是一些小國家或開發中國家所能比擬的，由於這些多國公司擁有如此雄厚的經濟力量，因而有時對地主國的主權與政治權力構成了挑戰。當一個國家試圖對多國公司施加管制時，多國公司只要將其子公司移轉至另一個國家便可以逃避管制，甚至可與地主國的政治團體結合起來，以影響或改變地主國政府的決策。由於多國公司擁有雄厚的經濟力量作後盾，長此以往，一個國家政策的制訂與政治的結構將為多國公司所左右，而逐漸喪失其國家主權與政治權力。也正因為多國公司往往涉及侵犯地主國的主權與政策的決定，而導致地主國的人民基於愛國心與民族的自尊而反對多國公司，甚至因而肇致地主國與母國的衝突。

　　除了對地主國的主權與政治權力構成挑戰而造成國際政治的紛爭外，多國公司亦使得地主國的經濟無法與外隔絕而不得不與世界經濟相結合，地主國的經濟因而更加容易感受國際經濟波動的影響。多國公司也成為國際間技術傳播、訊息傳遞、新產品的認知、消費者偏好的形成與文化價值標準的改變的媒介。由於它的存在，可能使得地主國原有傳統的道德文化、生活型態、生產技能逐漸喪失，而走向與母國認同的地步。多國公司具有同化 (homogenization) 與結合的功能，使得母國與地主國之間的差異縮小，但也使兩者之間更易產生摩擦。雖然沒有多國公司的存在，地主國的這些變化仍然會發生，但多國公司的存在卻使得地主國改變的步調加速。

❖ 第五節　多國公司對母國的影響 ❖

多國公司的興起導致大眾見仁見智的爭論，贊同者認為其有助於各國的經濟成長，反對者認為其有各種的弊端存在，一無是處。對於多國公司的存在，母國與地主國均有既愛且恨的雙重矛盾的情結存在。就地主國而言，許多的開發中與已開發國家均想盡方法，提供各種租稅減免與有利條件，以吸引外國的直接投資。但是，在另一方面，這些國家又抱怨多國公司剝削資源、控制經濟、損害主權、助長不公平競爭，甚至禁止新的多國公司的設置，或將現存的多國公司實行國有化而予徵收。就母國而言，政策也不一定，有時鼓勵本國廠商對外投資，有時則又予以限制、禁止。例如，美國政府曾對直接投資予以租稅、融資的優惠並承擔部分的風險，鼓勵廠商至開發中國家投資生產。但是，後來由於國際收支的惡化而又限制直接國外投資的進行。

多國公司的處境亦很為難。如由母國移入資本，被認為對地主國的競爭不利；如在地主國籌措資金又減少地主國的資金供給；如給付地主國目前的工資，被認為是剝削勞工，如果給付較高的工資，又被認為奪走地主國的人才，驅使他們從事買辦工作；如果投資於初級產業，被認為是在榨取資源，如果投資於工業生產，又被認為打擊民族工業，使地主國的工業無法生根、成長；如果將利潤匯回，被認為剝奪財富，如果將利潤再投資，又被認為擴大控制地主國的經濟；如果引進新的技術設備，被認為不能增加工作機會、引進不當的技術，如果採用簡單的技術，又被認為不肯移轉現代生產技術、看不起地主國。諸如此類，吾人還可列舉許多左右為難的說法。由此可知，多國公司的問題是一個相當複雜、情緒化的爭論，其爭論不單止於經濟利益，更牽涉到政治、社會、文化、價值標準，故以

下吾人只就母國與地主國所產生的一般性問題進行討論。

多國公司的存在對母國所產生的影響，大致可以歸納如下：

1. 直接投資的結果，母國相對豐富之生產要素（資本與技術和管理人才）的報酬提高，但相對稀少之生產要素（勞動）的報酬下降，因而肇致所得分配的改變，母國勞動者將反對直接國外投資的進行。

2. 直接投資可以使母公司取得穩定且價格較低的中間投入，實施更加精細的生產分工，而使母公司的生產成本下降，增強母國產品的國際競爭能力。

3. 子公司所賺取的利潤由地主國首先課稅，母國所能課徵到子公司利潤的稅相當的少，甚至沒有。如果母國稅率高於外國，即使稅前國外投資報酬率低於國內投資報酬率，但稅後的國外投資報酬率卻高於國內投資報酬率，因而會導致母國對外不當與過度的直接投資。

4. 直接國外投資，資本外流的結果，短期間，可能會使母國的國際收支產生逆差、貿易條件惡化。但是，長期間，由於直接投資利潤的匯回及母公司對子公司出口的增加，國際收支可能因此產生順差，故直接國外投資對母國國際收支的不利影響，長期小於短期。

5. 母國的勞動者指出，直接國外投資使國內的投資減少、有效需求降低、工作機會減少，因此，直接國外投資是一種工作出口 (export of jobs)，要取得國外市場，實在不需要在國外設廠，在國內設廠生產而後出口能夠達到同樣的目的。他們進一步指出，直接國外投資無非是廠商為了免除外國的關稅或配額障礙、規避租稅負擔與政策限制、或逃避國內的污染與安全標準的管制等，國外投資的利益可能是運用移轉報價或分攤成本的技巧假造的，其利潤並不見得真比國內投資的利潤高。

多國公司的私利有時畢竟無法與母國的公利完全一致。但是，直接國外投資是否真的減少母國的工作機會，不無值得懷疑。因為：(1)直接投資的資金可能來自母國的閒置資金，其外流並不會使母國的投資減少；(2)直接投資的資金可能向地主國或國際的資本市場籌得，母公司只提供管理與生產技術，並無需從母國移出資本；(3)即使直接投資的資本外流會產生工作消滅效果 (job-elimination effect)，但經由母公司對子公司的出口的增加，有工作創造效果 (job-creation effect) 存在，故直接國外投資是否使母國的工作機會減少，須視兩者的淨效果而定；及(4)如果母國的產品無法直接出口到地主國，又沒有對地主國進行直接投資，則將喪失地主國的市場，這將連帶使母國的零件、設備及互輔品的市場喪失，國內的就業機會較之沒有進行直接國外投資，反而減少。

6.直接國外投資如果發生虧損，多國公司須獨自負擔後果，但如果有鉅額的利潤發生，地主國即心存修改合約，以謀獲取更多的利益，甚至將子公司徵收或國有化，縱有補償，其金額也將低於子公司資產的價值。如此，不僅母公司受損，母國也因而受損。

7.直接投資將會腐蝕母國的資本累積與技術優勢。有人認為在國外設立子公司會導致母國資本的外流及生產與管理技術的被模仿，但前面已提到：直接投資並不一定會使母國投資減少、資本累積減緩。就生產與管理技術而言，縱使不進行直接投資，經由直接的產品出口亦會被模仿；再者，在地主國設廠生產可以根據地主國的需要，就地修改產品品質、改進生產與管理技術，面對地主國其他廠商及其他多國公司的競爭，亦會刺激母國的創新與技術進步。

8.直接國外投資使得母公司能夠利用國外的子公司，以規避國內政策的限制，因而減弱了母國政策的效力。例如，透過子公司的設置，可以逃避最低工資法案、反托辣斯法案、戰略物資的禁運、

及稅率的提高等政府政策。此外，尤其重要的是，經由多國公司本身之間資金的調度、與更容易接近國際金融市場的優勢，使得母國貨幣政策的效力大為減弱，也使得國際金融的不穩定性提高。

9.直接國外投資對母國的出口可能具有互輔或替代的效果。直接國外投資發生後，如果母公司大量出口中間投入到國外的子公司〔即發生大量的廠商間貿易 (intra-firm trade)〕，將對貿易產生互輔效果，使母國的出口增加。如果直接國外投資的發生是為了逃避地主國的貿易障礙，將對貿易產生替代效果，而使母國的出口減少。

由以上的分析可知，多國公司的存在對母國的影響是未定的。但是，基於就業機會與所得報酬的考慮，母國的勞動者往往反對母公司設立國外子公司，而要求政府限制直接國外投資。母國政府如果基於短期國際收支與租稅收入的考慮，也可能增加對直接國外投資的限制，並醞釀修改稅法以獲取更多的直接國外投資利潤。

❖ 第六節　多國公司對地主國的影響 ❖

● 一、對地主國的影響

多國公司的存在對地主國的影響，大致可以歸納如下：

1.地主國由母國得到整組 (package) 的資本、生產與管理技術的流入，將可以增加其資本的累積、提高技術水準、增加就業機會、增加技術勞動力，因而有助於地主國的經濟成長與國民所得水準的提高，並對於地主國短期的國際收支狀況有所助益。這些直接投資的潛在利益，在一般的情況下，通常被認為是可能實現的，但地主國也可能提出各種理由辯解她們並沒有從直接投資中得到任何重大的利益。

2.多國公司有助於地主國開發新產品、發現新市場、引進新的

生產與管理技術、提高產品品質、提高勞動生產力，因此可以提高地主國產品的國際競爭能力，增加其出口數量。

3.開發中的地主國認為多國公司主要投資於資本、技術密集產業，這些產業不僅產業連鎖效果小，又大多使用勞動節省的機器設備，故對於增加就業機會、增加技術勞力的訓練並無多大幫助。多國公司根據母國的需要所研究發展出來的生產與管理技術，並不能適用於開發中的地主國，故直接投資對於地主國生產與管理技術的生根、成長並沒有幫助。

4.地主國認為她們並沒有參與多國公司的研究與發展活動，因而無法提升其科技、教育與創新的水準，故子公司也不應負擔母公司的研究發展費用。但是，母國認為研究與發展具有規模經濟的特性，故應集中於母公司進行，而地主國已經享有母公司研究發展成果移植的好處，自然應該分攤研究發展的費用。研究發展費用應該由那一方負擔、負擔多少，關係到子公司與母公司利潤的多寡，進而影響母國與地主國所能課徵到的租稅收入。如果母公司負擔全部的研究發展費用，則子公司的利潤可以增加，地主國的租稅收入也就可以增加。

5.地主國認為多國公司經常利用母公司與子公司之間貿易移轉報價的方式，低估利潤，以規避稅賦、逃避外匯管制。由於許多地主國並沒有足夠的會計、法律及其他技術人才來審查多國公司的帳務及執行所訂合約，再加上多國公司本身交易的產品可能沒有公認的國際價格，因此實難有效遏阻多國公司利用移轉報價所產生的弊端。

6.多國公司是一超越國界的經濟主體，因而時常導致母國與地主國之間利益的重疊而肇致衝突，致使地主國感到其主權、政治權力、司法審判權受到損害。母國則認為子公司是母公司的延續，母

公司對子公司擁有管理經營權，故子公司應同母公司一樣受到母國法規的管制；可是地主國卻認為子公司在其國境內活動，其主權不容侵犯，故子公司應受其法規的管制。由於母國與地主國的法規並不盡相同，因而可能導致兩國利益的衝突。例如，1982 年美國雷根總統為報復蘇俄入侵阿富汗而禁止美國所屬公司出售輸送天然瓦斯的設備給蘇俄，但法國基於本身經濟利益的觀點，卻命令當地美國所屬的子公司必須出售這些設備給蘇俄。因為就美國的觀點，如果法規不能適用於子公司，則只要經由海外子公司的設置，母公司便能免除國內法規的限制，則美國的法規喪失其效力；但就法國（地主國）的觀點，美國法規延伸至其國境是一種不能容忍的主權侵犯。

7.多國公司基於整體經濟利益的考慮，可能會限制子公司的產品輸往某些市場，或只是進行有限度的技術移轉，或隨時變動子公司的產量，而導致地主國的不滿。

8.多國公司利用公司本身的經濟力量，及容易接近國際金融市場的優勢，不僅可以使子公司規避地主國貨幣政策的限制，更可以加強其與地主國廠商的競爭力。

9.多國公司的存在，使地主國的經濟與國際經濟更加緊密的結合，且將影響地主國經濟政策的決定，故將使地主國經濟的自主性降低。又由於母公司經營決策的改變、子公司產量的變動更會導致地主國經濟的不穩定。

10.直接投資有時雖可提高地主國市場的競爭性，有時亦可能提高地主國市場的獨佔性，這要視子公司是如何設置的而定。

11.子公司的利潤如果微小，地主國懷疑其是利用移轉報價、分攤成本，以逃避稅賦的結果。子公司的利潤如果很高，地主國雖可課徵得到較多的租稅收入，但卻又認為這是剝削本國勞工、吸收本國人才、壓榨本國資源、打擊本國幼稚工業的結果，而視直接投資

為一種帝國主義的政治與經濟的剝削,因而興起愛國心與民族情感,流於情緒地排斥多國公司,拒絕直接國外投資,或要求修改所謂過時的協議 (obsolescing bargain),以求徵得更多的利潤稅或資源租金 (resource rent),甚至直接將子公司予以徵收或國有化。

12.進行直接投資的國家大多是先進工業國家,其為維護直接國外投資的利益,可能會對地主國施加壓力或干涉地主國的決策;母國政府亦可透過母公司影響子公司的決策,以符合母國的利益;子公司逕與地主國的經濟或政治利益團體相結合,以改變地主國的政治結構,影響地主國的決策,維護子公司本身及母公司的利益。這些均將損及地主國的主權,破壞地主國政策的自主性,並容易挑起母國與地主國之間的衝突。

● 二、應付的對策

為了避免或減輕直接國外投資可能產生的不利影響,地主國通常可以採取以下各種可能的防範措施:

■ 限制直接投資

地主國對於外國直接投資的申請,事先予以審查,並評估其對本國經濟、政治、社會、及文化可能產生的利弊得失,如果其對本國可能產生有利的淨效果,則准許直接投資的進行。就地主國而言,對直接投資的限制如同最適關稅一般,目的在於尋求最適限制 (optimum restriction) 的直接投資數量,以使本國的福利水準達到最大。

■ 限制子公司的組織型態

即限制外國對子公司擁有的所有權不得超過一定的比例,要求本國參與聯合經營 (joint venture) 並取得多數的所有權。如此,不僅地主國可以控制子公司,亦可培養其生產和管理的技術人才。

◧ 直接管制子公司

地主國可以針對直接投資可能產生的弊端，對子公司直接予以各種限制，以使直接投資對本國產生最大有利的影響。例如，限制中間投入最大的進口比例、規定各級人員至少雇用一定比例的當地員工、規定技術移轉的進度、管制產品價格與工資、規定污染防治標準、禁止在本國金融市場籌措資金、及管制利潤的匯出等。

◧ 限制子公司的生產與銷售

申請直接投資之時，地主國即限制子公司生產的項目（如只允許生產地主國所無法生產的產品）、最低或最高的生產數量、及產品內銷與外銷的比例。

◧ 禁止接管本國企業

地主國只允許母公司以新創而非接管本國原有公司的方式創設子公司，以維護本國市場的競爭性。

◧ 將資本輸入與管理和生產技術的進口加以劃分

為避免直接投資將資本、管理和生產技術整組一同輸入地主國可能產生的缺點，地主國可以將借入資本與雇用管理和生產技術分開，即將子公司的所有權與管理權分開，所有權為地主國所有，管理權則委諸於國外的專門技術人員，如此可以獲得直接投資之利而可以免其弊。日本即採用此種方式引進生產和管理技術，導致其經濟快速的成長，而避免直接投資的可能流弊。

◧ 將子公司國有化、徵收，或迫使其自動結束業務而將所有權轉讓給本國人民

這是最後不得已的作法，將會使地主國的信譽受損而難以再吸收到直接投資資金的流入。

多國公司的興起確實是國際經濟一革命性的發展，由其伴隨而生的問題並非任何單獨一個國家所能解決的。各地主國曾經試圖對

多國公司予以管制，但最後徒然導致資本的外流與外國直接投資的裹足不前，多國公司卻又在另一個國家找到了新的據點。多國公司的發展跨越了國界，其力量不僅足與許多的地主國相抗衡，甚至有過之而無不及，地主國因而感到主權受損，多國公司也因而被一些開發中國家認為是現代帝國主義之經濟和政治侵略的化身。如何將多國公司的活動納入國際經濟活動的正軌，實有賴國際間共同合作，制定為多國公司所遵循的國際法規，才能興利除弊，而將多國公司整合世界經濟、促進世界資源有效派用、提高世界產出與消費水準的功能推展至最大。

摘　要

1. 國際間許多具有獨佔性或寡佔性的大企業超越國界，同時將國際間產品的貿易與要素的移動結合在一起，進行對外直接投資，成立國際性的多國公司。

2. 由於直接國外投資的風險大於國內投資，因此必然有特別的因素或原因存在，使得廠商進行直接國外投資較之從事國外證券投資、直接出口、或國內投資來得有利。

3. 直接國外投資是國際資本移動的方式之一，但其性質更包括管理與生產技術及企業家精神的一同移動，國際經濟活動的重點已由單純的商品貿易轉變為直接國外投資，而國際多國公司便是直接國外投資存在的具體表現。

4. 國際多國公司的起源甚早，其對國際經濟的重要性也與日俱增。隨著時間的推進，國際多國公司的性質屢有變遷，投資的方向也時有改變，在風險的承擔及經營的決策上也有了很大的轉變。

5. 與單國性企業比較，多國公司對於資源的派用與產品的配銷，具有因地制宜、全球整合效果的優勢，故可從全球的觀點制定最適的產銷策

略，以使其整體的經濟利益達到最大。

6. 直接國外投資資金主要來自先進工業國家，其中以美國所佔比例為最大；資金主要亦流向先進工業國家，顯示先進國家之間有著雙向交流的直接投資關係存在。

7. 美國是全世界進行對外直接投資最主要的國家，國際間直接投資主要集中於獨佔或寡佔的先進工業產品，導致許多地主國的某些產業完全為多國公司所控制，許多地主國因而限制或禁止多國公司的設立或取得本國企業的所有權。

8. 多國公司的興起對國際經濟產生了很大的影響，吾人可從效率、投資、公平、與主權等方面，來探討多國公司對國際全面性的影響，其中效率與投資的問題關係到多國公司的存在是否能使世界的福利水準提高；公平的問題則關係到如果直接投資能夠提高世界福利，這增加的福利如何於國際間分配；主權的問題則關係到國際間因多國公司的興起所造成的國際政治的紛爭。

9. 多國公司的存在對母國所產生的影響是複雜、未定的，母國對於多國公司的政策也未定，有時鼓勵、有時又予以限制或制止對外直接投資。但是，基於就業機會與所得報酬的考慮，母國的勞動者往往反對直接國外投資，而要求政府限制其進行；母國政府如果基於短期國際收支與租稅收入的考慮，也可能增加對直接國外投資的限制，並醞釀修改稅法以獲取更多的直接國外投資利潤。

10. 多國公司對地主國的影響亦是複雜、未定的，但其主要在於經濟利益的分配與主權自主性的爭論方面。為了避免或減輕直接國外投資對地主國可能產生的不利影響，地主國可以事先採取各種可能的措施防範之。

重要名詞

直接國外投資　　　　　　　產業定向投資

地主國　　　　　　　　　　母　國

橫式整合　　　　　　　　　縱式整合

多國公司　　　　　　　　　全球購物中心

全球整合效果　　　　　　　移轉報價

工作出口

習　題

1. 直接國外投資與國外證券或資產投資有何不同？直接國外投資具有那些特點？

2. 何謂產業定向投資？其與直接國外投資之間有何關係？

3. 一個國家的企業為何願意進行直接國外投資？

4. 簡述國際多國公司的演變及發展趨勢。

5. 試比較多國公司與單國公司的利弊得失。

6. 試述直接國外投資資金來源與流向的特性。

7. 國際多國公司對國際經濟有何影響？

8. 國際多國公司對母國有何影響？

9. 國際多國公司對地主國有何影響？

10. 地主國可以採取那些措施來防範直接國外投資可能產生的不利影響？

11. 對於國際多國公司的發展，你個人的看法如何？

12. 國際多國公司與國際產品貿易及要素移動之間有何關係？

13. 國際多國公司對開發中國家的經濟發展有何影響？

第十五章　我國對外貿易概況

▶▶▶▶

　　我國對外貿易的演變大致可以分為三個階段：民國成立之前、民國成立之後、及政府遷臺迄今。在本章，吾人對民國成立之前與之後的我國對外貿易政策與概況僅作簡要的介紹，對於政府遷臺後的我國對外貿易則作較為詳盡的敘述。

第一節　民國成立前我國對外貿易政策與概況

　　中國版圖遼闊、幅員廣大、物產豐富，故絕大部分物產皆能自給自足，無需仰賴國外供應。再加上以中國為天下中心，視中國之外皆為蠻夷之邦的封閉思想，造成鴉片戰爭發生之前，我國可說處於一種閉關自守的狀態，對於國際貿易持消極、被動的態度，官方並予諸多的干預與管制。是故，大體而言，民國成立之前我國的對外貿易並不甚發達，對於國際貿易採限制而非鼓勵的政策。

　　我國對外貿易最早可追溯至漢武帝命張騫出使西域，打開絲路而建立我國與西域之間的貿易。自漢朝以降，外國對中國的朝貢與中國對她們回賞賜物是國際貿易進行的重要方式之一。由於對外貿易利潤鉅厚，貿易所得成為政府重要財政收入之一，故歷朝對於對外貿易均相當干預，私人間的國際貿易並不興盛。

　　大致從隋朝開始，我國由海路開展與南洋諸國的貿易，貿易量與貿易產品的範圍也由此漸增。宋朝繼續重視海外貿易，嚴格控制對外貿易，貿易之利與舶稅（如現代的關稅）為財政收入的重要來源。元代亦相當重視對外貿易，放寬對外貿易管制，並打開我國與

歐洲貿易之門。明朝海寇為患，對外貿易受到相當的影響，但鄭和的七下西洋，對於促進我國與海外的貿易確有重大的貢獻，明朝中葉以後，我國也開始與歐洲直接通商。

清初對國際貿易採嚴格的管制措施，廣州是唯一的貿易關口，主要貿易對象為英國。自嘉慶年間開始，鴉片開始大量輸入我國，造成白銀大量外流，百姓身心遭受嚴重戕害。清廷決心禁煙，因而爆發鴉片戰爭，清廷戰敗，與英國簽定「南京條約」，開放五口通商，自此中國對外門戶大開，對外貿易大增。但是，清廷一連串戰敗所簽定的不平等條約，使關稅自主權喪失，對外貿易處於被動、不利的地位，最後可說淪於為洋行進行買辦的一種業務而已，清末我國的對外貿易因此處於嚴重逆差的狀態。

歷朝對外貿易產品項目雖屢有變遷，但整體而言，民國成立之前這段期間我國出口以絲、茶為主，進口以香料、棉布為主，至於清朝對外大量的鴉片交易並非常態。

第二節　民國成立後我國對外貿易政策與概況

民國成立初期，雖戰亂頻仍，但對外貿易卻不減反增。此乃我國對外貿易掌握在洋人手中，洋人以其武力及在華所享有的各項特權為保障，貨品的流通並不受我國內戰的影響，再加上內戰使國內生產受到嚴重的破壞，因而更加仰賴外資的供應。民國成立之後，英國在我國對外貿易上的地位漸趨沒落，取而代之的是日本與美國。1915 年，日本提出「二十一條件」而引發抵制日貨運動，1925 年，上海「五卅慘案」與隨後廣州「沙基慘案」的發生，而引發抵制英貨，隨後發生抵制外貨運動不斷發生，這使得對外貿易量銳減，但我國民族工業卻因而得有機會建立起來。

1929 年，我國關稅恢復自主，但是，北伐、抗日戰爭及剿匪等一連串的戰亂，再加上 1929 年開始的世界經濟大蕭條，我國對外貿易逐漸萎縮，乏善可陳。在對日抗戰期間，我國實施嚴格的外匯與貿易管制，但由於沿海各省被日本佔領，對外貿易實為中斷，唯有經由內陸靠外國──主要為美國的援助來獲得外資。

抗日戰爭勝利後，對外貿易應可逐漸恢復。但是，由於中共叛亂日劇，國內金融情勢混亂，通貨膨脹嚴重，故對外貿易並無多大轉機。抗戰勝利至政府遷臺這段期間，大部分外資都是靠美國的援助而取得。在外匯匱乏與嚴格的外匯金融管制下，是無法冀望國際貿易能夠興起的。

總而言之，在生產事業落後，戰亂不斷，國內經濟失序的情況下，我國對外貿易是不可能有良好表現的。唯有在政府遷臺之後，政治穩定，經濟快速成長，我國才有令世人讚賞的對外貿易表現。

❖ 第三節　國際貿易與臺灣的經濟發展 ❖

● 一、國際貿易的重要性

根據剩餘出口理論，國際貿易是帶動開發中國家經濟發展的引擎，這正是我國經濟發展成功的寫照。臺灣幅員狹小，總面積只有 36,000 平方公里，可耕地面積只有 90 萬公頃左右，山地面積達全省面積的 60% 以上，但各種主要礦產與能源的存量又極為貧乏，唯一豐富的資源為數量可觀的勞動力。在此幅員狹小、自然資源貧乏的情況下，就供給面而言，唯有向國外進口大量的資源、原料，以補國內自然資源稟賦的不足；就需求面而言，唯有將本國大量生產的產品銷售於國外，以補國內市場的不足，即將臺灣海島型經濟變成小型開放經濟，才能克服經濟發展上先天條件的缺失，以期有所成就。

　　國際貿易對我國經濟發展的重要性，就供給面觀察，在 1950 年代，由於我國正推行進口替代的發展策略，所以在 1952 至 1958 年之間，輸入佔總供給（國內生產毛額、進口、及國外要素所得淨額之和）的比例大致在 13% 至 17% 之間。但自 1950 年代末期開始，由於我國出口擴張策略的推行成功，出口快速成長導致對生產要素投入的需求激增，故自 1960 年代起，輸入佔總供給的比例逐漸提高。從 1970 年代開始，我國國內的總供給有三分之一左右來自於國外，國際貿易對我國產出的增加、物價的穩定，以至國民生活水準提高的重要性由此可見。

　　輸入佔國內總供給的比重隨我國的經濟成長而不斷提高，乃是國內生產毛額成長的速度小於輸入成長的速度所致。這表示我國對於進口投入所創造的附加價值小，因此唯有大量的進口中間投入，而後才能創造快速的經濟成長，但這也有導致我國經濟對國際貿易依賴的程度不斷提高的缺失。

　　再就需求面而言，1950 年代由於我國推展內部導向的進口替代發展策略，所以輸出佔總需求（消費、國內資本形成毛額、及出口之和）的比重在這一段期間大致維持於 8% 左右。自 1950 年代末期開始，由於出口擴張的成功，輸出佔總需求的比重持續上升。自 1976 年開始，輸出佔總需求的比重，均達 30% 以上，1985 年開始，更達 40% 以上。這表示如果沒有對外貿易，我國將有三分之一以上的產品無法被吸納，依據 J. M. Keynes 的有效需求理論，若無有效需求存在，生產是無由發生，經濟是難以成長的。由此可以斷言，若無廣大的國際市場吸納我國的產品，單靠國內市場（尤其是經濟發展的初期）是無法產生足夠的有效需求，以帶動我國生產的增加與經濟的成長。

　　國外廣大的市場雖然彌補了國內市場狹小的不足，但卻因而使

我國經濟與國際經濟產生密不可分的關係。國外市場的任何干擾、波動，將透過國際貿易與金融交往的管道而傳遞到我國。因之，國內經濟的穩定有時並不單是國內所能左右的。

　　資本累積是經濟成長的必要條件之一，通常也被視為是決定開發中國家的經濟能否成長的最重要因素。許多開發中國家往往由於國民所得水準低，本身沒有儲蓄能力且又缺乏外資的流入，經濟因此無法發展起來。但是，我國卻是極其幸運，在我國最需外資的時候，外資能夠繼續不斷的流入，其中以美援 (U. S. Aid) 最為重要。在1952 至 1962 年之間，國內資本形成毛額中國外財源（包括國外經常移轉收入及借入）約在 8% 至 17% 之間。但是，此一比例隨著美援的停止、經濟的成長、及國民儲蓄能力提高，而逐漸下降，外資的重要性乃相對降低，至 1960 年代末期，外資所佔比例已很微小。

　　1971 年以後，除 1974、1975、及 1980 年因貿易逆差，資本形成財源仍得借助外資外，其餘各年國內財源除供國內投資需求外，尚有餘力從事對外投資，顯示往後我國的經濟成長不但可以不必依賴外資，而得以自力成長，甚至將逐漸成為資本出口的國家之一。雖然經濟情況有了如此重大的轉變，但是 1960 年代之前如果沒有這麼多的國外資本流入，我國的經濟發展將難以有目前這般的成果。

　　總供給、總需求、及資本形成是一個國家的經濟能否成功發展的三大重要指標。在我國的經濟發展過程中，這三個經濟變數中國外因素均扮演著相當重要的角色，由此可以看出國際貿易對我國海島型經濟的發展是絕對必要的。

● 二、對外貿易的依存

　　由上一節的敘述可知國際貿易對臺灣經濟發展的重要性與必要性，本節則在於進一步瞭解國際貿易對我國經濟活動的重要程度。

測度一個國家對外經濟關係依存的程度，通常以出口、進口、或進出口總額對國內生產毛額 (GDP) 的比率作為衡量的指標。表 15–1 顯示，進出口總額、出口、及進口對國內生產毛額的比率，在 1952 年分別為 22.28%、8.07%、及 14.21%。1950 年代由於進口替代策略的推行，故臺灣對外經濟關係的程度並不高，整個 1950 年代這些數據變化的幅度並不大，這也正是進口替代政策推行的結果與特性。

但是，1960 年代開始，由於出口擴張策略的推行成功，這些數據不斷快速上升，至 2005 年，進出口總額、出口、及進口對國內生產毛額的比率已分別上升至 121.54%、62.78%、及 58.76%。就世界其他國家的進出口總額對國內生產毛額的比率觀察，2005 年美國為 21.13%、法國為 42.99%、德國為 62.75%、英國為 38.83%、韓國為 69.29%、日本為 24.23%，這些數據與我國的比較起來，足以顯示我國與國際經濟關係的密切，並證明我國對外貿易依賴程度之深。

表 15–1 的資料正顯示我國小型開放經濟的重要特性。由於自然資源稟賦缺乏，我國唯有進口大量的原料、中間投入、或零件組配來生產出口品，才能支持快速的出口成長，因而導致進口對國內生產毛額比率的持續上升與偏高。進口對國內生產毛額的比率偏高，表示國內的生產倚重國外資源或中間投入的供給。進口對國內生產毛額的比率達 50% 以上，表示國內每創造 1 塊錢的附加價值（國內生產毛額）就必須進口 0.5 塊錢以上的財貨與勞務，這正顯示我國產出增加、經濟成長對進口依賴之深，也表示我國對進口中間投入所創造的附加價值偏低。同樣地，出口對國內生產毛額的比率偏高，表示國內的生產倚重國外市場的需求，出口對國內生產毛額的比率達 60% 以上，表示國內每創造 1 塊錢的產出（附加價值），就必須出口 0.6 塊錢至國外，否則這一部分的產出與就業將無由產生，這也顯示我國產出增加、經濟成長對出口依賴之深。

◀ 表 15-1　進出口總額、出口與進口對國內生產毛額的比率 ▶

單位：%

年　別＼項　目	進出口總額	出　口	進　口
1952	22.28	8.07	14.21
1955	20.90	8.28	12.62
1961	34.76	13.81	20.95
1964	38.14	19.45	18.69
1967	46.43	22.19	24.24
1970	60.78	30.37	30.42
1974	95.63	43.94	51.69
1975	83.01	39.86	43.15
1976	93.52	47.85	45.68
1977	93.54	49.22	44.32
1978	98.54	52.50	46.04
1979	105.47	53.30	52.17
1980	106.40	52.61	53.80
1981	102.34	52.20	50.15
1982	93.12	49.08	44.04
1983	95.56	52.01	43.54
1984	99.17	55.07	44.10
1985	92.62	53.07	39.56
1986	94.52	56.97	37.56
1987	95.46	56.24	39.22
1988	95.89	53.20	42.69
1989	89.53	48.43	41.11
1990	86.20	45.53	40.67
1991	87.88	46.14	41.73
1992	82.77	42.25	40.52
1993	84.04	42.81	41.23
1994	82.93	42.27	40.65
1995	91.24	46.42	44.82
1996	88.38	45.82	42.56
1997	91.13	46.59	44.54
1998	91.48	46.26	45.22
1999	90.36	46.44	43.92
2000	102.61	52.40	50.21
2001	92.52	48.89	43.64
2002	95.97	51.56	44.40
2003	104.00	55.73	48.27
2004	120.38	61.93	58.45
2005	121.54	62.78	58.76

資料來源：行政院主計處，《國民經濟動向統計季報》，各期。

　　我國的進口大部分是用之於生產出口產品的中間投入，但從進口投入中所創造的附加價值不高❶。因此，唯有經由大量的進口投入與出口產出的過程，才能累積大量的附加價值，才能獲得高度的經濟成長。

　　由於國內資源貧乏、市場狹小，今後我國如要繼續維持高度的成長並減少對外貿易依賴的程度，唯有從提高進口投入的附加價值，以降低進口佔國內生產毛額的比重，或開發國內市場，刺激國內有效需求以降低出口佔國內生產毛額的比重著手。衡量實際情況，由於目前我國的國民所得水準與先進工業國家相比較仍然有段距離，在短期間國內市場的擴展仍然相當有限，因此唯有經由發展資本、技術密集產業一途來提高進口投入的附加價值，才是促進我國經濟發展，減少對外貿易依賴程度的良策。

　　近年來，我國進出口總額對國內生產毛額的比率均在 90% 以上，這是世界上除新加坡、香港等少數小型開放的國家或地區外，鮮有的現象，我國與國際貿易密不可分的關係由此可見。據此而言，聲稱對外貿易是我國經濟的命脈，或我國對外具有完全的國際經濟關係，實不為過。

● 三、貿易型態

　　根據赫克紹─歐林理論，勞動豐富的國家應出口勞動密集財，資本豐富的國家應出口資本密集財。國際貿易之後，一國相對豐富之生產要素的報酬會上升，相對稀少之生產要素的報酬會下降。準此，在經濟發展的初期，與各先進國家比較，我國是一個勞動豐富、

---

❶　假設進口全部為用之於生產出口產品的中間投入，則進口投入所產出的出口值與進口投入的進口值的差額，在不考慮生產所需其他投入下，即為對進口投入所創造的附加價值。

資本貧乏的國家，應該出口勞動密集財而進口資本密集財。

　　1950 年代，我國中央銀行重貼現率年息平均達 24.27%，整個 1960 年代，中央銀行的重貼現率也都在二位數字 10% 以上（年息平均 12.11%），這與當時先進工業國家個位數字的年利率水準相比較，顯然高出許多。就工資而言，直到 1967 年之前，以當年幣值計算，我國製造業平均每人每月薪資均在新臺幣 1,000 元以下，這樣的工資水準不僅遠低於先進工業國家的工資水準，亦比一般開發中國家的工資水準為低。根據兩部門經濟發展模型，直到 1960 年代中期，我國農業部門一直有著過剩的剩餘勞動力存在，故工資水準能夠一直維持在相當低的水平。在這樣的要素價格結構下，與先進工業國家進行貿易，我國必然出口成本較低的勞動密集財而進口成本較高的資本密集財，事實證明我國的貿易型態正與赫克紹─歐林模型的假說相符合。

　　勞動密集財大量出口的結果，導致我國勞動力逐漸短缺，工資上漲的壓力不斷增加，至 2005 年我國製造業平均每人每月薪資已達新臺幣 41,751 元，這樣的工資水準已遠高於大部分的開發中國家，我國所具有的低工資優勢可說已經喪失。

　　經過近 50 年的快速經濟成長，我國儲蓄能力大幅提高，國內資金的供給漸趨充裕，但資本密集財的進口、勞動密集財的出口對於緩和我國利率水準上漲的壓力應有很大的貢獻。近年來，我國的利率水準大致已與各先進工業國家的水準相近，這種工資與利率變化的趨勢，使得我國的要素價格與其他先進國家的差距縮小，這種變化正與要素價格均等化定理的假說相符合，即不完全自由貿易的結果，使得貿易與國之間的要素報酬的差距趨於縮小。也由於要素稟賦有了如此的變化（工資水準提高、資本存量增加），使得我國的貿易型態有了明顯的轉變，即對已開發國家，我國仍然出口勞動密集

財、進口資本密集財，但對開發中國家，我國卻出口資本密集財、進口勞動或資源密集財。這種雙元的貿易型態是我國由開發中國家過渡到已開發國家期間，處於新興工業化國家的必然結果。

　　國際貿易使得我國要素價格——尤其是工資的變化與就業機會大量增加的結果，是導致我國的所得分配隨著經濟發展而愈趨平均的重要因素之一。我國所得分配的吉尼係數 (Gini coefficient) 由 1968 年的 0.326 降至 1980 年的 0.277，家庭所得第五等分位（最高所得組）所得對第一等分位（最低所得組）所得的倍數，從 1964 年的 5.33 倍持續下降至 1980 年的 4.17 倍，表示我國所得分配之羅倫茲曲線 (Lorenz curve) 隨經濟快速發展而愈加接近所得分配絕對平均線，個人所得分配的貧富差距乃逐漸縮小，我國遂成為世界上所得分配最平均的地區之一。

　　這種在追求快速的經濟成長過程中，同時達成所得更平均的分配，乃世界各國少有的現象，而其中國際貿易的貢獻更是功不可沒的，因為它使得廣大勞工階層的實質工資提高，就業機會增加，因而導致我國的所得分配隨對外貿易的擴張與經濟快速的成長而愈趨平均。但是，自 1981 年起，我國的所得分配開始惡化，尤其是 1986 年開始的投機風潮與金錢遊戲，導致不動產與股票價格的狂飆，因而使得我國的所得分配急速惡化。2004 年，我國所得分配的吉尼係數回升至 0.338，第五等分位家庭之所得對第一等分位家庭之所得的倍數回升至 6.03 倍，這種趨勢值得政府有關當局重視，並應設法改善。

❖ 第四節　經濟成長對國際貿易的影響 ❖

　　對外貿易帶動了我國的經濟成長，隨著經濟成長，我國對外貿易有了怎樣的變化呢？本節即在於介紹我國經濟成長對國際貿易的

影響。

● 一、對外貿易的成長

我國的經濟成長與對外貿易成長之間有著密切的增函數的關係存在。在經濟成長的過程中，除了少數幾年外，歷年來我國的貿易總額、出口、及進口，均有相當高的成長率。由於對外貿易的成長率均遠高於經濟成長率，因而導致進口與出口對國內生產毛額的比率不斷的提高。就對國際貿易的影響而言，我國的經濟成長屬於一種順貿易偏向的成長。

表 15-2 顯示，以當年價格算，1952 年，我國貿易總額為 303 百萬美元，其中出口為 116 百萬美元，進口為 187 百萬美元；至 2005 年，我國貿易總額為 371,000 百萬美元，其中出口為 189,394 百萬美元，進口為 181,606 百萬美元，貿易總額成長了 1,223 倍，出口成長了 1,632 倍，進口成長了 970 倍。以每人為單位計算，1952 年，平均每人貿易總額為 38 美元，其中出口為 15 美元，進口為 23 美元；至 2005 年，平均每人貿易總額為 16,378 美元，其中出口為 8,361 美元，進口為 8,017 美元。這樣的數據一方面顯示我國的產品在國際市場上具有很強的競爭力，因此出口得以持續快速成長；另一方面顯示我國國民所得水準提高，外匯存量豐富，因此進口能力得以不斷加強。若非如此，進出口的快速成長是不可能實現的。

隨著我國經濟發展層次的提高，由於進出口數量基數的擴大、產品結構的改變、競爭對象的改變，進出口的成長將不若以往那般快速是可以預料得到的。但是，鑒於國際貿易是我國的經濟命脈，攸關我國經濟成長與人民福利的高低，故應於我國經濟發展的過程中，設法將進出口的成長率維持在一適當的水準之上，才能確保我國經濟進一步的成長、穩定、及安全。

◀ 表 15-2　　對外貿易的成長 ▶

單位：百萬美元

項　　目 年　　別	出　口 (1)	進　口 (2)	貿易總額 (3) = (1) + (2)	貿易餘額 (4) = (1) − (2)
1952	116	187	303	−71
1955	123	201	324	−78
1960	164	297	461	−133
1965	450	556	1,006	−106
1970	1,481	1,524	3,005	−43
1975	5,309	5,952	11,261	−643
1980	19,811	19,733	39,544	+77
1981	22,611	21,200	43,811	+1,412
1982	22,204	18,888	41,092	+3,316
1983	25,123	20,287	45,410	+4,836
1984	30,456	21,959	52,415	+8,497
1985	30,726	20,102	50,828	+10,624
1986	39,862	24,181	64,043	+15,680
1987	53,679	34,983	88,662	+18,695
1988	60,667	49,673	110,340	+10,995
1989	66,304	52,265	118,569	+14,039
1990	67,214	54,716	121,930	+12,498
1991	76,178	62,861	139,039	+13,318
1992	81,470	72,007	153,477	+9,463
1993	85,091	77,061	162,152	+8,030
1994	93,049	85,349	178,398	+7,700
1995	111,659	103,550	215,209	+8,109
1996	115,942	102,370	218,312	+13,572
1997	122,081	114,425	236,506	+7,656
1998	110,582	104,665	215,247	+5,917
1999	121,591	110,690	232,281	+10,901
2000	148,321	140,011	288,332	+8,310
2001	122,866	107,237	230,103	+15,629
2002	130,597	112,530	243,127	+18,067
2003	144,180	127,249	271,429	+16,931
2004	174,014	167,890	341,904	+6,124
2005	189,394	181,606	371,000	+7,788

資料來源：行政院經建會，*Taiwan Statistical Data Book 2006*，p. 212。

● 二、貿易結構的改變

　　過去 50 年間，隨著經濟成長，我國無論在要素稟賦、生產技術、及消費型態等方面，均有了重大的轉變。因此，無論在進出口的產品結構上或進出口的地區分布上均有很大的改變。

　　根據表 15–3，就出口產品結構大分類觀察。在 1952 年，出口產品中農產品佔 22.1%，農產加工品佔 69.8%，工業產品只佔 8.1%，這正是以農業經濟為主之開發中國家的典型出口結構，即農產及其加工品的出口佔出口的絕大比例，在整個 1950 年代工業產品出口的比例平均不到 20%，農產及其加工品出口所佔的比例平均達 80% 以上，其中又以糖和米的出口佔絕大的比例。但從 1960 年代開始，工業產品出口的比例快速提高。至 2005 年，出口產品中農產及其加工品所佔的比例降至 1.3%，工業產品出口的比例則提高至 98.7%，這正與 50 年前的出口結構完全相反。顯示隨著時間的推進，我國經濟不斷成長、資本不斷累積、技術不斷進步，出口的產品因此由土地密集產品逐漸趨於勞動密集，以致資本、技術密集產品，出口的產品結構由以初級產品為主的落後型態，迅速轉變為以工業產品為主的現代化型態。也正由於我國出口結構有此轉變，使得我國不致陷於一般開發中國家以出口初級農礦產品為主，而導致對外貿易不穩定、工業無法發展的泥沼之中。出口擴張、出口結構改變之後，我國的經濟結構也產生了對應的變動，即生產重心由農業移向工業，我國因而逐漸成為工業化的國家。

　　就進口產品結構大分類觀察，在 1952 年進口產品中資本財佔 14.2%，農工原料佔 65.9%，消費財佔 19.9%，至 2005 年進口產品中資本財佔 19.7%，農工原料佔 71.7%，消費財只佔 8.6%。資料顯示，在 1960 年代及 1970 年代初期，由於出口擴張的順暢，資本財進口

◀ 表 15-3　貿易結構的轉變 ▶

單位: %

項目\年別	出口			合計	進口		
	農產品	農產加工品	工業產品		資本財	農工原料	消費財
1952	22.1	69.8	8.1	100.0	14.2	65.9	19.9
1955	28.1	61.5	10.4	100.0	16.5	74.7	8.8
1960	12.0	55.7	32.3	100.0	27.9	64.0	8.1
1965	23.6	30.4	46.0	100.0	29.3	65.6	5.1
1970	8.6	12.8	78.6	100.0	32.3	62.8	4.9
1975	5.6	10.8	83.6	100.0	30.6	62.6	6.8
1980	3.6	5.6	90.8	100.0	23.4	70.8	5.8
1981	2.6	4.6	92.8	100.0	16.2	76.9	6.9
1982	2.0	5.1	92.9	100.0	16.3	75.5	8.2
1983	1.9	4.8	93.3	100.0	13.9	78.3	7.8
1984	1.7	4.3	94.0	100.0	13.6	78.6	7.8
1985	1.6	4.5	93.9	100.0	14.1	76.9	9.0
1986	1.6	4.9	93.5	100.0	15.0	75.6	9.4
1987	1.3	4.8	93.9	100.0	16.0	74.1	9.9
1988	1.4	4.1	94.5	100.0	14.9	73.7	11.4
1989	0.7	3.9	95.4	100.0	16.4	72.1	11.5
1990	0.7	3.8	95.5	100.0	17.5	70.4	12.0
1991	0.7	4.0	95.3	100.0	16.7	72.4	10.9
1992	0.6	3.7	95.7	100.0	17.9	69.3	12.8
1993	0.6	3.5	95.9	100.0	16.8	70.2	12.8
1994	0.5	3.6	95.9	100.0	15.9	70.7	13.4
1995	0.4	3.4	96.2	100.0	16.3	72.0	11.7
1996	0.4	3.1	96.5	100.0	17.9	69.0	13.1
1997	0.3	1.8	97.9	100.0	19.0	67.4	13.6
1998	0.3	1.5	98.2	100.0	23.2	63.8	13.0
1999	0.3	1.3	98.4	100.0	26.4	64.1	9.5
2000	0.2	1.2	98.6	100.0	28.0	64.1	7.8
2001	0.2	1.4	98.4	100.0	25.0	65.7	9.2
2002	0.3	1.3	98.4	100.0	23.0	67.7	9.3
2003	0.3	1.2	98.5	100.0	20.5	70.5	9.1
2004	0.2	1.2	98.6	100.0	21.4	70.4	8.2
2005	0.2	1.1	98.7	100.0	19.7	71.7	8.6

資料來源: 同表 15-2, pp. 216-217。

的比例有顯著提高的趨勢，至 1970 年代中期後，由於我國第二次進口替代政策的推行，可以看出資本財進口的比例有下降的趨勢。農工原料進口的比例一直維持在 60% 至 70% 之間，顯示我國自然資源稟賦的貧乏，因此，唯有進口大量的原料、中間投入，生產活動才能順利進行。消費財的進口比例在 1950 年代初期有非常顯著的下降，而後一直維持相當平穩的水準。近年來，由於政府推動產業國際化與貿易自由化，關稅水準不斷降低，消費財的進口遂有增加的趨勢。由於國民所得水準的提高，我國消費財的進口結構，必然由早期的以進口生活必需品為主，轉變到目前的以進口高級耐久消費財為主的情況，這正是我國消費水準在質的方面提高的必然結果。

　　進一步觀察出口產品結構的改變，可以更加深入瞭解我國工業化程度的提高與出口產品結構的迅速現代化。表 15–4 顯示，在 1982 至 2005 年這段期間，我國出口品中，高勞力密集度產品的比重下降，高、中資本密集與技術密集產品的比重均大幅提高。由此可見，由於我國資本的累積、技術的進步，再加上政府政策性的推動，近年來我國在追求擴展資本及技術密集產品的生產、出口努力上已逐漸有了成果。目前我國資訊硬體產品的生產規模僅次於美、日兩國，資訊、通訊、及電子產品成為我國的第一大出口產業。根據表 15–5，2004 年，在國際市場上，我國計有 37 項產品名列世界市場佔有率的前三名，這些產品中有一大部分為資訊產品，這種資訊產業的輝煌成就，使得我國享有「電腦王國」的美譽。

　　可以相信，我國出口產品結構的變動將會加速，許多產品的國際市場競爭能力將會加速更替。因為在這科技進步快速、國際競爭日劇的時代，產品所面對的國際需求曲線富於彈性的時間將會愈來愈短，因此唯有不斷開發新的出口品，或為原有的產品開拓新的市場，我國對外貿易才能繼續擴張下去。就整體而言，我國已從過去

◀ 表 15–4　出口產品要素密集度的轉變 ▶

單位: %

年　別	總　計	勞動密集度			資本密集度			技術密集度		
		高	中	低	高	中	低	高	中	低
1982	100.0	47.2	30.8	21.9	26.9	45.4	27.6	18.3	32.6	49.1
1983	100.0	46.6	34.3	19.0	24.5	46.6	28.9	18.2	33.4	48.4
1984	100.0	47.0	35.4	17.5	23.0	48.7	28.3	18.3	34.0	47.7
1985	100.0	45.9	35.6	18.5	24.5	48.7	26.8	18.8	33.6	47.6
1986	100.0	47.0	36.9	16.0	22.9	49.4	27.7	18.4	33.7	47.9
1987	100.0	47.9	37.2	14.9	22.4	50.5	27.1	19.4	35.2	45.4
1988	100.0	46.3	36.8	16.9	23.5	51.5	25.0	22.6	36.9	40.6
1989	100.0	43.4	37.8	18.8	26.6	50.7	22.7	24.2	38.1	37.7
1990	100.0	41.0	38.3	20.7	28.9	50.5	20.5	26.7	38.6	34.7
1991	100.0	40.1	38.8	21.2	29.8	51.0	19.2	27.2	38.5	34.3
1992	100.0	39.2	40.3	20.5	29.3	53.0	17.7	29.5	38.5	32.0
1993	100.0	38.9	41.2	19.9	28.9	54.8	16.3	31.4	40.3	28.3
1994	100.0	38.7	39.8	21.5	31.0	55.0	14.0	32.5	42.0	25.6
1995	100.0	36.4	40.6	23.0	31.9	56.5	11.6	36.5	41.4	22.0
1996	100.0	33.9	43.6	22.5	31.8	57.4	10.8	39.7	38.9	21.4
1997	100.0	34.9	43.1	22.1	30.3	60.6	9.1	39.7	41.1	19.2
1998	100.0	34.3	44.4	21.3	29.3	62.3	8.4	41.1	40.5	18.4
1999	100.0	35.4	43.7	20.9	28.4	63.8	7.9	42.1	41.0	16.9
2000	100.0	37.6	41.2	21.2	28.1	64.4	7.5	42.5	43.2	14.3
2001	100.0	33.3	43.1	23.6	30.9	60.7	8.4	46.4	38.8	14.9
2002	100.0	34.8	40.4	24.8	31.9	58.4	9.7	46.6	40.1	13.3
2003	100.0	36.5	36.9	26.6	33.4	57.0	9.6	46.0	41.8	12.2
2004	100.0	28.1	39.3	32.7	39.8	50.4	9.8	54.0	34.2	11.9
2005	100.0	28.2	36.1	35.7	43.0	47.2	9.8	53.9	34.5	11.6

資料來源: 同表 15–2，p. 214。

　　的以勞動密集產品為主，資本密集產品為輔的初級工業產品出口型態，轉變為目前以資本與技術密集產品為主，勞力密集產品為輔的現代化高級工業產品出口型態，這意謂我國已進入全面工業化與經濟現代化的時代。

　　隨著時間的推進，各國的經濟情勢發生了改變，各國比較利益

◀ 表 15-5　全球前三大之臺灣製產品（不含海外生產）——2004 年 ▶

世界第一（13 項）	世界第二（17 項）	世界第三（7 項）
1. 晶圓代工 (Foundry) 2. Mask ROM 3. IC 封裝 (IC Packaging) 4. WALN 5. SOHO 路由器 (SOHO Router) 6. CD-R 光碟片 7. CD-RW 光碟片 8. DVD-R 光碟片 9. DVD-RW 光碟片 10. 玻璃纖維布 (Glass Fiber) 11. 電解銅箔 12. ABS 13. 高爾夫球頭	1. xDSL CPE 2. 電纜線數據機 (Cable Modem) 3. IC 設計 (IC Design) 4. 大型 TFT LCD 5. 小型 TFT LCD 6. TN/STN LCD 7. Analog Modem 8. Pure PDA 9. 網路卡 (Network Interface Card) 10. 集線器 (Hub) 11. MB 12. 聚酯絲 (Polyester Filament) 13. PTA 14. TPE 15. PU 合成皮 (Polyurethanes Synthetic Leather) 16. 手工具 17. 螺絲螺帽 (Screw Nut)	1. 乙太網路交換器 (Ethernet Switch) 2. 動態隨機存取記憶體 (DRAM) 3. 發光二極體 4. PDP 5. NB 6. 聚酯棉 (Polyester Fiber) 7. 耐龍纖維 (Nylon Fiber)

資料來源: 經濟部技術處 ITIS 計畫。

所在之產品也因此有了變化，因而導致貿易地區的分布或貿易夥伴的改變❷。50 年來，我國進口地區一向主要來自美國與日本，兩者所佔的比例在 1974 年之前一直在 60% 以上，此一比例至 2005 年下降至 36.9%。在 1963 年之前，由美國進口的比例高於日本，但自此

---

❷　請參閱行政院經建會，*Taiwan Statistical Data Book 2006*, pp. 223–226。

而後，由日本進口的比例便高於美國，日本因此成為我國目前最主要的進口國家。但是，近年來政府為平衡我國對日鉅額的貿易逆差，極力鼓勵由日本以外的地區進口，故由日本進口的比例已從 1971 年最高的 44.9% 下降至 2005 年的 25.3%。兩岸貿易逐漸鬆綁後，由中國大陸進口的比例逐年上升，在 2005 年，由中國大陸進口的比例 (11.0) 僅些微低於由美國進口的比例 (11.6%)，由韓國進口的比例 (7.37%) 則居於第 4 位。

在出口方面，1950 年代以日本為主，其所佔比例達 40% 以上，1955 年更高達 59.5%，其次是香港、新加坡、及美國。但自 1967 年開始，對美國出口的比例即超過日本。1990 年代起，我國對中國大陸的貿易量快速成長，在 2005 年，出口地區中國大陸佔 21.6%，香港佔 16.2%，兩者合計佔 37.8%，美國佔 15.1%，第三是日本 (7.6%)。對香港的出口比重有一大部分是對中國大陸的間接出口所導致，在 2005 年，我國由中國大陸（含香港）進口金額為 218.2 億美元，對中國大陸（含香港）出口金額為 716 億美元，分別佔當年我國進口的 12% 及出口的 37.8%。

由以上進出口地區分布比例的變化可以看出，我國對外貿易的地區分布有一很不平衡的現象，那就是過去我國進出口貿易主要集中於美、日兩國與香港，但隨著兩岸貿易的鬆綁，近年來對美、日兩國貿易所佔比例呈現快速下降的趨勢，但對中國大陸（含香港）的貿易卻快速增加。在 2005 年進口中，美、日兩國共佔 36.9%；出口中，美國與中國大陸（含香港）共佔 52.9%。這種貿易地區高度集中化的結果，將使我國對外貿易，乃至國內經濟的風險與不確定性的程度加大，亦即我國對外貿易及國內經濟情勢，將受到美、日兩國與中國大陸經濟情勢變化相當大的影響。

除貿易地區集中外，更加有進出口地區不對稱的現象存在，即

我國進口主要集中於日本，出口主要集中於美國與中國大陸，因而導致對美、日兩國與中國大陸貿易的鉅額失衡。對日本貿易持續鉅額逆差，對美國與中國大陸貿易持續鉅額順差。這種貿易地區集中與雙邊貿易長期鉅額失衡，對於我國海島型經濟的長期發展與國際收支的穩定有著潛在的不利影響。因之，為了增進經濟安全，降低對外貿易風險，確保自由貿易與均享貿易利得，亟應早日分散貿易地區，並改善雙邊鉅額貿易失衡的情況。

● 三、貿易條件的變動

在兩國理論模型分析下，大國發生順貿易偏向成長，將使其貿易條件惡化，小國發生任何型態的貿易偏向成長，對於貿易條件並無影響，這裡小國或大國之分，是指對國際產品的價格是否具有影響力而言。我國雖然幅員狹小，總進出口值在國際上並不算大，但對某些個別產品的國際市場，我國的進出口卻佔有相當大的比例。因此，就這些產品而言，我國為一大國，在這些產品上由於我國進出口數量的變動，再加上世界其他國家進出口數量的變動，終將導致我國所面對之貿易條件的改變。

對外貿易在我國整個經濟活動中佔有相當重要的地位，對外貿易條件的變動不定，導致我國經濟自發性的成長率不等於實際的成長率。貿易條件改善時，與一定的基年比較，即使實質國內產出不變，但國民卻實際可以享有較高的經濟利益（即消費可能提高）；反之，貿易條件惡化時，與一定的基年比較，即使實質國內產出不變，但國民實際所能享有的經濟利益卻較低（即消費可能降低）。是故，實質國內生產毛額尚須加以調整對外貿易條件變動的損益，才足以顯示我國人民各年實際享有之經濟利益的變動，我國的實質國內生產毛額的成長率因此有經貿易條件變動損益調整與未經貿易條件變

動損益調整之分。

統計資料顯示，我國的淨貿易條件（出口單位價值指數對進口單位價值指數的比率），在 1972 至 2005 年之間，與前一年比較，有 17 年是改善的，有 16 年是惡化的；所得貿易條件逐年持續上升，顯示我國財貨與勞務出口所能換取的進口數量不斷增加❸。

● 四、國際要素移動

1950 年代，由於國民所得水準低、儲蓄能力薄弱，經濟發展所需的資本唯有來自國外。前面曾經提到過，我國國內資本形成毛額中，國外財源所佔的比例在 1962 年之前曾達 10% 以上。在這一段期間，國外財源（資本）的流入主要為美國政府的官方經濟援助——即美援。美國對我國經濟援助（美援）的期間自 1951 至 1965 年（但所有承諾的美援至 1968 年才全部運送完畢），在這一段期間，美援的方案金額 (program amount) 計 1,546.8 百萬美元，其中包括非計畫援助 (non-project assistance) 1,170.7 百萬美元，計畫援助 (project assistance) 430.0 百萬美元。實際運送至我國的金額 (arrival amount) 為 1,482.2 百萬美元，其中非計畫援助為 1,100.3 百萬美元，計畫援助為 381.9 百萬美元。這筆援助對我國的經濟發展產生至深且鉅的影響。

傑可比 (N. H. Jacoby) 利用「無援助成長模型」研究美援對臺灣經濟成長之可能影響指出：「美援使得臺灣的 GNP 成長率提高 1 倍有餘，每人國民生產毛額年成長提高 3 倍，並且使得達到 1964 年時的生活水準減少 30 年時間。若是沒有美援，在 1983 年以前的 GNP 年成長率僅為 3.5%，1964 年的 GNP 僅為當年實際 GNP 的 58%，1964 年實際的 GNP 要至 1980 年才能達到，1964 年的每人生產毛額

❸　請參閱行政院經建會，*Taiwan Statistical Data Book 2006*, pp. 207–209.

在 1995 年前也將無法達到。」尹仲容亦指出：「若無美援，臺灣在 1960
年代的初期不可能有任何看得出來的工業成長。」美援的引進對我國
經濟發展的重要性與貢獻由此可見。

　　1965 年美援停止後，外資的流入主要為國外借款、外國私人投
資、及海外華僑投資。政府早在 1954 年 7 月就頒布外國人投資條例，
1955 年 11 月頒布華僑回國投資條例，鼓勵外人投資，以吸收外資流
入，但由於 1950 年代政治情況尚未穩定，國內經濟情況也不好，故
外國投資裹足不前。直到 1950 年代末期，國內政經情況穩定下來，
同時政府於 1960 年 9 月頒布獎勵投資條例，1962 年 8 月頒布技術合
作條例，外國投資因此陸續增加。

　　外國私人核准的投資（不包括華僑）在 1952 至 1954 年只有 7
件，金額 4,133 千美元，在 2005 年有 1,119 件，金額達 4,217,750 千
美元；海外華僑回國核准的投資在 1952 至 1954 年只有 20 件，金額
2,849 千美元，在 2005 年有 12 件，金額 10,318 千美元；1952 至 2005
年外國私人與海外華僑核准的投資累計 18,197 件，金額達
64,722,482 千美元❹。

　　雖然 1965 年美援停止之後，國外私人資本、國際開發機構、及
外國政府的資金繼續不斷流入我國，但由於我國經濟的成長、國民
儲蓄能力的提高，故自 1963 年開始，外資在我國國內資本形成毛額
中所佔的比例即告急劇的下降，甚至出現負數，表示我國的儲蓄除
供國內投資需求外，尚有餘額從事對外投資。至此，我國的經濟成
長已經可以不必依賴外資，而達於自力成長的境界。

　　國外資本長期流入累積的結果，使我國對國外要素所得收入的
金額，在 1983 年之前，除 1964、1972、及 1979 年外，均小於支出

❹　以上數據請參閱行政院經建會，*Taiwan Statistical Data Book 2006*，
　　p. 266。

的金額，其中 1951 至 1959 年更只有支出而沒有收入，故我國國外要素所得支出淨額除以上三個年份外均呈赤字，且金額愈來愈大❺。這是外資流入經過一段期間之後，其收入匯回母國的必然結果，只要本金在我國有生產性的貢獻，或外資繼續的流入，這種國外要素所得的支出對於我國的國際收支與經濟活動將不會產生重大的不利影響。

1970 年代開始，我國的資本形成不僅可以不必依賴外資，且有能力進行國外投資。由於對外投資金額逐年不斷增加，因此導致從 1983 年開始，我國國外要素所得的收入大於支出，而且差額不斷逐年增加。

● 五、輸出產品在國際市場上的佔有率

整體而言，我國為一小型開放經濟。但是，隨著經濟成長、生產規模擴大，某些產品專業化大量生產且出口的結果，我國許多的出口產品在國際市場已佔有相當重要的地位，即就這些產品而言，我國為大國，對這些產品的國際價格與產量我國具有相當的影響力❻。

---

❺ 國外要素所得為本國常住居民（個人或機構）提供生產要素在國外從事生產（或非本國常住居民，提供生產要素在本國國內從事生產）而得之報酬，包括本國公司在海外分支機構盈餘，本國常住居民在國外直接投資利益收入，在外存款利息收入，購買外國股票之股息或債券利息收入及版權，專利權等收入，國外要素所得收入淨額係本國收入國外要素之所得減國外要素所得支出之差額。以上係行政院主計處，《中華民國國民所得》，對國外要素所得的定義。

❻ 例如，1999 年 9 月 21 日的南投大地震，使新竹科學園區的資訊產業生產設備受損，即對美國紐約股票市場的高科技（資訊）股的股價造成下跌的影響。

　　根據表 15–5，在 2004 年，我國製造的產品在全球市場佔有率方面，排名第一的有 13 項，排名第二的有 17 項，排名第三的有 7 項。這些產品中，又以資訊產品的表現最為突出，有多項產品的全球市場佔有率超過 60%。

　　一個國家某一項出口品在另一個國家的市場佔有相當的比例，目標顯著，容易被認為是傾銷而遭致當地業者的反對，因而要求該國政府對於此種產品予以進口限制。對我國的出口品設限，一方面使當地居民的福利受損，但我國的出口也因而受阻。因此，為了避免某些產品在某些國家的市場佔有率偏高而招致設限，我國應該設法分散產品的輸出地區，廠商之間應進行有計畫、協商的自動出口限制，政府對於各種產品的出口數量與地區應予以合理有效的輔導、分配，或於外國設立避免關稅工廠等措施，才可避免輸出產品的過度集中而遭受設限，如此才能確保我國出口的順暢。展望我國的生產規模將隨經濟發展程度的提高而愈加擴大，因此對於出口產品市場佔有率集中的問題，我國必須及早正視且設法因應。

❖ 第五節　貿易政策 ❖

　　在經濟發展的初期，由於外匯的短缺與扶持國內幼稚工業的發展，政府採高關稅及嚴格外匯與貿易管制的措施，至 1974 年底，受政府管制的進口物資仍達 446 項，1983 年准許進口但有附帶條件的商品尚多達 6,000 餘項。在關稅方面，至 1965 年，名目稅率在 30% 以上的進口品項目佔 50% 以上，而稅率在 50% 以上的進口品項目亦高達 26%，至 1971 年，進口物品名目稅率在 30% 以上者所佔比重已降至約 19%。但是，由於我國關稅課稅稅基是起岸價格加 20%，另外並額外課徵 3.75% 的港工捐和 26% 至 30% 的防衛捐及其他捐稅，故實際進口稅率遠比名目稅率為高。

　　為了國內經濟的發展需要，我國對於不同種類的進口品得分別課徵不同的關稅稅率。為了發展國內進口替代與出口擴張產業，政府對於中間投入與資本財的進口課徵較其他產品進口為低的關稅，因而形成名目關稅稅率與有效保護率的差異。我國進口不僅實際負擔的關稅稅率大於名目關稅稅率，有些進口產品的有效保護率更遠高於名目關稅稅率。根據邢慕寰的研究指出，1966 年我國消費品、中間投入、資本財、及全體工業產品的加權平均有效保護率分別為 125.7%、47.7%、31.9%、及 59.6%。又梁國樹研究的結果指出，1966 年我國進口競爭產業、出口產業、及非進口競爭產業的加權平均名目保護率分別為 50.37%、60.41%、及 49.75%，但這些產業的關稅保護有效保護率卻分別為 89.76%、128.39%、及 29.77%，關稅與非關稅保護的有效保護率則分別為 131.41%、177.03%、及 56.00%。這顯示就大部分的產業而言，有效保護率總是大於名目關稅稅率，這當然有利於我國產業的發展，但卻使國內價格結構受到扭曲的程度提高。

　　1960 年代著重於消費財的保護，乃是基於發展進口替代與出口擴張的勞力密集輕工業的結果，這種關稅結構自然不利於中間投入與資本密集產業的發展。隨著我國經濟發展程度的提高，為了提升我國的工業生產結構，關稅結構應作適時、必要的調整，以促使我國的資本、技術密集產業能夠發展。但是，理論的分析告訴我們，關稅保護並非扶持幼稚工業發展的最佳策略；再者，我國國內市場狹小，任何產業的發展終極必須以國外市場為目標，而無法避免與國外廠商的競爭，故關稅保護只能視之為短期、輔助性的措施，長期實施的結果終將導致受保護的產業不求上進、無法發展，徒然導致我國資源派用的扭曲、消費者福利的受損。國內汽車工業長期受到保護而無法發展起來，即是以關稅保護幼稚工業發展的前車之鑑。

　　為因應國際間最惠國優惠關稅制度的實行，我國從 1980 年 9 月
開始採行複式關稅制度，稅率分為兩欄（兩種），第一欄是實施複式
關稅前的原有稅率，稅率較高，適用於一般國家或無互惠待遇的國
家；第二欄為互惠稅率，稅率較低，適用於有互惠關稅待遇的國家。
2003 年 12 月 26 日，財政部衡量我國未來將給予低度開發國家部分
產品免關稅之優惠，以及考慮未來與各國洽簽自由貿易協定之需，
乃將進口稅則二欄稅率修正為三欄，其中第一欄適用於世界貿易組
織會員，或與我國有互惠待遇之國家或地區的進口貨物，第二欄適
用於與我國簽署自由貿易協定及低度開發國家之特定進口貨物，第
三欄為不適用於第一欄及第二欄稅率之進口貨物。

　　自 1983 年起，政府積極推動貿易自由化，大幅降低關稅，積極
開放進口市場，並簡化進出口手續。在歷經數次的關稅稅則修正後，
至 2003 年，我國的平均實質關稅稅率與平均名目關稅稅率已分別降
至 1.89% 與 6.32%，最高關稅稅率也由 1971 年的 156% 降至 1988 年
起的 50%（見表 15–6）。1999 年，我國關稅稅率超過 10% 以上者僅
佔所有進口產品項目的 22.4%，超過 30% 的項目僅有 4.85%（見表
15–7）。1994 年，我國工業產品之平均名目關稅稅率 (6.52%) 與美國
(6.3%)、日本 (6.0%)、及歐體 (6.4%) 的水準相當；高於瑞典 (4.8%)、
瑞士 (2.9%)；但低於加拿大 (7.3%)、奧地利 (8.1%)、芬蘭 (11.4%)、
及挪威 (6.7%)。整體而言，目前我國工業產品的關稅稅率已與工業國
家的水準相當。

　　起岸價格外加 20% 作為完稅價格的辦法，於 1980 年 2 月與
1983 年 5 月分別降為 15% 及 10%，至 1986 年初則已完全取消。我
國現行進口產品可分為「管制進口」與「准許進口」二大類，「管制
進口」類產品在某些特定條件下須由國貿局核發許可證，「准許進口」
者則依不同產品特性而區分為三種限制：

　　1.簽審之規定：進口者須檢附文件，經有關單位「簽審」方得
以進口，如麵粉。

◀ 表 15-6　　歷年我國進口關稅變動情形 ▶

年　別	平均實質稅率 (%)	平均名目稅率 (%)		稅則修正項目			最高稅率 (%)
		第一欄	第二欄	減　稅	免　稅	增　稅	
1971	11.32	(CCCN 制)		242	39	171	156
1972	12.10	−		415	0	53	
1973	12.19	−		94	4	16	
1974	10.05	55.65		202	2	7	
1975	11.36	52.69		71	0	13	
1976	10.58	49.13		44	11	19	
1977	10.84	46.17		159	4	14	
1978	11.32	43.58		996	16	119	
1979	10.60	39.14		432	21	16	
1980	8.13	35.96	31.17	1,604	23	10	156
1981	7.45	35.96	31.17	本年未修正			
1982	7.27	35.95	31.04	106	5	124	100
1983	7.72	35.95	31.04	本年未修正			
1984	7.97	35.95	30.81	281	2	23	100
1985	7.74	32.79	26.46	1,058	35	1	75
1986	7.79	31.77	22.83	777	28	11	67.5
1987	7.02	25.83	20.60	1,699	15	6	57.5
1988	5.76	14.33	12.10	3,313	154	0	50
1989	6.28	(H.S. 制度)　1989 年 1 月　1989 年 8 月	12.57　9.65	4,545	155	0	50
1990	5.40		9.65	本年未修正			
1991	4.98		9.65	本年未修正			
1992	5.12		8.89	1,492	279	18	50
1993	4.99		8.89	本年未修正			
1994	4.75		8.89	本年未修正			
1995	4.22		8.64	725	33	0	50
1996	3.58		8.64	本年未修正			

1997	3.41		8.72	H.S.1996 年版修正案			50
1998	3.13		8.25	1,299	59	0	50
1999	2.82		8.22	本年未修正			
2000	2.42		8.20	本年未修正			
2001	2.56		7.97	本年未修正			
2002	2.21		6.99	修正 5,301 項（WTO 入會）			42.5
2003	1.89		6.32	H.S. 2002 年版修正案台巴FTA修正8,237項			42.5

資料來源: 財政部。

註: 1. 本表所列第二欄平均名目稅率係依海關進口稅則附則二之適用原則（第二欄未列稅率者適用第一欄稅率）計算。

　　2. 我國自 1980 年 9 月 1 日至 2003 年 12 月 18 日採用兩欄式複式稅率，故 1980 年以前平均名目稅率不分欄; 另因大部分進口貨物均適用第二欄稅率課稅進口，為期簡化，實施 H.S. 制度後僅計算第二欄平均名目稅率。

　　3. 自 1998 年 6 月 19 日起，稅則品目總計 8,399 項，從價稅 8,243 項、複合稅 114 項、從量稅 42 項。

◀ 表 15-7　我國進口貨品關稅結構──1999 年 ▶

關稅稅率 (%)	農業產品		工業產品		所有產品	
	項 目	百分比 (%)	項 目	百分比 (%)	項 目	百分比 (%)
0	194	14.89	971	13.77	1,165	13.94
0.1–10	296	22.72	5,024	71.21	5,320	63.66
10.1–20	253	19.42	955	13.54	1,208	14.45
20.1–30	175	13.43	84	1.20	259	3.10
30.1–40	294	22.56	17	0.24	311	3.72
40.1–50	91	6.98	3	0.04	94	1.13
總計	1,303	100.00	7,054	100.00	8,357	100.00
平均名目稅率	20.02%		6.08%		8.22%	

資料來源: 財政部。

註: 本表包含複合稅項目，但從量稅（農產品 20 項、工業產品 22 項）因無從價稅率，不包括在內。

2.進口廠商身分限制：如分類編號 411 限由台肥公司統籌進口供應。

3.限制進口地區之規定：如限向日本以外地區採購汽車之限制。

進出口管制措施經數度檢討簡化及放寬，目前我國禁止進口類、管制類、暫停進口類、管制出口類、及暫停出口類之產品的比例，均已非常微小，或已完全取消任何限制。

一般認為，一個國家經濟發展的程度愈低，其稅收中關稅收入所佔的比重愈大。根據行政院主計處的統計分析指出，在 1990 至 1995 年之間，國際貿易稅（即關稅）佔中央政府收入之比例的中位數，已開發國家為 0.5%，開發中較高所得國家（包括我國）為 5.0%，開發中中所得國家為 13.6%，開發中低所得國家為 20.8%，證實經濟發展程度愈低的國家，其稅收愈倚重關稅收入。1995 年，我國關稅收入佔中央政府收入的比例為 12.3%，此一比例在各國中大致屬於中等的地位❼。

歷年來，我國租稅與專賣收入中，直到 1981 年之前，一直以關稅收入所佔的比重為最大，其比例大多在 20% 以上。近年來由於政府致力於貿易的自由化、降低關稅比重以改善賦稅收入結構，而使關稅收入所佔比例自 1981 年起小於所得稅而成為政府次要的收入來源。2005 年賦稅收入中，關稅佔 5.26%，所得稅佔 39.93%，這樣的賦稅結構與先進國家比較，仍然顯得關稅收入比例偏高，所得稅收入比例偏低，我國有必要更加努力以求租稅結構的現代化。

關稅收入比例的持續偏高，也表示我國的進出口旺盛，而使政府所能課徵的關稅收入持續增加，在政府致力追求租稅結構現代化、貿易自由化的努力下，關稅稅率不斷降低及其他進口額外稅負不斷

❼ 請參閱行政院主計處，《中華民國臺灣地區國民經濟動向統計季報》，73 期，1996 年 5 月，頁 66–73。

取消的結果，關稅收入佔進口貨品價值的比率——即關稅負擔率，
已由 1971 年的 11.32% 降至 2003 年的 1.89%（見表 15-6）。展望未
來，如果經濟情況良好、政府其他來源的稅收充裕、租稅結構不斷
的改進，則關稅收入佔我國稅收及進口總值的比例，將會持續的下
降，這樣的發展對於國家經濟的現代化與我國海島型經濟的長期發
展是有利的。

❖ 第六節　貿易餘額 ❖

　　就長期的觀點而言，一個國家出口的目的在於獲取進口，出口
數量的多寡不僅反映一國產品在國際市場上競爭能力的高低，亦決
定一國進口能力的高低。出口與進口的差額是為貿易餘額，此餘額
不僅顯示一個國家的出口品在國際市場上競爭能力的高低，亦顯示
一個國家的經濟結構（或經濟基本面）是否健全與進口能力的高低。
在不考慮國際收支的資本移動下，貿易餘額的變動也就是一個國家
的國際收支或國際準備資產的變動。

　　表 15-3 顯示，在 1970 年之前，我國對外貿易，除 1964 年外，
全部呈現進口大於出口的逆差狀態。在這一段期間幸好平均每年大
約有 1 億美元的美援收入，否則我國的國際收支必然處於相當嚴重
的困境，因而也就無法進口推動經濟發展所需的物資。從 1971 年開
始，貿易餘額有了很大的轉變，除 1974 及 1975 年外，至 2005 年，
每年的對外貿易均呈現鉅額的順差，使得我國的外匯累積於 2005 年
底已超過 2,500 億美元。問題不再是過去的貿易逆差、外匯準備不足，
而是貿易順差過鉅、外匯準備過多。如何支用這些外匯準備與維持
適當的外匯準備水準，反而成為國人關心的問題。

　　我國外匯累積的增加，主要是由於商品的出口大於進口所致，
外資淨流入所佔的比例相當的小。貿易餘額之所以能夠逐年改善、

轉虧為盈的主要原因，乃我國出口品在國際市場上具有很強的競爭力。一個國家的外匯準備不足或過少，則不足以應付進口所需，該國通貨對外幣值難以維持穩定。一個國家所擁有的外匯準備愈多，就猶如個人愈富有一樣，不僅可以提高國際經濟地位，強化該國的債信，更有助於該國通貨對外幣值的穩定。另一方面，擁有愈多的外匯準備，有能力進口更多的資本財，有助於一國的經濟成長；有能力進口更多的消費財，能夠提高國民的消費福利水準。

但是，外匯的累積並非有百利而無一弊的。外匯累積若是經由一國財貨與勞務的出口大於進口所造成的，則過多的外匯累積一方面將使國內物資供應短缺、貨幣供給增加，而容易導致物價膨脹，因而削弱一國產品在國際市場上的競爭能力，最後將使該國的國際收支情況逆轉，而對該國經濟的穩定與成長均會產生相當不利的影響；另一方面，除非所累積的外匯能夠予以投資而賺取足夠的收入，否則外匯累積只是使本國人民忍受目前降低消費的痛苦，而使外國人民增加消費享受之利，如果所持有的外匯貶值，更是造成本國資源的浪費與無謂的損失。是故，一個國家所追求的並非不斷造成貿易順差，以累積最大數量的外匯，而是應該基於成本—效益的觀點，設法維持一最適的外匯存量，此一存量乃是能夠確保一國在一段期間（通常為 3 個月）內不虞進口缺乏，並維持一國物價與對外幣值穩定的一個外匯數量。

衡諸我國目前的出口能力與進口需要，可以確信我國的外匯存量實屬過多。鉅額的外匯存量是造成 1986 至 1989 年之間我國投機風氣盛行，不動產與股票價格狂飆最主要的原因。近年來，由於對外投資與資本外流金額日增，致使金融帳經常呈現逆差，國際收支順差金額因此逐漸縮減，甚至出現逆差。

❖ 第七節　直接國外投資與技術合作 ❖

前面已經提到國際要素移動對我國經濟成長的影響，於此我們再就私人直接國外投資與技術援助和合作予以扼要的介紹。1952 至 2005 年，外國對我國的私人直接投資經政府審查核准者計 18,197 件，金額達 647 億美元，其中外國私人（非華僑）投資佔 15,351 件，金額 608 億美元，海外華僑佔 2,846 件，金額 39 億美元。海外華僑投資主要來自香港、日本、及菲律賓，外國私人投資主要來自美國、日本、及歐洲。

在 1987 年 7 月之前，由於我國實施嚴格的外匯管制，所以對外直接投資的件數與金額均不多。但自 1987 年 7 月政府大幅放寬外匯管制後，我國對外直接投資的件數與金額均快速增加。1952 至 2005 年，經政府核准的對外直接投資共計 11,023 件，金額為 445 億美元。目前我國最主要的對外直接投資地區為中國大陸。根據經濟部投資審議委員會的統計，1991 至 2005 年，經該會核准及報備赴中國大陸地區投資的廠商共計 34,452 件，金額達 473 億美元，其中製造業所佔比重最大，以電子電器、基本金屬與金屬製品、塑膠製品、及化學製品等行業最多，分布地點主要集中在中國大陸沿海地區。事實上，我國對外直接投資金額是遠高於官方所統計的數字。

經過 1950 年代的經濟成長，從 1960 年代起，我國一方面繼續接受先進工業國家的技術援助，一方面也開始對經濟發展程度比我國低的國家提供技術援助。前往技術服務的地區主要為非洲國家，其次是拉丁美洲國家。在海外技術合作方面，合作地區近年來主要為拉丁美洲，其次是中東，主要合作項目為漁業及農業技術。事實上，在技術合作方面，私人廠商的成就遠高於政府部門，大部分到我國進行直接投資的外國廠商不僅帶來資金、管理，更帶來了生產

技術，這對於提升我國的技術水準有很大的貢獻。

　　就廣義而言，海外留學可以視之為一種國際技術的交流。海外留學生學成之後返國服務，必能提高我國的科技管理水準，對我國經濟發展層次的提高、技術密集工業的發展、產業結構的現代化，必有相當重大的貢獻。1980 年代之前，留學生學成返國服務的比例很低，從國際要素移動的觀點而言，是我國人力資本的外流，我國的社會福利水準因而降低。

❖ 第八節　我國對外貿易成功的因素 ❖

　　為何我國的進出口能夠不斷成長、進出口結構能夠不斷現代化、貿易餘額能夠轉虧為盈，而創造成功的對外貿易，進而帶動我國經濟的快速成長呢？究其原因，可以歸納為以下幾個因素：

㈠人力素質的優良與工資的低廉

　　經濟發展初期，人力是我國唯一豐富的資源。由於我國教育普及、民風淳樸、人們工作勤奮，再加上工資水準的低廉，肇致我國對於勞力密集產品的生產具有比較優利，使得我國勞力密集的輕工業產品在國際市場上具有強勁的競爭力，出口因此能夠持續順利進行。

㈡保護政策成功

　　在 1950 年代的進口替代階段，政府對於國內進口替代產業提供高度的保護，再加上國內企業家的力爭上進，終於使得大多數的輕工業能夠生根成長，進而奠定往後出口擴張、進軍國際市場的競爭能力。

㈢外匯貿易改革成功

1960 年之前，我國對外不僅新臺幣／美元匯率偏低、幣值高估，更按進口、出口及不同物品，實施各種不同的匯率與貿易管制，形成一種錯綜複雜的多元複式匯率制度與貿易管制，這對於改善當時的國際收支、穩定經濟，確實產生了相當的效果。但是，過分人為的匯率與貿易管制卻使市場價格機能受到嚴重的扭曲，因而導致資源派用的不當與進出口行政手續的複雜麻煩，這對於進出口貿易的推展以至長期的經濟發展總是一大障礙。

1958 年 4 月，政府頒布「改進外匯貿易方案」，開始進行一連串的外匯貿易改革。首先，對於許多的進口限制予以廢除或放寬。其次，逐漸廢除複式匯率制度，並將偏低的新臺幣／美元匯率予以調升，至 1960 年匯率終歸劃一，新臺幣兌換美元的匯率也由 1949 年的 5:1，提高至 40:1。單一且適度匯率的實施，使得阻礙貿易發展之路終被鋪平，我國對外貿易自此向前跨進了一大步。貶值、劃一匯率、及貿易自由化政策，確實為我國在 1950 年代末期開始的出口擴張創造了有利的先決條件，自此而後，進出口得能順利進行，勞力密集產品的出口得能順利擴張，我國的經濟因此得以走向快速成長的坦途。

㈣美援的有效運用

1951 至 1965 年的鉅額美援計畫主要投資於電力、工礦、交通、農業、及教育等方面，不僅增加了我國的生產能量、平抑物價的上漲，更由於其協助我國人力資源與基本公共設施的投資發展，因而創造了我國有利的投資環境，引發了國內外投資的相繼到來。是故，美援可說是我國經濟發展成功、對外貿易成長的觸媒。

(五)獎勵投資條例的頒布

1950 年代初期，由於國內政經情況的不穩定，政府於 1954 及 1955 年所分別頒布的外國人投資條例與華僑回國投資條例，並沒有產生顯著的吸收外人直接投資的效果，整個 1950 年代外人投資的金額並不大。至 1950 年代末期，政府為了獎勵投資、加速經濟發展，遂視當時經濟情況的需要而於外國人投資條例與華僑回國投資條例之外，於 1960 年 9 月頒布實施範圍更為廣泛、條件更為優厚，同時適用於外人、華僑、及本國人民的獎勵投資條例，其要點為：(1)給予投資者一定期間的稅捐減免，(2)方便並優惠工業用地之取得，(3)公營事業得以配合投資與民間共同經營，或移轉給民營，(4)簡化及便利投資設廠的各項手續。

獎勵投資條例一經頒布，再加上 1950 年代末期國內政經情況已趨穩定，故從 1960 年代開始即有大量的國外私人資本不斷的流入，這些外資對於我國資本的形成、技術的提高、新產品的開發、新市場的拓展，以至國際貿易的擴張，均產生相當大的貢獻。隨著經濟情況的改變，政府對於獎勵投資條例屢有修訂❽。為了加速國內經濟結構的轉變，針對推動策略性（或轉型）產業的發展，政府於 1990 年 12 月 31 日終止獎勵投資條例，而隨之實行促進產業升級條例。獎勵投資條例實施 30 年，不僅在於吸引外資流入、刺激投資增加，更在我國經濟結構的轉變上扮演政策指引的積極角色。

(六)加工出口區的設置

---

❽ 對於獎勵投資條例的修正，國內曾有兩種不同觀點，一種主張針對策略性或轉型工業予以特別的獎勵，一種主張應採全面性的鼓勵投資措施，即採自由市場而非計畫性的鼓勵手段。

　　針對增加就業機會、進一步吸引外資參與推動出口的目的，政府遂於 1965 年設置高雄加工出口區，隨後又於 1969 年設置楠梓及臺中加工出口區。最初加工出口區設置的要點為：凡為出口生產而在加工出口區設廠，得以(1)豁免進出口數量的管制；(2)出口廠商為購置設備及原料；如自己提供外匯，得免除外匯管制；(3)豁免進口關稅及有關稅捐；(4)外商利潤和資本可以自由匯出；(5)以低廉的租金或價格提供廠商工廠用地；及(6)廠商可以 10 年分期付款的方式，向加工出口區請購標準廠房。加工出口區的設置確實創造大量的就業機會，並吸收大量的國外投資，對於提高我國的生產與管理技術水準及促進出口的擴張，均達成相當良好的績效。

(七)財政政策的配合

　　除獎勵投資條例對於投資者租稅減免的優待外，政府於 1951 年首創出口退稅，對於生產出口產品之進口原料或中間投入的關稅與出口品的國內稅捐，於產品出口後，得以辦理退稅。政府創辦出口退稅之後，適用出口退稅辦法的產品種類與稅目不斷地擴大，大部分出口品的進口投入與國內一切稅捐，均得以辦理出口退稅。如此，出口商的生產成本減輕、利潤增加，對於擴展輸出產生很大的激勵作用。此外，亦有保稅工廠與倉庫的設置，直接免除廠商生產出口品之中間投入的進口關稅及一切國內稅捐，以避免再退稅的麻煩，節省行政費用的支出，並可進一步使廠商節省預付租稅的利息負擔。

(八)金融貨幣政策的配合

　　為降低出口廠商的利息負擔、提供出口廠商足夠的周轉資金，臺灣銀行自 1957 年 7 月（中央銀行亦自 1962 年 3 月起協助其他商業銀行）執行出口貸款計畫，對出口廠商提供長期、低利貸款，融

資金額不斷增加、期限不斷加長，貸款利率亦較一般市場利率為低。
這種出口低利貸款，實際上是一種出口補貼，可以降低出口成本，
增強出口品在國際市場上的競爭力。此外，於 1950 年代，政府對於
出口產業生產之機器設備與中間投入的進口，優先以較低的匯率提
供外匯，亦是一種鼓勵出口生產的手段。

(九)其　他

諸如：由政府機構舉辦輸出保險、成立國貿局、外貿協會專辦
國際貿易事務、成立商品檢驗局管制出口品的品質、設立經常性的
外銷商品展示中心、在海外各地設立商業辦事處、業者自行組織出
口同業公會、不斷減除關稅、及放寬進出口管制等措施，均直接或
間接地開通國際貿易管道，增進我國對外的貿易。

政府任何措施的採行，無非在於直接或間接地降低出口廠商的
生產成本，提高出口產品的國際競爭能力，以增加廠商的生產利潤、
增強廠商的投資誘因。由於政府這些適時、得宜政策的採行，加速
了我國資本的形成與出口的擴張。沒有這些外在政策措施的誘導，
我國原有深藏的經濟發展潛能是難以有效發揮出來的，我國也就沒
有目前這般成功的經濟發展成果。

❖ 第九節　對外貿易的經濟後果 ❖

總結以上所論，吾人可將國際貿易對我國經濟的影響歸納為以
下幾方面：

(一)加速經濟成長

無論從供給面或需求面來看，國際貿易作為帶動我國經濟成長
引擎的事實是無可置疑的。若單靠國內狹小的市場與有限的資源，

我國絕不可能會有今天的經濟成就，甚至可能還停滯在低度開發的落後狀態。展望未來，雖然我國所得水準不斷提高，國內市場不斷茁壯成長，資本存量不斷增加，但唯有走上更加開放一途——即維持進出口的持續成長，才能確保未來我國經濟的穩定與成長。

㈡提高國民所得

進行對外貿易以國際市場補國內市場的不足，才得以產生足夠的有效需求，刺激國內生產的增加，帶動經濟成長，提高國民所得水準，個人消費、福利水準因而提高。

㈢增加就業機會

國際需求帶動我國生產不斷的增加，加上我國出口品主要是勞力密集的輕工業產品，因而創造大量的就業機會，解決我國經濟發展初期勞動過剩的困境，使得我國失業率不斷下降，閑置與低度利用的人力不斷減少，而使失業率一直維持於相當低的水準。

㈣平均所得分配

勞力密集產品的出口擴張不僅帶給生產廠商利潤，賺取財富，更由於提供了大量的就業機會，吸收了大量的勞動力，而使工資水準提高，進而導致我國的所得分配隨著經濟發展，在產出增加的過程中進行重分配，而漸趨於平均，這也正與赫克紹－歐林模型之要素價格均等化定理的假說相符合。

㈤影響經濟穩定

1950 年代大量美援物資的進口，對我國經濟與物價的穩定產生相當大的貢獻。但是，隨著經濟成長，我國對外貿易依賴程度不斷

提高，加上我國是一小型開放經濟，因此無論是進口或出口，就大部分的產品而言，我國均是國際價格的接受者，但我國大部分產品的出口數量卻決定於國外需求的多寡（或國際經濟活動的盛衰），而非經常面對彈性無限大的出口需求。在此情況下，我國經濟的安定與否便受到國際經濟變動的相當影響。除易於感受到輸入或輸出因素所造成的物價膨脹外，且容易受到國際經濟不景氣的傳遞，而使我國經濟遭受國際經濟不景氣的感染。

㈥提升技術水準

歷年來經由與外國貿易的接觸或外人與華僑的直接投資，除帶給我們財富與資本外，更因此引進了新的技術、新的觀念、及新的管理方法。可以確信，如果不是對外經濟關係的擴張，我們不會有今天的科技水準與新穎的知識觀念。

㈦提高勞動生產力

國外廣大的市場給予我國擴大生產規模、進行更加精細的專業分工的機會，而使我國勞動的生產技術與生產力得以提高。

㈧提高國際經濟地位

國際貿易除了帶動我國的經濟成長，使我國的產出增加、國力增強之外，更由於我國與各國雙邊貿易量不斷的增加，不僅使我國成為許多國家重要的貿易夥伴，更使我國成為全世界最主要的貿易國家之一，從而與各國建立起密切的經濟關係。再加上近年來我國對外貿易產生大量的順差，累積大量的外匯，更因此而提高我國在國際經濟上的地位。

❖ 第十節　加入世界貿易組織 ❖

　　GATT 自 1947 年 10 月簽署成立以來，歷經數十年的發展，已成為國際間最重要的經貿組織。我國原為 GATT 創始成員之一，但於 1950 年 5 月正式退出。近年來，因國際情勢的改變，加以我對外貿易加速成長，因此政府在審慎評估之後，於 1980 年 1 月 1 日由當時經濟部長陳履安致函 GATT 祕書長，以「臺、澎、金、馬個別關稅領域」(The Separate Customs Territory of Taiwan, Penghu, Kinmen and Matsu) 之名義正式提出入會申請，隨函並檢附我外貿體制備忘錄 (Memorandum on Foreign Trade Regime)❾。

　　隨著烏拉圭回合談判之結束與世界貿易組織 (WTO) 之成立，全球將邁入更為公平競爭，低關稅及商品與服務業貿易自由化時代，並將為國際貿易開創更寬廣的空間，有助於未來國際經濟的成長與繁榮。過去 50 年來，臺灣經濟奇蹟的締造，主要原因之一乃得利於良好的國際經濟環境，為我國提供了一個自由而廣大的市場，使出口活絡，進而帶動我國經濟快速成長。因此，世界貿易自由化的實現，對未來我國經濟發展將有很大的影響。為了因應烏拉圭回合達成最終協議與世界貿易組織成立後的新情勢，我國自 1994 年起即努力設法儘速成為 WTO 的成員。經過多年的努力，我國終於從 2002 年 1 月 1 日起獲准成為 WTO 的會員國，這除了是外交的重大突破外，在經濟上亦有以下重要的意義：

㈠保障我國經貿權益

　　我國獲准加入 WTO，將可依 WTO 的規範，獲致各國對我之平

---

❾　本節摘錄自《中華民國八十四年國家建設研究會「財經建設研究分組」研討議題及背景資料》。

等待遇，從而可與貿易對手國立於平等競爭之地位，並可減少經貿權益受到政治上的干擾。

(二)提升經濟發展層次

我國加入後，須依 WTO 的國際規範，調整經貿體制，從而可促使我國經濟進一步自由化、國際化，而與國際經貿體系融為一體。這對我國而言，將是經濟轉型升級的最佳機會。

(三)擴展與各國經貿諮商的管道

加入 WTO 後，我與貿易伙伴間的雙邊經貿問題，均可利用此多邊架構作為溝通或諮商的管道，從而可突破因尚無正式外交關係所造成的談判障礙；同時，他國對我國不公平或不合理的待遇，亦可利用 WTO 解決爭端的程序，爭取應有的權益。

(四)提升國際地位

WTO 是國際間經貿事務最重要的組織，我國加入 WTO，對國際地位的提升，具有重大的意義。同時，我國加入 WTO 以後，將更加有利於我國重返其他重要國際組織，使我國國際活動空間愈益擴大。相反地，假若我國未能及時加入 WTO，不但無法避免國際間要求我國接受世界貿易新規範的壓力，且在國際間可能遭到貿易抵制與報復，致對我國經濟造成嚴重的衝擊。

烏拉圭回合談判協議所涵蓋的範圍包括市場開放（含關稅、非關稅措施、天然資源產品、熱帶產品）、法規制定（含 GATT 條文、反傾銷、補貼與平衡措施、防衛措施、輸入許可發證程序、關稅估價、技術性貿易障礙、政府採購、裝船前檢驗、原產地規定、與貿易有關的投資措施）、及 GATT 體制功能（包括爭端解決、貿易政策

檢討機制、多邊貿易組織），貿易自由化的範圍並從一般商品大幅擴充至農產品、服務業、及智慧財產權等，係歷年來多邊貿易談判涵蓋範圍最廣者，其影響既深且遠，也更加凸顯了加入 WTO 的重要性。我國加入 WTO，雖然有市場開放的壓力，但另一方面，亦可確保我國在國際間的權益，分享各國在烏拉圭回合協議所作市場開放承諾可能帶來的經濟利益。因此，從整體來看，加入 WTO 對我國經濟應是利多於弊的。

摘　要

1. 由於我國版圖遼闊、幅員廣大、物產豐富，絕大部分物產均能自給自足，故在民國成立之前，我國的對外貿易並不甚發達，對於國際貿易採限制而非鼓勵的政策。

2. 我國對外貿易最早可追溯至漢武帝命張騫出使西域打開絲路開始。歷朝對外貿易政策屢有變遷，但總脫離不了被動、消極的態度。

3. 鴉片戰爭後，我國對外門戶大開，但由於不平等條約的簽訂，使我國對外貿易處於不利的地位。

4. 民國成立至政府遷臺這一段期間，由於戰亂頻仍、生產事業不振、國內經濟失序，使得我國對外貿易乏善可陳。

5. 臺灣地區有兩個重要的經濟特點，一是幅員狹小，自然資源貧乏；一是國內市場狹小，需求有限。在這種情況下，我國必須大力推動國際貿易以發展經濟。

6. 可以輸出、輸入或輸出入總額佔國內生產毛額的比重作為衡量一個國家對外經濟關係依存程度的指標。與其他國家比較，我國這些數據的值均偏高，顯示我國與國際經濟關係的密切，並證明我國對外貿易依賴程度之深。

7. 輸入佔我國總供給與輸出佔我國總需求均有相當大的比重，國外財源

佔我國國內資本形成毛額曾一度佔有相當重要的比重，這些均顯示國際貿易對我國的經濟發展具有相當的重要性。

8. 我國的貿易型態為出口勞力密集的輕工業產品至先進工業國家，而由先進工業國家進口資本、技術密集的重工業產品。

9. 我國大量輸出勞力密集產品的結果，對於改善我國的所得分配有重大的貢獻。

10. 我國對外貿易無論是出口或進口均相當快速成長，我國目前因此成為世界主要貿易國之一。

11. 隨著經濟成長，我國的對外貿易結構有重大的改變。由原先的出口以農產品及農產加工品為主，轉變為至今的出口以工業產品為主，而工業產品的出口也由勞力密集產品逐漸轉變為資本、技術密集產品；進口也由早期的簡單機器設備與輕工業消費品，轉變為至今的高級精密機器設備與高級耐久消費品。

12. 目前我國對外貿易呈現極端不平衡的現象，對美日兩國的貿易佔我國對外貿易相當高的比重，出口主要集中於美國，進口主要集中於日本，因此造成對美國鉅額的貿易順差，對日本鉅額的貿易逆差。這種貿易集中與雙邊貿易鉅額失衡的現象，對於我國長期經濟發展與對外貿易有著相當潛在不利的影響。

13. 外資的流入對於我國的經濟發展有重大的貢獻，由於我國經濟的快速成長與不斷的貿易順差，目前我國已成為資本出口的國家。

14. 目前我國有多項產品的出口在國際市場與各國市場上擁有相當的佔有率，這是我國出口貿易優良表現的證明，但這容易導致外國生產者的不滿，因而招致外國對這些產品的設限。因此，我國應該設法分散產品的輸出地區，以避免出口產品的過度集中而遭受設限。

15. 在 1983 年之前，我國對外貿易採取高度的保護貿易措施。自此而後，為平衡對外貿易、減少國際貿易摩擦、促進國內資源有效派用與提高

人民消費福利水準，政府開始積極推動貿易自由化政策。

16.由於出口快速的擴充，我國對外貿易自 1970 年開始即大部分時間處於收支順差的狀態。目前我國的外匯累積已達 2,500 億美元以上，這種過度的外匯累積也造成我國對外貿易相當的困擾。

17.我國對外貿易成功的因素可歸之於：人力素質的優良與工資的低廉、保護政策成功、外匯貿易改革成功、美援的有效運用、獎勵投資條例的頒布、加工出口區的設置、財政金融貨幣政策的配合、及其他獎勵、協助對外貿易措施的採行。

18.成功的對外貿易對我國產生加速經濟成長、提高國民所得、增加就業機會、平均所得分配、影響經濟穩定、提升技術水準、提高勞動生產力、及提高國際經濟地位等經濟後果。

習　題

1.我國於民國成立前對外貿易大致是怎樣的一種情況？

2.試述清朝對外貿易的概況。

3.民國成立之後至政府遷臺這一段期間，我國對外貿易大致是怎樣的一種情況？

4.試述臺灣地區的經濟特性及這種特性與國際貿易的關係。

5.如何測度一國對外經濟關係？目前我國對外經濟關係如何？

6.對外經濟關係的重要性如何衡量？對外貿易對我國經濟活動的重要性如何？

7.政府遷臺迄今，我國對外貿易結構有何變化？

8.政府遷臺迄今，我國的國際收支有何變化？

9.概述促成我國國際貿易成功的主要因素。

10.概述國際貿易對我國經濟所產生的影響。

索　引

▶▶▶▶

10 畫

11 畫

12 畫

國際貿易理論與政策　　歐陽勛、黃仁德／著

　　自第二次世界大戰結束迄今，世界經濟與貿易快速成長，國際貿易組織與區域經濟整合不斷進行調整、重組，各國的貿易政策因勢改變。本書乃為因應研習複雜、抽象之國際貿易理論與政策而編寫，對於各種貿易理論的源流與演變，均予以有系統的介紹、導引與比較，採用大量的圖解，作深入淺出的剖析，由靜態均衡到動態成長，由實證的貿易理論到規範的貿易政策，均有詳盡的介紹，讀者若詳加研讀，不僅對國際貿易理論與政策能有深入的瞭解，並可對國際經濟問題的分析收綜合察辨的功效。

國際金融——匯率理論與實務　　黃仁德、蔡文雄／著

　　在國際貿易與投資活動日益頻繁的今天，匯率的變動每與社會大眾的利害有密切的關係，準確預測匯率的動向因此成為所有市場參與者重要的目標。以經濟基本面為基礎的學院派理論模型，及市場上的技術分析模型，對於預測匯率變動各有所長。是故，理想的匯率預測方法應是結合具有長期優勢的基本面理論模型與具有短期優勢的市場技術分析，本書即有系統地以深入淺出的方式來介紹這兩種匯率預測方法，希望有助於讀者對匯率變動的瞭解與掌握。